중세의
금수저·흙수저

양태자 지음

중세의
금수저 흙수저

양태자 지음

열린서원

한국에서 출간하는 6번째의 책이다. 〈중세의 뒷골목 풍경〉, 〈중세의 뒷골목 사랑〉, 〈파도가 바다다(번역서)〉, 〈중세의 잔혹사 마녀사냥〉 그리고 〈길거리 문화사〉. 이번 책은 지난 몇 년간 〈한겨레 신문〉, 〈기독교 사상〉, 그리고 〈금강일보〉에 연재했던 글들을 모아 보았다. 당시 연재 때에 독자들로부터 많은 공감을 받았던 글들이다. 당시 한겨레에 연재 시에는 늘 제일 앞에 실릴 정도로 큰 인기를 끌었던 기억도 떠오른다. 자주 밝혔듯이 중세는 1000년이 넘는 세월이었다 보니 그 시간 속에는 무궁무진한 얘기들이 넘쳐난다. 학자들은 중세를 세 단계로 나눈다; 초기 중세는 500년-1050년, 1050년-1250년은 중기 중세에 속한다. 후기 중세는 1250년-1500년으로 구분지으나 중세 대가인 고프는 1700년까지로 보기도 한다. 여기에 왜 1700년까지일까? 사실 1500년이 중세로 끝난다고 해서 이어져 오는 문화의 물결이 갑자기 끊어지고 새로운 시대가 도래하는 것은 아닐 것이고 오히려 그 맥과 답습을 이어온 문화는 세대를 이어서 여전히 민중들의 삶에 파고들었을 것이다.

1600년경부터 티롤, 산악지방, 그리고 스위스 등지에서 가난한 집안의 어린이들 수천 명이 돈벌이 수단으로 독일의 남부 지역으로 '계절 어린이 노동자'로 갔다는 사실을 만프레드 차이크너(Manfred Tschaikner)가 언급했는데, 이 이주 어린이 노동자들은 자그마치 20세기 초까지 실행되었을 정도로 이 맥도 여전히 민중 속에서 답습돼 내려오고 있었다. 또 하나의 다른 예는 17세의 크리스티네 슈레데른(Christiene Schredern)이 마을에서 마녀로 몰려 거의 죽을 뻔했다가 다행히도 살아났다. 만약에 중세였었다면 그대로 참수당했을 터인데… 이 마녀사냥이 일어난 연도가 1785년이니, 1789년 프랑스 혁명이 일어나기 4년 전이다. 이 시대에도 여전히 마녀사냥이 기승을 부렸다는 사실을 기억할 수 있겠다.

　또 빠질 수 없는 요소 중의 하나는 유럽의 거대한 땅덩어리라는 거다. 이 유럽 땅에서는 총체적으로는 그리스도화 되면서 성 문제를 아주 엄하게 다스리기도 했지만, 또 다른 지방에서는 게르만족들이 쓰던 민간 풍습과 어우러져 가톨릭(그리스도교)에 반하는 묘한 풍습을 자아내기도 한다. 당시 청년들이 낮에 처녀를 만나는 것이 아니고, 밤에 처녀들을 찾아가서 구애했다. 그것도 정식 문으로 들어가는 것이 아니고 창문을 통해서! 이것을 〈찾아가는 밤〉이라고 칭했다. 그리고 후에는 이런 〈찾아가는 밤〉을 통해서 결혼한 부부들은 이 얘기를 영웅담처럼 자손들에게 들려주면서 대물림으로 이어져갔다. 이런 결혼 방식 때문에 지금 독일이 뫼렌(Maehren) 지방에서는 "결혼은 창문을 통해서 이루어진다"라는 속담이 남아있다. 또 다른 하나의 예를 보자면; 독일어의 헥센쓔쓰(Hexenschuss)라는 단어로 '요통'이라는 뜻이다. 이 요통을 마녀가 일으킨다는 의미에서 Hexen(마녀들)이란 단어를 포함하고 있다. 이렇게 중세 문화의 일부는 얽히고설키면서 지금까지도 대대로 전수되어 와 현존하고 있기도 하다.

이 책의 내용들은 전문성에다가 대중성을 겸비하였다. 사실 전문성을 지닌 내용만 담는다면 어쩌면 독자들이 따딱하다면서 고개를 돌릴 확률이 크다고 본다. 하지만 이런 전문성에다가 대중성을 가미했다 보니 진짜인가? 하고 고개를 갸우뚱할 묘한 얘기들이 넘쳐난다. 비록 고개를 갸우뚱할 수 있는 얘기들이라지만 알고 보면 사실 전문성을 가진 학자들의 저서를 바탕으로 풀어나간 얘기들이다.

유럽/독일의 서점에 가면 1000년이 넘는 세월 동안의 묘하고 다양한 중세 얘기들이 아직도 무궁무진하게 쏟아져 나오는 현실이다. 이것은 당시 독일 체류 때 직접 체험한 바가 있었기에 아직도 생생하게 그려진다. 당시의 그 시간들을 회상하면서 참고 문헌으로 사용된 책에 얽힌 것들과 거기서 파생되는 이리저리 얽힌 재미있는 얘기들을 이 머리글에 좀 풀어 보려 한다.

필자가 독일에서 공부하면서 모은 자료들 중에는 1700년, 1890년, 1900년의 저서들도 있다. 이런 저서들을 한 장 한 장 넘기면서 보고 나면 자꾸 목이 칼칼하고 답답했다. 그 이유를 알고 보니 눈에는 보이지 않지만, 종이에서 뿜어나오는 묵은 책 냄새와 먼지가 목을 불편하게 만들었다는 것을 알았다. 하기야 100년이 넘는 시간을 삭히면서 견뎌온 이 책/종이들의 연륜들이 뿜어내는 특유의 헌책 냄새가 아니겠는가? 그러기에 고서들이 풍기는 이런 책들을 손에 쥐면 일단 마스크를 착용하고 책장을 넘긴다. 100년 전의 세월을 품은 책들 안에서 나를 기다린 내용들과 만나 소통하면서 음미해 보는 시간도 달콤하고 즐거웠다.

당시 독일 체류 때의 책과 연결된 기억들이 아련하게 떠오른다. 어딘가로 잠시 여행을 떠났어도 마찬가지로 제일 먼저 찾는 곳은 미술관이었고, 그 다음은 시내를 탐방하면서 그 도시의 헌책방에 들렀는데, 때때로 절판된 책을 발견하는 재미도 쏠쏠했다. 특별한 일이 없는 주말에는 기차를 타고 뷔딩엔(Buedingen), 이드슈타인(Idstein), 겔른하우젠(Gelenhausen)도 자주 방문했었는데 이 도시들은 중세의 마녀사냥에 대한 자취가 생생하게 남아있기 때문이었고, 후에 저술할 자료 수집차였다. 역시 시간되는 주말마다 프랑크푸르트, 풀다, 하노버, 카셀, 괴팅겐, 기쎈, 오펜바흐, 비스바덴, 마인츠, 하이델베르크, 보름스, 다름슈타트 등등을 열심히 다녔던 기억이 새로운데, 그 날 찾아간 도시의 미술관에서 그림에 취하고 나서 다음에는 여전히 주로 헌책방이었다. 저녁나절이 되면 늘상 책 한 보따리가 손에 쥐어졌다. 이 무거운 책을 낑낑거리며 들고선 1-2시간 기차를 타고 다시 집으로 돌아왔던 기억이 또한 늘 새롭다.

특히 기억에 남는 한 서점이 있는데, 프랑크푸르트에서 좀 떨어져 있는 다름슈타트다. 약간 흠집 있는? 파본인 새 책을 값싸게 살 수 있는 서점이 있었기 때문에 부지런히 이 서점을 찾아가서는 갈 때마다 많은 책을 구입하곤 했다. 이 서점에서 얼마나 소중한 가치를 지닌 중세의 책들을 발견하였던지! 필자만이 아는 그 기쁨은 어디다 견줄 수가 없었다. 어느 날 이었다. 그 서점에 갔더니 중세의 목욕 문화와 거기서 벌어지는 창부 얘기들에 관한 책을 발견했다. 이 책을 손에 쥐었다가 그만 도로 책장에 꽂아 버렸다. 그날따라 다른 책들을 많이 샀던지라 한 권이라도 더 싸면 가방이 너무 무거울 듯해서다. 하지만 집에 돌아와서 아무리 생각해도 그 책이 아른거려서 견딜 수가 없었다. 다음 주 토요일 다시 1시간 넘게 기차를 타고 다름슈타트의 그 서점으로 갔다. 하지만 그 책은 이미 다 팔려 버렸다. 그 멍한 아쉬움! 다시 그 책이 나올지도 모른다는 생각이 들어 더 부지런히 나름슈타트의 이서점에 가곤 했었다. 하지만 그 책은 더 이상, 이 서점에 나오지 않았다. 좀 비싸더라도 다른 서점에서 살 요량으로 열심히 찾아보았지만, 이 책은 더 이상 볼 수가 없었다. 인연이 없었던 건가? 그날 그 책을 사지 못한 것에 대한 후회가 참으로 컸기에 당시의 그 허했던 감정이 지금도 여전히 떠오른다. 다름슈타트의 그 서점에 늘 사람들이 붐비던 그 모습들이 아직도 눈에 선한데, 지금은 세상이 좀 바뀌어서 종이책보다도 전자 미디어를 통한 정보를 구입하는 세상이 되었다 보니 어쩜 그 서점도 옛날보다는 빛이 좀 바래지지 않았을까 하는 생각이 들면서 그 서점이 어찌 변모했을지 궁금하기도 하다.

일단 독일은 한국에 비해서 책값이 2-3배 비싸다. 지금 가지고 있는 〈종교적인 연합과 세계관〉이란 책이 있다. 이 책의 가격은 70유로다. 1유로를 1,500원으로 계산하면 자그마치 10만 원 이상의 값이다. 베를린의 헌 서점에서 그리고 베를린의 훔볼프 대학교 앞에 즐비하게 서서 헌책을 팔던 난전 상인들과 씨름하면서 책값 흥정하던 시간들, 뮌헨의 중심가, 항구도시 함부르크에서, 브레멘에서, 빈의 한 고서점에서 골랐던 책들, 스위스의 루체른 등등. 많은 도시를 여행할 때마다 늘 가방이 무거웠다. 여행 가방에 책을 채웠다. 보니 늘 낑낑거리면서 기차를 탔던 것도 이젠 추억의 한 장으로 남는다.

오이겐 드레버만(Eugen Drewermann)의 저서 〈심층 심리학과 성서 해석, 기적, 비전, 예언, 종말 설화, 비유〉라는 책에 얽힌 얘기도 떠오른 다. 이 책은 1/2권으로 나누어져 있고, 제1권은 장장 851쪽이다. 드레버 만은 사실 가톨릭 사제이지만 미사 권한이 박탈당했다. 즉 가톨릭 사제 이긴 하지만 미사드릴 권한은 더 이상 없다는 얘기다. 그 이유는 그가 사 제로서 성서를 신학적이 아닌, 심층 심리학적으로 해석하기 때문이다. 하지만 독일인들에게 많은 인기를 누리고 있는 그는 방대한 책을 저술한 신학자다. 이 책과 얽힌 얘기는; 당시 박사논문을 쓰던 중이었다. 어떤 학자의 책을 읽고 있는데 이 학자가 오이겐 드레버만의 저서를 인용했 다. 마침, 필자도 가지고 있었던 책인지라 논문에 인용하고픈 마음이 생 겨서 책꽂이에서 이 책을 꺼내 들었다. 근데… 세상에나… 내가 필요한 그 부분과 다른 몇 쪽이 건너뛴 것이었다. 이런 책을 파본이라고 하나? 손상된 책이라고 해야 하나? 독일의 대형 유명 출판사도 이런 채로 출간 했다니! 아무튼 책을 사놓고서는 수년간 손을 안 대었다 보니 이런 사실 을 전연 모르고 있었다. 드디어 인용하겠다고 끄집어낸 그 날, 이 책이 파본이었다는 사실을 알았다는 거다. 만약 이 책을 이미 읽었었더라면 미리 발견할 수 있었을 터인데 수년간 읽지 않았던 순전히 나의 탓인데, 아이고! 어쩌지, 이 비싼 책! 수년이 지났는데 서점에서 과연 바꾸어 줄 까? 큰 용기를 내어 당시에 구입했던 서점에 가서 이 사실을 차근차근 알 렸다. 처음에는 산 지 수년이 지났으니, 자기들도 어떻게 해 줄 수가 없 다고 말했다. 하지만 나는 조곤조곤 얘기했다. 먼저 내가 수년간, 이 책 을 살피지 못한 것은 내 불찰이다. 당시 구매 시에는 곧 읽을 생각이었지 만 그것이 그만 수년이 흘러버린 것이다. 이제서야 이 책을 열어 내 논문 에 인용하고픈데, 세상에 하필 그 부분이 없다. 지금 그 부분을 논문에 인용해야 하니 좀 도와주시라고 하면서 그들을 설득했다. 그러더니 내 말을 경청하던 그 서점 직원이 조금 후에는 긍정적인 태도를 보이면서 높은 분과 얘기 해 보겠다고 했다. 잠시 후 나에게 말했다. 며칠 후에 다시 오면 새 책으로 바꾸어 주겠다고 했다. 나의 의견이 수용되었다는 그 기쁨! 동시에 정품을 손에 넣었다는 그 기쁨!

  독일 문화에서 느낀 것은, 이들은 타당한 이유를 논리적으로 제시하면 대개는 통하는 문화로 여겨졌다. 적어도 필자의 체험안의 범위내에서는. 이 역시도 나의 개인적인 체험이다. 같은 독일에 살았던 분들 일지라도 또 다른 견해를 제시할 수도 있으리라는 여지를 또한 남겨둔다. 또 하나 의 책 사고(?) 인데, 바로 이 책에 나오는 유명했던 조산원인 마리-루이 즈 부르주와(1563-1636)의 얘기다. 원저자인 수산네 디트리히(Susanne Dieterrich)가 프랑스왕 하인리히(앙리) 4세와 결혼한 여인이 메디치가 의 카타리나로 언급했다. 원문: 1601 wurde Marie Louise zur Hebamme der Koenigin Katharina von Medici ernannt, die mit dem franzoesischen Koenig Heinrich 4 [앙리 4] verheiratet war 로 나왔다. 필자는 이 저자 를 믿고 그냥 얘기를 풀어갔는데, 세상에나! 다른 자료를 찾아 보았더니 앙리 4세의 부인은 메디치 가문의 딸 마리아 폰 메디치이고, 다른 딸 카 타리나 폰 메디치는 앙리 2세의 부인이었다. 그러면 저자인 수산네 디트 리히(Susanne Dieterrich)가 메디치가의 두 여인인 카타리나와 마리아를 서로 바꾸어 쓴 것이다. 언젠가 독일 출판사에 메일을 찾아서 알려줄 예 정이다. 추측하건대 아마도 이미 많은 이들이 이 출판사에 지적해 주었 을지도 모른다. 아무튼 저술 때는 조심! 또 조심 해야겠다는 것을 다시 한번 인지했다.

한국에 정착하고 난 뒤에도 코로나 전에는 거의 매해 독일에 갔다. 코로나 전의 독일을 방문했을 어느 해였다. 예전 독일 체류 때 프랑크푸르트의 역 부근은 밤이 되면 몸 파는 여인들이 기괴한 복장을 하고 나타나 사람을 호객하는 것을 본 적이 있다. 근데 이번에는 프랑크푸르트역 앞에 창부들의 모임 사무실이 있다는 정보를 입수했다. 그곳을 방문해 이들의 얘기를 좀 듣고 가능하다면 인터뷰까지도 하고 싶었다. (사실 창부라는 이 단어가 그들의 삶과 인격을 생각하면 개인적으로 너무 싫다. 하지만 다른 적절한 단어를 찾지 못했기에 그대로 쓴다). 이런 생각을 가지고 이 사무실을 찾아갔더니 한 직원이 사무실 수장이 오늘 자리에 없다고 곤란하다고 한다. 그리곤 만약에 내가 사무실 수장을 꼭 만나고 싶다면 며칠 후에 오라고 한다. 그러면 자기들이 시간 예약을 해 주겠다고! 듣고 보니 공교롭게도 그날은 내가 한국 가는 비행기를 타는 날이다. 저녁 비행기 인지라 어찌어찌하면 시간은 되겠다 싶었지만, 문제는 짐 가방이었다. 가벼운 가방이 아니었기 때문이다. 이번에도 잔뜩 구입한 책이 있었다 보니 가방이 상당히 무거웠다. 책이 가득한 가방을 끌고서 프랑크푸르트의 이 사무실에 왔다가 다시 이 짐가방을 들고 공항으로 간다! 아무리 생각해 보아도 나 혼자 힘으로는 이런 진행이 어렵다는 판단을 생각해 결국은 그날의 약속을 잡지 않았다. 그들이 발행하는 책자 몇 개만 얻어서 그 사무실을 나왔다. 참으로 아쉬웠다. 그 전에 독일 체류 때 중세의 창부들 얘기에 관한 책을 많이도 구입했기에 책 한 권을 써 보자는 의도를 가지고 있었기 때문이다. 당시 어느 출판사와 〈중세 창부들의 얘기〉를 계약했던 상태였기 때문에 더 적극적이었는지도 모른다. 유감스럽게도 결국은 그 사무실에서 인터뷰도 못 하였듯이 이 책 출간도 결국은 못 하였다. 내 쪽에서 계약서대로 원고마감 약속을 못 지켰다 보니 해약하게 되었기 때문이다. 이 책에서는 중세 창부들의 얘기를 한 꼭지로 넣었다.

위의 창부들과 연관된 또 하나의 얘기가 있다. 이 책에서 베네치아 수녀원의 얘기가 나오는데, 베네치아의 수녀원은 일반적인 수녀원이라면, 중세에는 우리에게 다소 좀 생소한 수녀원도 있었다. 이름하여 '뉘우치는 여인들의 수녀원'이다. 이 여인들은 사실 거리의 창부로 살아가다가 뉘우치고 회개하면서 수도원에 들어가 공동체를 이루고 살아갔던 중세의 수녀들이었다. 이런 중세의 '뉘우치는 여인들의 수녀원'에 관해서도 많은 얘기들이 남아 있다. 어느 해에 독일에 갔었을 때 남독에 '뉘우치는 여인들의 수녀원' 잔재가 있다는 것을 알았다. 그곳을 방문해 그곳에 사는 수녀들로부터 직접 얘기를 들으면서 좀 더 깊게 역사적인 환경을 더 듣어 보고 싶었다. 일단 이 수녀원에 전화를 여러 번 했다. 도대체 전화를 받지 않았다. 어느 날 다시한번 시도했을 때 그날은 드디어 전화를 받았다. 나는 나를 소개하고 당신의 수녀원을 방문 하고픈 마음이 있는데 허락이 될는지? 하고 문의했다. 그쪽에서 대답하기를; 지금 수녀원 공사 중이라 불가능하다고! 하지만 한두 달 후에는 방문할 수 있다고! 나는 조만간 한국으로 돌아올 비행기 예약이 되어 있었기에 어쩔 수 없이 포기했다. 그때 그렇게 포기한 것이 지금까지 실행 못 하고 있다. 코로나 이후로 아직 독일에 더 이상 못 갔기 때문이다. 류시화의 "지금 알고 있던 것을 그때도 알았더라면"이라는 말이 떠올랐다. 독일 체류 때 많은 시간이 있었지 않았던가? 그때는 왜 여유롭게 한번 그 수녀원을 방문해 볼 생각을 못 했을까? 그때는 왜 프랑크푸르트 창부들의 사무실에 가서 인터뷰한다는 생각을 못 했을까?

사실은 〈중세의 우체부 얘기〉를 이 책에 싣기로 하였는데 여러 사정상 신지를 못했지만, 개인적인 경험담을 한번 적어 보려 한다. 왜냐하면 중세와 현대의 우체부에 관한 조금의 비교 거리가 있기 때문이다; 학회에서 매해 떠난 〈오지 문화 답사/소수 민족 답사〉를 열심히 참여한 적이 있었다. 이 〈오지 문화 답사/소수민족 답사〉는 주로 문명의 때가 묻지 않는 그야말로 오지로 타민족의 민속/풍속을 연구 답사하는 형태로, 주로 동남아로 떠났다. 일단 관광지가 아닌 그야말로 아주 오지에서 살아가는 소수민족의 답사였다. 인도네시아, 중국, 인도, 베트남, 네팔 등등의 오지 중의 오지로!. 어느 해의 네팔 답사 때였다. 네팔은 다른 나라의 답사 여행보다도 더 열악한 환경인듯했다.

　어느 날 아침 산골 시골 학교 답사가 잡혀 있었다. 전교생 16명! 우리가 들판을 가로질러 그 학교로 가고 있는데 아침이다 보니 학생들도 같이 등교했다. 그 학교에 도착한 우리들은 그곳의 교장 선생님이 하는 이런저런 얘기들을, 통역사를 통하여 듣긴 들었는데 어떤 얘기들이었는지 별 기억이 안 난다. 하지만 다만 하나 내가 기억하는 것은 아이들의 책가방이었다. 학생들과 벌판을 가로질러 아침나절 같이 등교하면서 나의 눈에 들어오는 것은 한 아이가 맨 책가방이었다. 이 아이의 가방이 내 눈에는 천보다는 가방의 실밥이 더 많아 보였다. 학교에 도착해 통역하는 분께 이 학교 주소를 좀 달라고 청해서 주소를 받아왔다. 내심 혼자 생각한 것이 있었기 때문이다. 한국에 돌아가면 이 학생들의 책가방을 좀 부쳐 주어야겠다고 생각했다. 당시 필자는 인터넷을 잘 못 다루다 보니 친구 딸의 힘을 빌려서 가방 16개를 인터넷으로 구입했더니 가방이 도착했다. 그런데 사진만 보고 가방을 샀던 터라 실제로 도착한 물건들을 보니 천이 그리 튼튼하지를 못했다. 그래서 다시 이 가방 16개를 반품하고 돈을 더 지불하고 튼튼한 것으로 다시 구입했다.

하고자 하는 진짜 얘기는 지금부터다. 자! 이 가방 16개를 네팔로 부치는 것만이 남았다. 당시 이상하게끔 그곳에서 활동 하고 계시던 A 스님이 떠 올랐다. 그래서 이 A 스님께 메일을 썼다. 이러이러하고 저러하고 해서 가방 16개를 네팔로 부치고자 한다고 말씀드렸더니 A 스님께서 답을 주셨다; 한국의 우체국을 거쳐서 물건이 네팔에 도착한다 해도 문제가 있다고 하셨다. 그래서 한국처럼 포장해서 주소를 써서 네팔로 부치면 절대로 안 된다는 것이었다. 왜일까? 그렇게 부치면 그냥 분실되기 때문이다. 그들은 우리네의 우체국처럼 우체부가 주소를 찾아서 소포를 전달해 주는 것이 아니라고 하신다. 그럼 어떻게? 언젠가 그리로 가는 인편이 있으면 그냥 부친다는 것이다. 거기다가 그런 인편에 물건이 가다 보면 대개는 분실이 된다는 것이다. 다시 말하면 대개는 당사자에게 전달 안 해주고 삥땅해 버린다고! 그래서 A 스님께서 제안하셨다. 그 가방 16개를 A 스님이 계신 곳으로 부쳐주면 안전하게 다시 그곳으로 부쳐 주겠다고 하셨다. 필자는 그 16개의 가방을 우체국에 들고 가 학교 주소가 아닌 A 스님이 계신 곳으로 보냈다. 나중에 메일로 A 스님의 답이 왔다; A 스님께서도 분실을 미리 방지하기 위해서 머리를 쓰셨다. 일단 천을 사셨다고 한다. 그리고 가방을 다 넣고 가장자리를 굵은 실로 손 박음질 하셨다고! 그렇게 되면 만약 누군가가 흑심을 품고 그 박음질을 뜯게 될 경우, 끊어진 실 자국 때문에 금방 들통날 수 있다는 거다.

아무튼 후에 인편으로 16개의 가방들이 그곳 학생들에게 잘 도착했다는 소식을 받았다. 그때 전통 민속춤을 추는 것을 우리 학회가 구경할 때 한 남루한 옷차림을 한 10살가량의 여아도 보이기에 그 여아의 주소도 받아왔기에 그 애의 예쁜 공주님 옷도 사서 함께 부쳤다. 참 오래된 기억의 창고에서 끄집어낸 얘기들인데, 그 16명의 아이들과 한 소녀가 내가 보낸 물건으로 한동안 행복을 느꼈다면 그것으로 족하다. 당시에 분실을 피할 수 있는 상응하는 멋진 아이디어로 도와주셨던 A 스님께 이번 기회에 다시 한번 이 자리를 빌려서 감사드리고 싶다. 왜 이런 얘기를 끄집어내었는가? 바로 이 책에 실게 될 〈중세의 우체부 이야기〉 때문이었는데 하지만 그 이야기는 사정상 빠지게 되었다. 이미 서 두었던 들어가는 글인지라 지우지 않고 몇 자 적어본다.

1500년 당시는 브뤼셀(Bruessel)에서 인스부륵(Innsbruck)까지는 5.5일, 겨울엔 6.5일이 걸렸다. 브뤼셀(Bruessel)에서 파리(Paris)까지는 44시간, 겨울엔 54시간, 브뤼셀(Bruessel)에서 리옹까지는 4일, 겨울엔 5일, 브뤼셀(Bruessel)에서 스페인 그라나다(Granada)까지는 15일, 겨울엔 18일, 브뤼셀(Bruessel)에서 스페인의 톨레도(Toledo)까지는 12일, 겨울엔 14일 걸렸다. 이런 장거리임에도 불구하고 중세의 우체부들은 아주 정확하게 상대방에게 편지나 물건을 잘 전달했다고 한다. 중세처럼 우리네도 우체국에 가서 소포를 부치면 어김없이 상대 주소에 도달하고 아니면 택배회사를 통하여 택배를 부치면 정확하게 배달되고 하는 것을 당연한 것으로 너무나 당연하게 여기고 있다. 하지만 지금 현대의 지구촌에서 네팔 오지인들처럼 그렇지 않은 나라도 있다는 사실이 놀랍지 않은가? 엄밀히 보면 중세인들의 우체부들은 지금 네팔 지방의 우체부들보다는 더 세련된 듯하다는 사실을 알리고 싶어서였다.

개인적인 체험을 주저리주저리 많이 노출한 듯하다. 사실은 다 맥락은 있다. 이렇게 독일 전역 헌책방에서 책을 모았다는 의미와 더불어 글속에 나오는 주제들 중에서 연관성이 있다고 느껴지면 옛 기억에서 끄집어내어 술술 풀어 보았다. 독자들의 많은 관심을 기대해 본다.

사실 이 책은 A출판사와 먼저 계약했었다. 필자는 이 책이 A출판사에서 출간 되기도 선에 아직 받지도 않는 수익금의 3분의 2를 아프리카 탄자니아에서 일하는 베네딕도회 수녀원에 미리 기부했다. 하지만 유감스럽게도 어떤 이유로 내쪽에서 이 A출판사와의 계약을 해지하게 되었다. 다시 선택한 출판사가 이 책이 출간된 '열린공간'이다. 아무튼 탄자니아에서 일하는 베네딕도회 수녀원에 기부했을 때, 이 금액이 탄자니아에서는 거금이라면서 담당 수녀님이 참 기뻐하셨다. 이 기부금은 받은 담당 수녀님이 기뻐하시면서 보낸 내용은 다음과 같다: "[…] 여기 가난한 사람들에게 일자리도 주고 식생활 개선에도 도움이 될 양계장 구상을 막하고 있었어요. [생각지도 못했던 기부금이 이렇게 한국에서 날아오니] 하느님께서 [이 양계장 구상 진행을] 찬성하신다는 메시지로 받아들여지네요. […]" 라는 답을 주셨다.

베네딕도회 수녀님의 이 답에 필자도 무한정의 기쁨이 뿜어 나왔다. 탄자니아의 한 마을에서 앞으로 만들어질 양계장의 닭들이 건강하고 무럭무럭 자라나길 빌어본다. 그들의 일자리도 생기고, 식생활 개선에도 도움이 된다고 하니 얼마나 기쁜 일인가? 닭을 치는 탄자니아인들이 머금은 기쁜 미소가 나에게도 전해 오는 듯하다. 앞으로 많은 독자들이 이 책을 구입하게 된다면, 수익의 많은 부분이 다시 탄자니아로, 아니면 도움이 필요한 여러 기관으로 갈 수 있다는 사실을 혼자 상상으로 생각 지어 봐도 그냥 기쁘기만 하다. 모든 것은 하늘의 기운에 맡기면서 좋은 결과가 나오길 기다려 보러 한다.

　　마지막으로 책 제목을 〈금수저. 흙수저〉라고 명한 것은 특별히 커다란 의미는 없다. 이 책에 나오는 어떤 이들의 얘기는 호화찬란한 금수저에 속하고 어떤 이들은 가난에 찌든 흙수저의 삶이었다 보니 책 제목을 그렇게 붙여 보았으니, 중세의 다양한 삶들을 표현한다는 의미로 봐 주면 좋을 듯 하다. 그리고 '독일인들의 이민 이야기'등등 몇 꼭지는 다소 중세를 벗어난 얘기들이지만 그냥 중세라는 거대한 맥락에서 이어져 나온 한 가닥의 얘기로 봐 주면 좋겠다는 개인적인 견해를 올려본다.

　　아무쪼록 많은 관심을 두는 독자들이 많으면 많을수록 좋겠다는 생각을 다시 한번 강조하면서…

2025년 11월 양태자

1부

세상에나! 불 속으로 걸어 들어갔던 그녀는
전혀 다치지 않고 불속에서 무사히 나왔기에 마녀혐의를 벗을 수 있었다.

작자미상, 사로잡힌 유니콘(1495~1505년경) 태피스트리

고문의 역사

- 혐의자가 시신에 다가가니 시신의 코에서 피가 났다!
그럼 그는 살인자?

　'신의 심판'이라는 미명 아래 자행된 중세 유럽의 잔혹한 고문들을 보자. 고문은 인류의 역사만큼이나 오래되었다. 고대 그리스에서는 채찍이나 회초리를 사용하는 가장 기본적인 고문은 물론, 식초를 코에 붓거나 뜨겁게 달군 무거운 쇳덩이로 가슴을 누르거나 사람을 기둥에 묶는 등 다양한 고문을 자행했다. 심지어 결혼을 파탄시킨 여자의 가슴을 절단했다는 기록도 있다. 로마 시대에는 그리스의 고문 방법을 계승하는 동시에 더욱 정교하고 잔인하게 고문법과 고문 기구들을 개발하고 발전시켰다. 가장 참혹한 고문 중 하나는 사람을 굶주린 짐승의 우리에 가두어 죽이는 것이다. 어떤 사람들은 아우구스투스(Augustus: B. C 63-AD 14) 황제의 명령으로 사지가 잘린 채 연못에 던져져 물고기 밥이 되기도 했다. 노인성 질환을 앓는 사람이나 병이 들어 더는 일을 할 수 없는 사람 역시 연못에 던져버렸다는 기록도 있다. 330년에 콘스탄티누스 1세(Constantinus I: 274-337)가 죄수 학대를 금지하는 법안을 공표하기 전까지는 악랄한 고문이 로마에서 계속 자행되었다.

중세에 이르자 유럽은 성서와 신학자들이 만든 교리로 모든 것을 판단하는 그야말로 그리스도교의 천국이 된다. 특히 게르만족의 전통 종교와 싸우다 보니 그리스도교와 다른 행동을 보이는 사람은 철저하게 마녀로 몰아 배척하는 문화가 형성되었다. 이런 사회적인 분위기 속에서 마녀사냥이 시작되면서부터는 고문이 자연스럽게 부활했다.

다음으로, 이른바 '신의 심판'에 대해서 구체적으로 보자. 이 단어는 인간이 만들어 '신'이라는 말을 붙인 것일 뿐, 사실 신이 인간에게 심판하라고 말하거나 가르친 적은 없다. 신이 지금까지 인간에게 직접 나타난 적이 없으므로 가상의 세계에 속한다고 보여진다. 그리스도교의 교리도 마찬가지로 신이 나타나서 일러준 적이 없다. 그뿐만 아니라, 마녀인지 아닌지 구분하기 위해 마녀재판에서 행해지는 시험도 다 마찬가지다. 인간의 사고에서 만들어진 것이라고 보는 개인적인 견해다.

불 시험은 이스라엘과 페르시아, 그리스와 로마 등에서도 행해졌던 시험이다. 여러 가지 유형의 신의 시험 중에 가장 유명한 것은 불타는 석탄 위를 걸어가는 시험이다. 뜨거운 불길 위를 걸어가면 타 죽거나 피부에 끔찍한 화상을 입는 것은 상식적으로 생각하면 너무나 당연하다. 이런 신의 시험이 반복되니 '학습의 동물'이 되어갔다. 당시 사람들은 온갖 지혜를 다 발휘하여 불 시험을 통과할 수 있는 방편을 찾아낸다. 한 예로 중세의 기사였던 누군가가 고안해 낸 방편을 보자. 다름 아닌 뜨거운 불에 들어가기 전에 온몸에 왁스 칠을 하는 것이다. 이 왁스가 뜨거운 불기운을 막아준다고 여겼다. 이와 연관된 몇 가지 이야기가 전해 내려온다. 샤를마뉴(Karl der Grosse, Charlemagne: 742-814: 카를대제라고도 한다)의 부인인 리카르다(Richarda)가 한 주교와 금지

된 사랑을 나누었다는 의심을 받았다. 그녀는 죄가 없음을 증명하기 위해서는 불 시험을 받지 않으면 안 되었다. 그녀는 불타는 석탄 위로 걸어 들어갔다. 세상에나! 불 속으로 걸어 들어갔던 그녀는 전혀 다치지 않고 그 불에서 무사히 나왔기에 혐의를 벗을 수 있었다. 왁스를 칠하고 들어가서 무사했던 것인지 진정 죄가 없기에 신이 살려준 것인지는 알 수 없다.

신성로마제국의 하인리히 2세(Heinrich II: 973-1024)의 부인 쿠니쿤데(Kunigunde)의 얘기다. 그녀 역시도 이런 신의 시험에서 살아남았다는 기록이다. 독일의 도나우에슁엔(Donaueschingen)이라는 도시에 전해 내려오는 기록물이다. 안나 헨네(Anna Henne)라는 여자가 뜨겁게 달궈진 무거운 쇠를 들고 불구덩이에 들어갔다. 그런데 그녀는 전연 다치지 않고 이 불구덩이를 통과하였다 보니 결국은 마녀 혐의를 벗었다는 기록이다. 마녀사냥과 깊은 연관이 있는 〈마녀망치〉에도 1486년 불시험에서 살아남은 사람이 있다는 자료가 남아 있다. 인간이 뜨거운 불 속에서도 다치지 않고 빠져나올 가능성이 정말 있을까?

여기에 대해 많은 의문점이 생기는 것은 당연하다. 시험 전에 앞에서 언급한 왁스를 미리 온몸에 발랐을 수도 있겠고 아니면 아픔을 덜 느끼거나 최소한 다치도록 도와주는 약초를 복용했을 수도 있다. 아니면 재판관에게 미리 돈을 주고 적절하게 타협한 후 형식적으로 시험을 치르는 척했을 수도 있다는 얘기들도 나온다.

17세기 독일의 유명한 의학자 엘리아스 루돌프 카메라리우스(Elias Rudolph Camerarius: 1641-1695)는 손이나 입술에 뜨겁게 달군 쇠를 대는 것이 별로 어려운 일은 아니라고 말한 바 있다. 그의 주장에 따르면; 이미 약초로 만든 연고나 여기에 준하는 그 무엇을 준비해서 사용한다면 얼마든지 손이나 입술에 달구어진 쇠를 댈 수 있다고! 그는 이런 효력이 있는 약초를 꼽았다. 바로 알라운(Alraun/Alaune)이다. 이 약초는 만드라고라(mandragora)과의 유독식물인데, 뿌리의 모양이 사람의 모습과 비슷하게 생겼다.

독일 헬름슈테트(Helmstedt) 지역에서는 뜨거운 것에 데여 피부 화상을 입었을 때는 유황(硫黃)으로 만든 비누 등을 썼다는 기록이 남아 있다. 유황을 온몸에 바르거나 암모니아수, 양파와 혼합하여 사용해도 효력이 있다고 전해진다. 광석의 고운 가루나 알테아(Eibisch)의 즙, 사리풀(Henbane) 같은 약초도 이런 용도로 사용했다. 어쨌든 여기서 분명한 사실 한 가지는, 불 시험을 통과한 사람들이 신의 도움을 받지는 않았다는 거다. 인간의 모든 지혜를 다 동원하여 이들이 말하는 신의 시험에 통과할 수 있도록 미리 조처했다는 것이 더 설득력 있다.

하지만 우리의 해석과는 상당히 달랐다. 죄가 없는 자에게는 신이 기적을 일으켜 보호해 준다고 믿었다는 거다. 정말 죄가 없는 사람은 늘 신이 보호하므로 끓는 물에 손을 넣거나 달구어진 쇠를 만져도 다치지 않는다는 믿음을 또한 가지고 있었다. 죄인으로 몰려 열에 아홉은 잔인하게 다 죽어갔지만, 정말 다치지 않는 사람은 즉시 교회로 가서 무릎을 꿇고 십자가에 키스하며 사제로부터 성수 뿌림을 받았다. 죄사함을 받고 다시 살아났다는 가톨릭 축복 의식의 일종이다.

마녀를 판정하는 여러 가지 시험 중에서 그리스도교의 상징은 단연 십자가이다. 그러니 마녀재판에서 십자가 시험이 빠질 수가 없다. 십자가 시험에는 두 가지 유형이 있다. 하나는 마녀 혐의자가 십자가 앞에서 두 팔을 벌리고 서는 것이다. 짧은 시간 동안이 아니라 특정 미사가 여러 차례 끝날 때까지 팔을 들고 서 있어야만 했다. 오늘날 교회에서 미사를 한 차례 올리는 데 약 1시간 정도 걸리는데, 중세에는 예식이 더 길었을 것이다. 특정 미사를 여러 차례 올린다면 상당히 긴 시간이 소요된다. 이때 혐의자가 견디지 못하고 미사가 끝나기 전에 팔을 내리면 여지없이 마녀로 몰렸다. 또 다른 방법도 있다. 마녀 혐의자를 교회에 데려가 덮개 속에 들어 있는 물건을 고르게 하는 방법이다. 그 덮게 속에는 주사위 두 개가 들어 있다. 하나는 옳고 좋은 것이고 다른 하나는 나쁜 것이었다. 이때 나쁜 주사위를 고르면 여지없이 마녀로 몰렸다. 참으로 기가 차고 우스운 논리다. 하지만 당시의 중세인들은 이것 아니면 저것을 택하는 이런 시험조차도 신이 개입한다고 믿었다.

축성 받은 음식으로 하는 행하는 시험도 있었다. 먼저 마녀 혐의자에게 쉴 틈 없이 기도문을 외우게 한다. 그러다가 축성 받은 음식을 혐의자의 입에 아주 순식간에 밀어 넣는 방법이다. 이때 만약 이 혐의자가 순식간에 밀어 넣은 음식을 즉시 삼키지 못했다. 그는 당장 마녀로 몰렸다. 사학자 볼프의 연구에 의하면 이 시험의 잔재가 지금도 유럽인들의 일상 언어에 남아 있다고 전한다. 독일에서는 누군가가 자기 잘못을 인정하지 않을 때 하는 말이다; "음식이 네 목에 걸려 있을 것이다"라고! 이것을 지금은 상대방에 대한 악담으로 해석한다. 하지만, 이 말이 중세 마녀재판 중 하나였던 축성 받은 음식 시험에서 파생한 것이라고!

성찬식으로 마녀를 판별하는 방법도 있다. 예를 들어 어떤 이가 물건을 도둑맞았다. 도저히 그 물건을 찾지도 못하고, 거기다 범인이 누구인지도 알 수 없을 때 행하는데, 공동의 성찬식을 열어 도둑이 스스로의 잘못을 고백하게끔 했다. 하지만 인간의 지성이 발달하여 계몽주의 시대가 도래하면서 이런 방법들로는 마녀를 판단할 수 없음을 인지하면서 이런 시험 방식은 차츰 사라졌다.

끓는 물에 손을 넣어 물건을 건지게 하는 물 시험이 있다. 유럽의 어느 지방에서는 도둑이나 불법 화폐를 주조한 혐의자에게 끓는 물에 손을 담그게 한 뒤, 바닥에 가라앉은 동전이나 물건을 건지라는 시험을 했다. 이 시험에 들어가기 전에 사제는 "오 주여! 혐의자가 이 시험을 받을 때 다치지 않게 해주소서!"라고 기도한다. 병 주고 약 주는 모습에 실소가 나온다. 하지만 중세인들에게는 죄의 유무를 판단하는 엄연한 '신의 심판'에 속했으니 한 치의 의심도 없었다.

눈물로 마녀를 찾아내는 시험도 있다. 그리스도교에서는 눈물에 신의 진리가 담겨 있다고 믿었다. 이 시험의 핵심은 "마녀는 절대 눈물을 흘릴 수 없다."라는 전제에서 출발한다. 정말 뻔한 시험이지 않은가? 마녀로 의심되는 여자가 눈물을 펑펑 흘린다면 마녀가 아니니 풀어 주었다. 그 상황과는 반대로 눈물을 한 방울도 흘리지 않는 여자는 당장에 마녀로 몰려 재판에 넘겼으니 말이다. 그밖에 '신명재판'의 일종으로 결투가 있었다. 결투는 원래 게르만족의 풍속이었는데 이것이 중세로 넘어와 그리스도교 안에 뿌리를 내린 것이다. 기사들이 넘쳐나던 중세에는 이런 결투가 기사들 사이에서 '신명재판'으로 득세하였다. 이 싸움에서 이기는 자는 상대방을 죽일 수 있고 두 사람이 결투하다 한 사람이 죽어도 정당성이 인정되었다. 신이 개입한 '신명재판'이었기 때문이다. 이런 '신명재판'은 1328년에 만들어진 프라이징 법조문(Freisinger Rechtsbuch) 127조에도 나와 있다.

　　중세에는 살인사건의 범인을 잡을 수 없을 때도 일종의 '신명재판'을 열었다. 이것은 살인자가 피해자의 관에 접근하면 그 관에서 피가 흘러나온다는 미신에서 유래한 것이다. 예를 들어 살인 혐의자의 손을 시체의 머리에 갖다 대었을 때 갑자기 시체에서 심한 변화가 나타났을 경우다. 즉, 시체의 얼굴이 붉게 변하거나, 떨리거나, 피가 나거나 하는 유형들이다.

이런 변화가 나타나면 그 사람을 바로 범인으로 몰아 재판에 넘기는 식이었다. 이런 재판이 독일어권에서는 17세기까지 사용되었다. 율리우스 말라바카(Julius Mallavaca)라는 남자의 부인이 임신 중에 살해당했다. 그녀의 사례가 적힌 '신명재판'의 기록에 따르면, 그녀는 죽은 지 사흘 후에 발견되었다. 사인을 확인하기 위해 그녀의 몸을 해부하였다. 이때 여행에서 돌아온 남편이 뒤늦게 이 사실을 알고서는 매우 슬퍼하면서 부인의 시체 곁으로 달려갔다. 그러자 갑자기 그녀의 코에서 피가 흘러나왔다. 사람들은 남편이 살인자라며 당장에 그를 재판에 넘겼다. 남편은 끝까지 부정했지만 소용없었다. 심한 고문을 받은 뒤 사형을 당하고 말았다. 이런 '신명재판'은 유형이 다양했기에 전해오는 이야기도 제법 많다.

다른 예도 살펴보자. 살인 혐의자가 머리에 두 손을 얹고 피해자인 시체 쪽으로 끌려갔을 때다. 이때 시체에서 피가 흘러나온다면 그는 당장 살인죄로 재판에 넘겨졌다. 1669년 독일 포메라니아(Pomerania) 출신의 사무엘 슈투리크(Samuel Stryck)라는 사람이 자신의 아이를 살해한 혐의로 체포되었다. 그는 법정 서류와 함께 '프랑크푸르트 오다'(Frankfurt Odar)로 보내졌다. (참고로 여기서 '프랑크푸르트 오다'는 우리가 잘 알고 있는 공항이 있는 프랑크푸르트가 아니고 브란덴부르크에 있는 다른 도시다. 공항이 있고 우리가 잘 알고 있는 곳은 '프랑크푸르트 암 마인'이라 칭한다) 하지만 주위 사람들은 아이의 어머니나 할머니가 진범일 것으로 추측했다. 그래서 두 사람을 아이의 관 앞으로 데리고 갔다. 먼저 아이의 어머니가 기도하며 관을 만졌다. 하지만 아무 일도 일어나지 않았다. 다음으로 아이의 할머니가 아이 관을 만졌다. 그때 아이의 관에서 피가 흘러나왔다. 결국 할머니는 손주를 죽였음을 시인했고 아이의 아버지는 혐의에서 벗어났다. 이번에는 스위스 루체른 출신인 한스 슈피쓰(Hans Spiess)라는 이의 이야기이다. 그는 여자를 좋아하고 생활이 엉망인 방탕아였다.

1503년 어느 날 그는 부인을 침대에서 목 졸라 죽였다는 의심을 받았다. 이 사건이 외부로 알려지자, 살인죄로 체포되어 재판에 넘겨졌다. 사학자들이 밝힌 바는 그가 죽은 부인에게 손을 댄 순간은 죽은 지 20일이나 지난 시기였는데도 그때 시체의 몸에서 피가 흘러나왔다는 거다. 영락없이 살인범으로 몰린 그는 수레바퀴에 묶여 돌려지는 아주 무거운 형에 의해 죽임을 당했다. 억울하게 마녀로 몰려 죽임을 당했던 사람들이 불쌍한 것은 말할 것도 없지만, 마녀재판 끝에 마녀로 판정된 사람을 죽여야 하는 사람들 역시 할 짓은 아니었을 것 같다. 수십 명, 수백 명, 때로는 수천 명을 죽이는 직업이었을 텐데, 과연 이들의 정신이 온전했을지 걱정이 되면서도 궁금하다. 인간의 뇌가 한 사상에 옹 매듭으로 묶이면 그 사고의 틀에서 나온 기이한 행적들이 바로 이런 신명재판들이 아니었을까?

중세인들의 단식과 금육

─ 오리는 생선인가? 짐승들을 우물에 던지면 생선류로? '버터 식용 허가증'이란? 초콜릿은 최음제?

육류는 금하노라! 생선류는 허락하노라! 그러면 오리는 생선인가? 사순절은 속죄하고 회개하면서 예수의 부활을 준비하는 시간인데, 속죄와 회개의 방법은 주로 단식과 금육이었다. 이런 40일간의 단식과 금육은 4세기부터 시작되었고, 당시에 정착된 제도가 오늘날까지 가톨릭에서는 거의 유사하게 지켜지고 있다. 숫자 40은 성서에 자주 등장한다. 구약성서에는 하느님께서 물로 땅을 멸망시키셨을 때, 40일 동안 비를 내렸다(창세기 7:12), 모세는 시나이산에 40일 동안 머물렀다(출애굽기 24:18), 이스라엘 사람들은 40년 동안 방황했다(신명기 8:2-5) 등등의 기록이 있고, 신약성서에서는 예수가 40일 동안 유혹을 받았다는 얘기(마태복음 4:2), 예수의 부활과 승천 사이에는 40일이 있었다(사도행전 1:3). 특히 부활절을 준비하는 기간은 예수 그리스도의 고난과 죽음을 준비하는 기간이다. 그러므로 그리스도교 신자들은 금식을 통해서 깊은 자기 성찰의 시간을 가지게 되는 이 숫자 40은 그리스도교 안에서 커다란 상징적인 힘을 지녔다.

여기서는 영적인 정화의 과정을 거치는 사순절 동안 중세인들이 단식과 금육을 어떻게 지켜나갔는지 알아보자. 육식은 사순절 동안 가장 철저한 금기사항에 속했다. 590년에 교황 그레고리 1세(Gregor 1: 540-604; 재위 기간 590-604)가 피가 섞인 고기는 더 이상 식탁에 올려서는 안 된다는 규정을 정했고, 사람들이 평소에 즐겨 먹던 음식인 달걀, 치즈 등도 차례로 금지 식품에 추가되었다. 그 외에도 당연히 알콜이 포함되었고, 음식 이외에도 춤추는 것 금지, 부부생활 금지도 이 기간에 속한다. 그런데 부부생활까지도? 사실이다. 당시는 고해성사를 통해서 다 밝혀야만 했다. 이들은 그리스도교 교리에 따라서 살고 죽었다 보니 이미 종교 교리들이 뇌에 박혀서 일상생활 안에서 그대로 녹여 내지 않으면 안 되는 당시의 문화였다. 아니 여기서 벗어난 생활을 했다가는 당장 공동체의 일원이 절대 될 수 없는 환경이었다. 이런 다양한 징벌들은 1883년에 슈미츠(H. J. Schmitz)의 저서 〈회개의 책들 그리고 교회의 징벌〉에 아주 상세하게 기록되어 있다. 그것도 886쪽이나 되는데, 다른 형태의 속죄도 한번 보자: 예를 들어 650년경 시노데 추 루앙(Die Synode zu Rouen)에서 결정한 형벌로 누구든지 다른 사람을 때려 피를 흘리게 한 사람에 대한 속죄 기간을 보자: 평신도라면 20일간, 하급 성직자일 경우는 30일, 동안, 부제는 6개월간, 사제는 1년 동안이라면, 주교는 2.5년 동안 참회해야만 한다 등등이다.

독일 바이에른 지방의 선제후인 막시밀리안(Maximilian1: 1523-1651)은 금육 기간 동안 약간의 고기를 먹었던 사람을 죄인으로 취급하고 감옥에 가두었다고 한다. 몇 시간 정도의 가벼운 감옥 생활이었다 지만 사람들의 식탁이 얼마나 철저하게 통제당했는지 짐작할 수 있다.

하지만 세상사 모든 일은 과유불급 지나침은 모자람만 못한 법이다. 가혹하게 금식 목록을 정하자 중세인들의 삶이 생기를 잃어간다는 것을 알게 된 교황 율리우스 3세(Julius 3: 1487-1550)는 16세기 중반부터는 유제품과 생선은 허락하되, 육류만은 여전히 엄격하게 금했다. 중세 사람들은 죄를 지으면 죄의 크기에 따라 일주일, 한 달, 석 달, 1년 등, 빵과 물만 먹고 살아야 하는 죄 보속 기간이 있었다. 마이어 교수는 죄 보속 규정도 사실은 수도원과 상층을 중심으로 정한 것이지 하층민들에게는 상관이 없었다고 밝히고 있다. 이 말을 뒤집어 생각하면, 수도승들과 상층민들이 평소에 육류를 많이 섭취했기 때문에 죄를 보속할 때는 죗값으로 고기를 먹지 말고 빵과 물만 먹으라는 규정이 나온 것 아닌가 싶기도 하다.

이렇게 수도승들은 평소에 고기를 많이 먹었는데, 사순절임에도 불구하고 수도원에서 고기를 참 많이 먹었다는 자료들이 남아 있다. 독일 바이에른 지방의 한 수도원의 수도승들이 사순절 동안의 분명 금지식품에 속하는 오리고기를 먹었다. 알고 보니 '오리들은 물속에서 사니 생선류에 아주 가깝다.'는 신박한(?) 해석을 했다는 것이다. 독일 프랑크푸르트의 근교인 풀다(Fulda)에 있는 베네딕도 수도원에서도 '생선과 새들은 같은 종류'라는 교활하고 능청스러운 해석을 하고 고기를 먹었는데, 그들은 성서 해석을 인용했다: 천지창조 때 5일째 되는 날 "바다에는 고기가 생겨 우글거리고 땅 위 하늘 창공 아래에는 새들이 생겨 날아다녀라."라고 했기에, "같은 날 창조된 이 고기와 새들은 같은 종류의 종족"이라는 것이다.

또 다른 얘기들도 있다. 수도승들이 사슴, 닭, 비버/해리 등을 의도적으로 수도원 우물에 던져 넣은 것이었다. 금육 기간에 왜 그랬을까?

신학자이자 전통 연구가인 만프레드 베커-후베리티 교수에 의하면, 이들은 물밑에 살고 있다는 이유로 생선 종류로 분리했던 거였다. 그런고로 "짐승들을 우물에 던지면 분명 물밑으로 가라앉아서 물밑에 존재하니 생선류에 속한다."는 주장이다.

이런 얘기들이 한둘이 아닌데, 슈베비쎄 마울타셴(schwaewische Maultaschen: 독일식 만두)의 탄생 비화도 그중 하나다. (여기서 슈바벤은 우리가 잘 알고 있는 슈바빙은 아니다. 슈바빙은 뮌헨 북구에 위치한 자치도시로 인구 10만 명 정도, 슈바벤은 바이에른주의 남서부 위치하고 서쪽의 슈바르츠 발트(Schwarzwald), 남쪽의 보덴호(Bodensee), 인구는 약 1,800,000명) 이것을 고안해 낸 자들은 독일 마울브론(Maulbronn)에 있는 치스터치엔저(Zisterzienser) 수도승들이었다. 이들은 보관 중인 고기가 날짜가 지나면 상한다는 핑계를 대면서 고기를 갈아 시금치와 다른 채소들과 함께 버무려서는 그 위에다 얇게 빚은 밀가루 반죽을 입혀서 먹었다. 중세 수도원에서 이렇게 탄생한 마울타셴은 오늘날 독일인들의 애호 음식으로 정착되어 독일의 모든 가게에서 마울타셴를 팔고 있다. 치스터치엔저(Zisterzienser)수도원은 '일반' 수도원보다 더 엄격한 생활을 하는 일명 '관상觀想' 수도원에 속한다. 그런데도 사순절 40일을 못 참아서 이리저리 머리를 굴려서 이런 음식을 만들어낸 것이다. 물론, 그런 덕분에 현대인들은 '독일 만두'를 즐겨 먹고 있으니 멋진 발명품으로 해석해야 할지도 모르겠다.

아무튼, 수도원에서 이런저런 육류와 생선에 대한 해석의 영역이 너무 출렁거리자 콘스탄츠 공의회(Konzil von Konstanz: 1414-1418)에서 새로운 결정을 내렸다. 즉, 생선은 단식과 금육 기간에 여전히 먹을 수 있는 음식임은 확실하지만, 물속에서 사는 것들만을 진짜 생선으로 규정했다. 하지만 예외적으로 비버/해리와 수달도 생선으로 허락되었다. 수도승들이 더 이상 비버는 우물에 던져 넣지 않고도 먹을 수 있게 된 셈이다. 그래서인지, 1754년의 〈산림과 수렵업〉 사전에는 비버가 "반은 생선류이고, 반은 동물"이라고 기록되어 있다.

어느 수도원에서는 수도승들이 새끼 돼지를 구워서 십자가에 매달고선, "나는 너를 잉어로 명명하노라."라고 축성을 했다는 전설 같은 이야기도 있는데, 이 역시 사순절 동안 육류를 먹지 못한 수도승들이 고기를 먹고 파하는 염원의 하나로 보인다. 하지만 이런 속임수가 늘 통했던 것은 아니다. 바로크 시대의 한 수도원에 남아 있는 자료에 다음과 같은 지침서가 있다. "사순절 동안 육류를 (생선으로 만들어) 먹기 위해서, 새끼 돼지를 수도원 우물에 던지는 행위들은 더 이상 허용하지 않는다." 바로크 시대라면 17세기 이후이니 중세에서 한참 지난 시대인데도 여전히 이런 속임수가 성행했고, 수도원에서는 비밀리에 고기를 많이 먹었다는 증거로도 여겨진다.

사순절 동안 먹어도 되는지 논란이 된 또 하나의 음식은 초콜릿과 그 원료인 카카오였다. 신학자인 임바흐 교수에 의하면, 초콜릿의 재료인 카카오가 유럽에서는 너무 비싸서 이것을 화폐 대신으로도 썼다고 한다. 카카오 10개에 집토끼 한 마리 값, 카카오 100개로는 노예 한 명을 살 수 있었다고 하는데, 여기에 10개, 100개가 어떤 형태의 단위인지 잘 묘사되어 있지 않아 유감이다. 다만 이것으로 유추할 수 있는 것은 당시 카카오의 가격이 상당히 비쌌다는 사실이다. 교황 베네딕도 13세(Benedikt 13: 1649-1730)가 1727년 3월 22일 아침 미사를 마친

후 따뜻한 음료를 원했을 때, 그가 손에 받아 든 것은 초콜릿 한 잔이었다. 커피가 유럽에 당도하기 전에 초콜릿 음료는 특히 교황들이 선호하는 음식이었다.

임바흐 교수에 따르면, 한동안 많은 교회장상들이 카카오/초콜릿을 성적인 쾌락을 자극하는 식품으로 간주했으며, 그래서 사순절 동안 카카오/초콜릿은 음용이 허락되지 않기도 했다. 심지어 이탈리아인 프란체스코 펠리니(Francesco Felini) 같은 경우는 초콜릿은 음식이 아니라 최음제라는 말까지 했다. 하지만 펠리니의 동향인인 조반니 바티스타 구덴프리데(Giovanni Battista Gudenfride)는 성녀 로자 폰 리마(Rosa von Rima: 1586-1617)의 예를 들면서 펠라니의 견해에 반박했다. 이 성녀가 숨을 못 쉴 정도로 몸이 쇠약했을 때 한 천사로부터 초콜릿 한 잔을 받아마시고 기운을 차렸다는 얘기 때문이다.

아무튼 교황 베네딕도(Benedikt) 13세가 초콜릿 한 잔을 마실 수 있었던 것은 전임 교황들이 허락한 덕택이었다. 1569년 멕시코에 거주했던 주교들이 기로라모 디 산 빈첸초 수사를 교황 피우스(Pius) 5세에게 보냈다. 1545년 트리엔트 공의회(Konzil von Trient)에서는 수도원의 단식과 금식 규정을 엄격하게 정한 바 있었는데, 인디언들이 먹는 갈색 음료인 카카오를 사순절에 먹어도 되는지를 결정권자인 교황에게 허락을 받으러 갔던 것이다. 드디어 피우스 5세가 코코아 한 잔을 마시고 난 후 했다는 한마디는, "이것은 기름진 죽 같도다."였다고 한다. 그러므로 "이 음료는 단식과 금육을 저지하지 않는다."는 교황의 허락이 떨어졌다. 그 후로 카카오는 수도원은 말할 것도 없고, 단식과 금육 기간에 아주 사랑받는 식품이 되었다. 베커-후베리티 교수에 따르면, 17세기 초에 이르러서는 카카오/초콜릿을 마시길 원하던 예수회와 이런 음식을 탐탁지 않게 여기는 도미니카 수도원 사이에 크나큰 논쟁거리가 되었고, 이 논쟁은 오늘날까지 계속된다고 전해진다.

베커-후베리티 교수가 언급한 사순절 동안 수도원에서 일어난 또 다른 술책이 있다. 이번에는 맥주가 주인공이다. 맥주의 결정권 역시 교황에게 있었다. 영리한 수도승들은 교황이 직접 맥주를 마셔봐야 한다고 정하고서는 그들이 만든 〈독한 맥주〉를 알프스산맥을 넘어서 로마까지 보냈다. 당시 마르틴 루터가 독일 비텐베르크에서 로마까지 가는데 하루 28킬로미터를 걸어서 두 달이 걸렸다는데, 이 맥주를 마차에 싣고 간다고 해도 알프스산맥을 넘어야 하는 문제가 있기에 그리 빠르게는 도달하지 못했을 것이다.

그렇게 도착한 〈독한 맥주〉 맛은 과연 어땠을까? 맥주의 고유한 맛이 그대로 보존되었을 리는 없으므로 〈독한 맥주〉가 연한 맥주로 변했을 거다. 이런 연유에서인지 이 변질된 〈독한 맥주〉를 음미했던 교황의 말씀은 "만약 당신들이 이런 음료를 마시고자 한다면 마셔도 된다."였다. 이유는 "지독히도 맛이 없는 이런 밋밋한 음료를 마신다는 자체가 일종의 참회로 여겨진다"는 것이었다. 그 이후로 맥주는 사순절 동안 수도원에 마실 수 있었다. (참고로 우리에게 잘 알려진 독일의 '파울라너 맥주'는 1634년 2월 24일 창립, 파울라너 수도원의 이름을 따서 명명했던 것으로 이 글의 이 '독한 맥주'와는 관계성이 없다)

부활절 달걀도 사연이 있다. 신학자 게오르크 스텐겔(Georg Stengel: 1584-1651)이 라틴어로 쓴 부활 달걀에 관한 책 내용을 살펴보자. 앞에서 이야기했듯이 6세기 말 이래로 우유, 버터, 달걀 등등을 먹는 것을 금지했다가 16세기부터 중반부터 다시 허락되었다. 그 이전의 사순절 동안은 달걀을 먹지 못했으므로 부활절쯤이면 집집마다 달걀이 넘쳐났다. 이렇게 쌓인 달걀을 처치할 방법도 찾아야 했는데, 아주 실용적인 방편이 나왔다. 달걀로 수도원이나 교회의 장상들에게 소작료를 지급하거나 기부하는 것이었다. 그러다가 남아도는 달걀을 가지고 부활절에 색을 입히기 시작했는데, 여기에는 여러 설이 있다. 예를 들어 빨간색으로 물들인 달걀은 고통받는 예수와 전례의 색상을 상징적인 의미가 내포되었다고 한다. 달걀에 물을 들인 것은 축성하지 않는 달걀과 차별화시키기 위해서였다는 주장도 있다. 후에는 더 발전하여 달걀에 그림을 그리기도 하고, 더욱 아름다운 색상으로 그림을 그려 넣기도 했다. 이렇게 물들인 달걀을 축성하는데, 축성된 달걀은 지붕 아래 숨겨져서 화, 재해, 병 그리고 벼락 등의 보호막으로도 쓰였다고 한다.

당시 신교와 구교가 사순절 동안의 음식을 두고도 갈등을 겪었다. 달걀을 보면, 1600년 경의 오버팔츠(Oberpfalz)의 제후는 당시 루터교로 돌아선 이들을 가톨릭으로 돌아오게끔 시도했다는 기록이 있는 반면에, 루터와 츠빙글리는 달걀 축성을 미신으로 치부하고 교황에게 부활절 달걀 축성을 공개적으로 반박했다. 더 나아가 토마스 키르마이어(Thomas Kirmayr)는 1553년 부활절 날 붉은 색을 입힌 달걀에 축성하는 것을 〈가톨릭의 오류〉라고 글을 쓰기도 했고, 1682년 하이델베르크 출신의 요하네스 리히어(Johannes Richier)는 신교 지역인 튀링겐 어린이들에게 징벌을 내린다는 엄포를 놓으면서, 부활 달걀 선물 받는 것을 금지했다. 당시는 아이들이 대부/대모로부터 부활 때 축성된 달걀을 선물로 받는 것이 일반적인 가톨릭의 관습이었는데, 이런 것을 신교가 거부했다는 거다. 달걀 하나 가지고도 신교 구교가 이렇게 갈등을 겪었다니 어찌 보면 우습기도 하지만, 그 정도로 처절하게 갈등을 겪었다는 증거일 것이다.

중세의 부활절 때 가톨릭이 달걀을 축성하는 등등에 취해 있을 때, 신교는 실제로 예수의 정신에 가까운 행동을 했다. 취리히의 츠빙글리는 뜨거운 수프를 만들어 가난한 이들의 배를 채워주었는가 하면, 칼뱅은 병든 이들을 부양하는 것에 초점을 맞추고, 가난한 이들이 치료받을 수 있는 자선병원과 외국인 숙박소 등을 짓자고 호소했다.

중세의 가톨릭이 쪼잔하게 초콜릿이나 맥주 따위를 먹어야 하는지 말아야 하는지를 교황에게 허가받느라고 씨름하는 사이, 개혁자들이 들고나온 이런 제안들은 실제로 하느님이 보시기에도 참으로 신선했을 것 같다. 신·구교 간의 부활 달걀 갈등은 19세기에 산업화와 더불어 끝이 나게 된다. 종교적인 의미에서 출발했던 달걀이 종교적인 색채는 점점 더 옅어지고, 아름다운 색상을 입힌 달걀들이 상점에서 더 떠들썩하게 부활을 기다리고 있었기 때문이다.

달걀과 비슷하게 부활 토끼에 관한 설도 다양하다. 부활 토끼의 상징성은 토끼가 눈꺼풀이 없어서 잠을 자지 않는다는 설을 성서의 예수와 연결한 것이다. 죽음에서도 예수가 영면하지 않았다는 의미를 부여했다는 설과 부활 토끼가 나오게 된 것은 사실 빵을 굽다가 우연히 나온 것이라는 설이 있다. 부활 때 양 모양의 빵을 구우려고 했는데, 막상 구워져 나온 빵 모양이 귀가 너무 크고 꼬리가 짧은 모습이었다는데, 이것이 토끼처럼 보였고, 이런 부활 토끼는 신교 지역에 먼저 시작되었다고 임바흐 교수는 말한다.

가톨릭에서는 이런 신교의 경향을 아주 비판적으로 주시했고, 반면에 신교 지역에서는 가톨릭의 이런 전례를 거부했고, 부활 토끼는 어쨌든 신교 지역에서 아주 일반화되었다. 부활 토끼 역시 달걀과 마찬가지로 19세기부터 과자류의 산업화가 진행되면서 돈벌이 수단으로 발전했기 때문에 신.구교 간의 해묵은 갈등은 사라지게 되었다. 중세로부터 내려오는 다른 또 하나는 〈부터브리프: Butterbrief〉인데, 사순절 기간의 '버터 식용 허가증'이다. 독일 드레스덴 지방에서 나온 일명 〈드레스드너 부터브리프: Dresdner Butterbrief〉를 통해 그 의미를 보자. 14세기부터의 사순절 동안 중세인들과 수도원에서는 빵도 역시 무미건조한 빵을 먹었는데, 이름하여 중세에 만들었던 '슈톨렌쿠헨'(Stollenkuchen)이었다, 이것은 단식 빵에 속했는데 밀가루, 이스트 물로만 만들었다. 버터는 먹을 수 없었으므로 귀리나 채종유를 대신 넣었지만, 그 맛이 영 시들했다. 이 지방의 한 귀족이 사순절 동안 빵을 만들 때 버터를 사용하지 말라는 조항을 무효화시켜 달라고 선제후에게 청했다. 선제후인 에르네르트(Ernert)와 그의 동생 말브레히트 (Malbrecht)가 1491년 교황 이노센트 8세에게 편지를 보냈고, 교황이 드레스덴 지방의 빵에 버터를 쓰는 것을 허락했다. 이 이름이 바로 〈드레스드너 부터브리프: Dresdner Butterbrief〉인데, 이 증서는 오늘날에도 스위스의 국가 아카이브에 보관되어 있다고 한다.

물론 교황에게 이런 허락을 받아낼 때는 공짜가 아니었고, 그에 상응하는 돈을 지불했다. 이렇게 교황청에 돈을 지불하는 것을 〈부터페닉히: Butterpfennig〉라고 했으며, 이런 돈을 모은 바티칸은 후에 교회를 짓거나 유사한 목적에 사용했다고 하는데, 쉽게 말하면 〈부터페닉

히: Butterpfennig〉는 당시 교황청으로부터 어떤 허가를 받아낼 때 내는 돈이라고 보면 된다. 사순절 동안 버터를 먹어도 되는 허가증인 〈부터부리프: Butterbrief〉 증서는 단 20년간 효력이 있었는데, 1509년 교황 율리우스 2세가 다시 20년을 연장 해주었다는 기록이 있다.

교황이 하늘로부터 막대한 권한을 받았나 보다. 빵 반죽에 버터 넣는 것까지 교황만이 허락을 내릴 수 있었다니 말이다. 당시에 면죄부 판매뿐만 아니라, 사실 이런 종류의 증서 남발도 결국은 루터 종교개혁의 근원을 제공하게 된다. 임바흐 교수에 의하면 교황뿐만 아니라 주교에게도 돈을 지불하고 이런 증서를 손에 넣었다고 하는데, 당시의 지불 금액은 라인 지방 굴덴의 20분의 1이라고 한다. 이것이 어느 정도의 금액인지는 알 수 없지만 교황/주교에게 쪼잔한 금액을 헌납하지는 않았으리라는 전제로 생각하면 상당한 액수일 듯하다. 임바흐 교수는 버터뿐만 아니라 우유도 이런 품목에 들어간다고 하였다. 좌우지간 이런 증서를 손에 움켜쥘 수 있는 이들은 분명 금수저들일 것이다. 말하자면, 알고 보면 중세의 부자들은 흙수저들과 달리 사순절에도 버터나 우유를 마음껏 먹을 수 있었다. 중세 교황청의 아이디어가 그저 놀랍기만 하다. 이러하든지 저러하든지 간에 사순절 동안 중세의 수도승들이 고안해 낸 기발한 아이디어들은 그야말로 부활을 준비하는 종교적인 진지함보다는 어찌하든지 간에 정해진 교리률을 교묘한 방법으로 깨고선 금지된 음식을 먹어보려고 발버둥 친 모습들로 보인다. 더불어 먹어도 되고 먹어서는 안되는 것을 두고 선택적 허락을 내렸던 중세의 일부 교황들도 마찬가지로 한편의 코미디처럼 느껴진다면 억지일까.

중세의 수녀원과 결혼지참금

– 1,600두카텐에서 3,000으로! 다시 20,000두카텐까지도 오른
결혼지참금. 수녀원 지참금은 결혼에 비해 20분의 1

중세(500-1500/1700) 시기의 수녀원들은 오늘날과는 달리 "신의 부르심"에 의한 수녀 생활이 아니었고, 빛과 그늘이 동시에 공존했던 암울한(?) 장소였다고 사학자인 메리 라벤 (Mary Laven)이 1500-1600년 사이에 존재했던 이태리/베네치아의 수녀원들을 3년에 걸쳐 연구한 것을 토대로 밝혔다.

당시 베네치아에서는 바로 640년부터 수녀원이 생겼는데, 그 이후 1600년대 중반에는 50여 개의 수녀원이 생겨났다. 33개는 베네치아 시내에, 나머지 17개는 무라노(Murano), 브라노(Brano) 마쪼로(Mazzorbo), 토르첼로(Torcello) 말라모코(Malamocco), 도루소두로(Dorsoduro), 산 마리노 (San Marino), 산타 스크로체(Santa Scroce), 카스텔로(Castello), 등등의 섬에 분산되어 3,000여 명의 수녀들이 살고 있었다.

당시에는 왜 이리도 많은 여인들이 수녀원에 들어갔을까? 가톨릭 종교에 불타는 시대에 살았기 때문에 당연히 신을 섬기는 여인들이 늘어난 것일까? 이 사학자가 연구한 바에 의하면 불행히도 이런 이유가 전

부는 아니었다. 물론 이들 중에는 진정으로 청빈, 정결, 순명을 지키면서 수녀 생활을 지향하는 이들도 있었지만, 그 반대로 불행한 삶을 살다 간 이들이 있었다 보니 사료에 남아서 오늘날 우리들에게 재미있는 얘깃거리를 전해 준다.

당시에 수녀가 된다는 것은? 당시에는 수녀원에서 산다는 것이 어찌하여 그리 행복하지 않았을까? 죽은 한 수녀의 모습을 통해서 사학자 메리 라벤은 이야기를 풀어나갔는데, 죽은 수녀의 이름은 엘레나 카싼드라 타라보티(Elena Cassandra Tarabotti)이다. 종교적인 이름으로는 아르칸겔라(Arcangela Tarabotti)로 알려졌는데, 요즘 가톨릭에서 보면 수녀들이 허원 할 때 다른 이름으로 바꾸는 것과 같은 것으로 보인다. 그녀는 자발적으로 오늘날처럼 신의 부르심인 "성소" 때문에 수녀원에 들어간 것이 아니라, 부모가 강제적으로 수녀원에 들어가게 되었던 터였다. 30여 년의 세월을 수녀원에 살았던 그녀는, 50세가 되던 해에 그녀가 수녀원에서 치욕적으로 당했던 일을 중심으로 글을 남겼는데, 글 제목도 "수녀의 지옥"(Hoelle der Nonne)이라는 이름을 붙였다.

그녀의 얘기는 수도원에 억지로 떠밀려서 들어가 결코 바깥세상을 잘 볼 수 없었던 1,000여명의 여인 중의 하나인데, 당시에 수녀가 된다는 것은 "산 제물, 순교자, 희생자예식"이 라는 말까지 있을 정도다. 이들이 수도원에서 서약하고 허원을 하고 하는 과정들은 바깥의 청춘남녀가 약혼하고 결혼에 이르는 과정과 유사하다. 이들은 보이는 신랑 대신에 보이지 않는 '정신적인 신랑'인 예수를 모시고 평생 살아야만 한다. 이런 여인들은 오른손을 들고 수도원에 서약까지 했었는데 요약해 보면; 나는 전능하신 신의 아들 예수 그리스도와 결혼을 한다. 신의 배우자가 되어 살아가기 위해서 부르심을 받았노라고! 그런고로 성령의 표징으로서 이 믿음의 반지를 받아들인다고!

이런 수도원 생활을 일부러 택한 심신이 깊은 여인들이야말로 이런 서약이 너무 기쁜 나머지 어쩜 황홀경에 빠질 이유가 되겠지만, 앞의 엘레나 카싼드라 타라보티 처럼, 부모에 의해서 강제로 수녀원에 보내졌을 때는 아마도 절망인 감정 속에서 입으로만 서약했을지도 모른다. 중세기에는 여러 신비주의(Mystik) 수녀들이 계시나 환시에서 예수를 '신랑'에 비유했는데, 사실 이런 환시와 계시 체험을 한 수녀들은 스스로 택한 수도원 삶일지도 모른다. 하지만 엘레나 카싼드라 타라보티는 삶의 유형을 자발적으로 선택한 것이 아니라, 부모에 의해 강제성을 띤 억지 생활을 해야만 했으니, 얼마나 많은 내적인 고통이 따랐을까?

영국의 대사였던 헨리 보톤(Henry Wotton: 1568-1639)이 1608년 처녀들이 부모의 강압에 의해 수녀원에 들어가는 베네치아의 모습을 그렸다. 독일의 공영방송 ZDF에서 보았던 대로, 아마도 보따리를 든 15살 전후의 딸을 수녀원에 집어넣으면서 부모는 바깥에서 울고 있는 그런 전경이었을 거다. 그 이유는 무엇일까? 다 결혼지참금을 아끼기 위해서라는데, 만약에 딸을 5명 가졌다면 3명의 딸은 이런 방법으로 수도원에 보내는 것을 목격하였다고 1608년에 쓴 그의 편지에 남아있다.

아무튼 엘레나 카싼드라 타라보티는 30여 년을 억지로(?) 수도원에서 살고선 가슴에 차곡차곡 쌓인 분노와 한을 이렇게 글로 남겼는데, 후세인들에게는 당시의 수녀원 문화를 들여다 수 있는 귀중한 사료가 되었다. 억지로 떠밀려서 수녀원에 들어가, 청빈 정결 순명을 지키면서 본인이 원하지 않는 감옥 같은 일생을 보내야만 했으니, 얼마나 답답하고 숨이 막혔을까?

다 결혼 지참금 때문에 이런 일이 일어나는 전적인 이유가 다 결혼 지참금 때문이다. 영국의 대사였던 헨리가 약간 언급한 것을 보면; 당시는 결혼 지참금이 있었는데, 여러 명의 딸을 가진 한 귀족 집안이 이 딸들을 다 시집보내려면 많은 지참금이 필요했다. 사실 좀 떵떵거리는 집안 일지라도, 많은 딸자식들이 있을 경우는 지참금을 다 챙기기는 어려웠다 보니, 생각해 낸 것이 딸 한둘 정도는 결혼지참금을 챙겨서 시집을 보내고, 나머지는 수녀원에 밀어 넣어 버렸다. 당시 베네치아는 이런 결혼지참금에 대한 법률적인 규정이 있다지만, 사실 그 금액은 결혼하는 남자 집안의 명성에 따라서 금액이 달라지는데, 남자 집안이 권력 있는 빵빵 한 귀족일수록 더 많은 지참금이 요구되었다. 어찌하든지 간에 부모는 딸을 보다 더 신분 높은 집에 시집을 보내기 위해서 높은 지참금을 마련하고자 안달이었다. 다 이유가 있다. 딸의 이런 혼사를 통해서 사회적인 신분 상승을 꿈꾸었고, 그리고 정치적인 명예를 꽤 하려는 의도 때문이다.

이런 소녀들이 신부로서 선택되는 조건은 무엇인가? 그때나 지금이나 좀 유사하다. 건강과 외모다! 외모가 별로인 소녀는 이런 치열한 결혼 시장 경쟁에서 진다는 의미도 되겠는데, 거기다 또 중요한 조건은 위의 언급대로 어느 정도의 높은 지참금을 챙길 수 있는 집안의 재력이다. 이 자매들 중 출중한 딸(들)은 결혼시켰다 보니, 당시에 베네치아에서 신분 높은 집안에서 태어난 1,000여 명의 소녀들은, 강제적으로 수도원이냐? 결혼이냐? 의 두 가지 중에서 부모에 의해서 단 한 가지가 선택되었다.

여기다 또 당시 엘리트층의 결혼 시장에서 지참금이 서서히 올라가는 인플레이션에 다다랐다 보니, 딸 있는 같은 귀족 부류 일지라도 상대적으로 재력이 좀 더 빵빵 해야만, 아들딸의 결혼 시장에 낄 수 있었다. 이런 환경에서 재력 있고 권력 있는 귀족들은 여러 딸들 중에서 인물이 반반한 한 두 명에게 결혼지참금을 몰아주면서 결혼을 시키는 것이 일반적이었다. 반면에 이런 베네치아의 환경에서 가장 낮은 지참금을 가지고 딸을 보낼 수 있는 곳이 유일하게 수녀원이었다.

사학자 후타 스페어링(Hutta Sperling)에 의하면, 이렇게 수녀원에 들어간 여인들은 베네치아에서 50% 이상을 차지한다고 하니, 수녀원의 반이 넘는 숫자는 적성에도 맞지 않은 감옥 같은 생활을 했다고 볼 수 있겠다. 결혼지참금이 도대체 얼마나 되길래? 그럼 결혼 지참금은 얼마나 될까? 다행히 기록이 남아있다. 1400-1420년 사이엔 베네치아 공화국은 법적인 액수를 정했는데, 1,600 두카텐(Dukaten)까지로만 규정했다. 1505년에 이르러서는 원로원은 다시 3,000 두카텐으로 금액을 올렸지만, 후에는 다시 20,000두카텐까지도 올라갔다. 당시는 산아제한이라는 것은 아예 없었고, 아이가 생기는 대로 출산을 하였다 보니 자녀들이 많은 시대였지만, 의학이 발달 하지 않았기에 죽은 아이들도 많았다. 재정이 안 좋은 이름만 귀족인 가문에 아이들이 많은 경우엔 사실 큰 부담이었을 거다.

한 예로 1700년대의 후반의 오스트리아 여왕이었던 마리아 테레시아(Maria Theresia: 1767-1827)도 어릴 때 죽은 자식까지 합쳐서 16명의 자식을 낳았는데, 11명이 딸이고 5명이 아들이었다. 그녀를 기준으로 셈을 한번 해보아도 어마어마할 것이다. 하지만 그녀는 왕족이니 뭔 지참금 걱정이 있었을까만은.

당시 석수장이의 일 년 치 수입이 50 두카텐을 벌었다고 하니, 베네치아에서 최고로 치솟은 이런 지참금이 어느 정도 높은 금액인지를 충분히 가늠할 수도 있겠다. 베네치아 밖에서 결혼한 부부의 지참금의 한 예; 1524년 브라운슈바이크(Braunschweig)의 에리히 1세(Erich: 1470-1540) 군주와, 브란넨부르크의 요하힘(Joachim: 1484-1535) 딸 사이에 결혼 계약서가 성립 되었다. 당시는 결혼 계약서가 필수였던 문화다. 사실 에리히 1세는 첫 부인과 결혼 했다. 하지만 자손이 없었다. 두 번째 결혼에서의 부인이 바로 요하힘의 14살 먹은 딸 엘리자벳(Elisabeth: 1510-1558)이다. 1525년 7월 7일 거행되었다. 이 결혼에서 그녀의 아버지 요하힘은 지참금으로 늙은 신랑 에리히 1세를 위해 2만 플(fl: 당시의 돈 단위)을 보냈다. 그러면 신랑 측에서도 신부에게 같은 금액인 2만 플을 내놓았다. 이 두 금액을 합치면 4만 플이 된다. 이 금액은 나이 차이가 많다는 전제를 가지고 있었다. 만약에 결혼 후 엘리자벳이 과부가 될 경우를 대비한 일종의 보험금으로 보면 된다. 가져간 지참금만큼의 금액을 신랑으로부터 받았으니 든든한 보험금임이 틀림없다.

만약에 결혼하는 여자들이 과부가 되어서 다시 재혼하게 될 경우는 어떠했을까? 이런 여인들은 다시 다시 돈을 벌 수 있었다는데 어떤 방법이었을까? 엘리자벳을 통해서 보자. 그녀도 결국 후에는 과부가 되었다. 하지만 영락해 가는 한 귀족과 다시 재혼했던 그녀는 가져갔던 지참금만큼, 재혼한 남편으로부터 다시 상응하는 금액을 받았다. 이렇게 많은 지참금을 가지고 시집가는 여인들은 결혼 후 남편이 죽더라도, 재혼을 통해서 또 다시 지참금을 챙길 수 있었다. 사실 돈에 돈이 묻어 굴러가는 현상처럼 보인다고 말해도 되겠다. (저서 〈중세의 뒷골목 풍경: 이랑〉에서 인용함)

물론 엘리자벳의 얘기가 중세의 결혼 지참금을 대표하는 얘기는 다가 아니고 일부일 뿐이다. 그 이유는 중세 유럽은 시기적으로 1000년이 넘는 세월이라는 사실을 염두에 두어야 하고, 또 워낙 넓은 땅덩어리이기 때문이다. 깊이 있게 더 들어가 보면 지역마다 나라마다 시대마다 각기 다른 재미있는 얘기들이 넘쳐날 수 밖에 없다. 그럼, 수녀원 지참금은? 위에서 결혼지참금에 비해서 수도원 지참 금액은 적다는 것을 약간 언급했다. 1600년이 시작할 때 새 법이 공포되는데 1,000 두카텐으로 한정 지었고 더불어 일 년마다 60 두카텐을 따로 지불해야만 했는데, 엄밀히 따지면 이 금액은 사실 결혼지참금에 비하면 20분의 1에 해당된다. 하지만 여기에도 장단점이 있다. 결혼지참금은 앞 엘리자벳의 예시에서도 보았듯이, 남편이 죽거나 하면 유산으로 아니면 본인에게 다시 귀속되지만, 수도원 지참금은 사라져 없어지는 돈이라는 차이점은 있었다.

1650년경에는 규정이 바뀌어 다시 800 두카텐으로 내린다. 하지만 수도원에 내는 연회비는 60두카텐에서 에서 90두카텐으로 올랐다. 당시의 여인들이 시집을 갈 때 필수품으로 궤를 들고 갔었는데, 수도원 가는 여인들도 마찬가지였다 결혼한 여인들이 이 함 속에 귀중품을 챙겼는데, 이것은 일종의 개인 재산목록이자, 귀족으로서 호화롭게 살던 자취를 함께 들고 가는 것이라고 한다. 이들은 필요할 때 이 괘를 열어서 귀중한 개인 품목 등등을 보면서 당시의 집 안에서 살았던 추억을 되새기는 괘이기도 했다. 또 부잣집 딸들은 지참금 외의 돈도 가져갔고, 수녀원 안에서 종교의식이 있을 때마다, 그날 축일을 맞이하는 동료 등등에게 축하 의미로 5-6 두카텐을 선물로 주었다.

1600년이 후로는 이런 축하금이 너무 많이 들어가고, 또 특별지참금이 자꾸 오르자, 부모들은 수녀원과의 협약서를 쓸 때, 아예 기부금이나 증여를 하기도 했다. 법적인 지참금 위에다 다시 덤으로 들어가는 돈이지만, 그래도 결혼지참금보다는 싸다는 사실이다. 어쩜 당시의 부모들은 딸의 일생에 대한 생각은 전연 없는 듯한데. 이것 역시 현대인의 관점일 뿐 당시 그들의 문화로서는 당연시할 수밖에 없겠다. 부모들의 책략과 아들들의 공동체까지 생겨나다; 당시 베네치아에서는 귀족들의 눈에는 딸이 돈으로 어른거렸을지도 모르지만, 당시의 사회제도 때문에 부모들 역시도 옴짝달싹할 수밖에 없었을지도 모른다. 하지만 베네치아의 두 귀족층들은 의도적으로 전략을 세우기도 했다. '도시귀족'과 '전통귀족'이다. 먼저 베네치아의 '도시귀족'들의 전략이다. 이들은 그들과 동류의 신분家 밖의 가문들과 혼인 맺는 것을 거절하는 것이다. 끼리끼리 혼인을 맺으면서 단합하여 지참금 값이 뛰어오르는 것을 막자는 의도였다. 그 반면에 '전통귀족'들은 그들의 부와 지위를 더 확고히 다지기 위하여, 딸들을 가장 명망 있는 집안과 엮으려고 안달이었다.

다른 한편으로는 묘한 사회적인 분위기가 등장하는데, 바로 이들은 아들들 중의 몇 명은 결혼 못 하게 의도적으로 저지했다고 한다. 여러 아들들을 결혼시키다 보면, 아들 수만큼이나 가문의 유산이 쪼개져 버리는 것이 두려워서 나온 책략이다. 군인이나 정치계에서 그리고 직업적으로 성공을 추구하지만, 결혼을 하지 않은 이런 남자들은 그들의 형제들과 공동체를 이루어 살기도 했다는데, 아니 그렇담 인구감소는 고려하지는 않았는지 의문이 든다.

같은 이태리인 피렌체 같은 경우엔 1432년 페스트 때문에 유럽 인구는 엄청나게 감소했다는 것은 잘 알려진 사실이다. 그렇다 보니 젊은 이들이 빨리빨리 결혼하여 인구를 늘려야 할 판이었다. 하지만 이상하게도 오히려 동성애자가 늘었다. 인구 증가 정책에 큰 걸림돌이 되었기에 동성애자들을 처벌하겠다는 방이 내걸리고, 특별단속 수사대까지 결성되었다. 이 수사대의 명칭이 이름하여 바로 '밤의 관청'이다. 이렇게 생긴 이 '밤의 관청'은 그 이후 70년이 지나서야 없앴다고 전해진다. (저서 〈중세의 뒷골목 풍경:이랑〉에서 인용함)

베네치아시는 결혼 지참금 때문에 딸들을 그렇게 수도원에 가두고 (?), 결혼에서 밀려난 남자들을 끼리끼리의 공동체를 만들어 살기도 했다는데, 시 측에서는 어찌 인구감소는 고려하지 않았을까? 궁금해 옆 도시 피렌체와 잠시 비교해 보았다. 하지만 이렇게 인위적으로 조절을 했다 보니, 또 다른 문제가 드러나기도 했다. 자연스럽게 신랑감이 줄어 들었다. 신부들이 신랑감 찾기가 더 힘이 들었다. 자 그러면? 자연적으로 결혼지참금은 다시 뛰어오르게 되는 그런 악순환이다. 그럴수록 딸을 가진 부모들은 서로가 지참금을 더 높여서라도 딸을 더 재력을 갖춘 신분 높은 집안으로 보내기 위해 혈안이 되었다.

이런 수도 생활에서 일어난 사건들 한 대주교가 요상한(?) 발언을 한다. 대주교인 조반니 티에폴로(Giovanni Tiepolo)는 부모들에 의해 딸들이 강제로 수녀가 된 것을 정당하다고 주장했다. 그가 밝힌 이유는 이러하다; 만약에 2,000명이 넘는 귀족 여인들이 결혼하지 않고, 다른 삶을 방편으로 살게 될 경우를 상상해 보라! 사회적으로 얼마나 많은 해를 끼치겠는가? 얼마나 많은 카오스와 위험한 일들 그리고 스캔들이 일어나겠는가? 더 나아가 베네치아시와 그녀들의 가족들에게 들이닥칠 어마어마할 결과를 상상해 보았는가? 귀족들의 딸이 결혼도 하지 않고, 수녀원에도 살지 않았을 경우, 남성들로부터 자연히 괴롭힘을 당할 수 있다고 본 거다. 이 괴롭힘이란 바로 성적인 문제다. 당시의 여인들은 두 가지 길밖에 없었다고 한다. 결혼하거나! 수녀원에 들어가거나! 조반니의 이런 주장에 따르면 여인들이 수녀원에서의 삶은 오히려 안전하다고 강조했지만, 뚜껑을 열어보면 이들 중에는 견디지 못하고 탈선하는 이들도 있었다.

이렇게 강제적으로 수녀원에 들어갔던 파우스티나 수녀가 1555년 산 조바니(San Giovanni) 수녀원에서 도망쳐 나왔는데, 소문에 의하면 그녀는 임신했다고 한다. 사실 이런 탈선의 예들은 수두룩하다. 기로라모 프리울리(Girolamo Priuli)가 쓴 일지에 따르면; 시에 세워진 수녀원은 마치 '공적인 창녀촌' 같았고, 수녀들은 '창녀'처럼 살았다고 한다. 그는 여인들의 이런 엄청난 죗값을 치르는 삶을 살게 된 것은 시에서 잘못한 것이라고 비판을 하면서, 계속되면 신의 징벌이 따를지도 모른다고 강조했다. 기로라모 프리울리가 이런 글을 쓴 시기에 따르면 베네치아의 관청은 아주 혁명적인 개혁을 시도했다는데, 1509년 원로원은 성스럽고 거룩한 수녀원을 더럽힐 경우 징벌을 내린다고 발표했다. 먼저 수녀원에 허가 없이 발을 들여다 놓은 이들에게, 아니면 한 수녀가 수녀원을 도망칠 수 있도록 도와주는 행위를 하는 자들을 감옥에 쳐서 넣거나 아니면 평생을 유배지로 보낸다는 법을 만든다. 그사이 교회의 수장들도 동조해 수녀원의 혁신에 손을 대고 있었다.

이런 수녀원의 불합리성에 대한 비판을 한 루터 당시에 루터가 수녀원의 이런 불합리성에 대해서 이미 심도 있는 비판을 했다. 루터의 영향을 받은 베네치아도 마찬가지로 수도원을 비판하는 개혁적인 글이 담긴 팜플렛이 전 수도원에 퍼졌다. 루터는 이런 딸을 가진 부모들에게 요구했다. 딸들을 수녀원으로부터 끌고 나와 자유로운 삶을 부여하라, 도둑 같은 교회수장들의 성적인 노리갯감에 해방될 수 있도록 하라고 강력히 촉구했다. 이런 비판 글을 읽은 수녀들이 수도원을 도망쳐 나오기까지도 했다. 다른 도시 카타리나의 얘기를 통해서 어떠했는지를 잠시 보자; 당시 루터의 글에 영향을 받은 9명의 수녀들이 1523년 독일 라이프치히 부근에 있던 치스터치엔저 수녀원에서 탈출했다. 이 탈출을 선도한 이가 바로 이 카타리나였는데, 그녀는 바깥에서 도움을 주었던 3명의 용감한 시민과 또 목사 가브리엘 츠빌링(Gabriel Zwilling)과 함께 사전의 철저한 계획을 세웠던 터다. 이런 탈출은 당시의 시대상으로는 사형감이었다고 사학자 마르타 샤드(Martha Schad) 박사가 밝히는 것을 보면, 목숨을 담보로 내놓고 실행을 한 용감한 여인들이었음이 분명하다. 탈출에 성공한 가브리엘 목사와 평신도 3인은, 이 9명의 수녀들을 즉시 루터에게 데리고 갔다. 이때 루터는 생사를 걸고 수녀원을 뛰쳐나온 이 처녀들을 잘 보살펴 주었고, 심지어 8명의 결혼까지도 성사시켰다. 당시는 이런 여인들의 선택은 딱 두 가지!

결혼을 하거나, 하녀로 살거나! 이 두 굴레에 못 들어가면 창녀로 나갈 수밖에 없었던 시대였다고! 마지막 남은 카타리나만 유일하게 짝을 못 찾았다. 운명이었던가? 대를 이을 자손이 끊긴다는 걱정을 하고 아버지의 말을 들은 루터가 카타리나와 결혼 하기로 마음먹었다. 드디어 43세의 루터와 26세의 카타리나가 1525년 6 월 3일 결혼식을 올렸는데, 오늘날로 치면 아마도 영국의 다이애나 결혼식처럼 세계적으로 떠들썩할 뉴스거리였을 거다. (저서 〈중세의 뒷골목 풍경:이랑〉에서 인용함)

3대 서약인 청빈.정결.순명에 따라 잘 살은 수녀들도 있었다. 물론 같은 조건으로 수녀원에 떠밀려 들어갔지만, 그 반대로 유럽문화사에 특출한 자취를 남긴 이들도 있다. 그 예들의 하나를 들자면 힐데가르트 폰 빙엔(Hildegard von Bingen: 1098-1179)이다. 그녀는 8살에 수녀원에 들어가 적응을 잘하여 결과적으로 중세의 아주 특출한 여성 지식인이 되어 많은 이들의 영혼을 돌보았다. 많은 정치인들에게 조언까지 해준 그녀는 윤리학, 의학과 우주학에 대한 지식에도 탁월했고, 시인으로서, 음악인으로서 예언자로서도 유명하다. 우리는 베네치아 수녀원의 얘기를 중세 문화사로서 간주는 하지만, 실제로 글 속 주인공의 여인들이 수도원에 갇혀서 몸부림쳤을 것을 상상하니 참으로 안타까운 마음이 든다. 마지막으로 당시는 오늘날과는 다른 형태의 수녀원/수도원들이 있었는데, 바로 거리에서 몸을 파는 여인들이 모여서 만든 수도원인 '뉘우치는 여인들의 수녀원', 한 때는 남자 수도원과 여자 수녀원이 공동체를 이루어 "이중/복쌍(復雙) 수도원"도 있었음을 언급하면서 글을 마친다.

집쥐·들쥐의 가격과 요리

- 쥐가 송아지 한 마리 값이었다고? '개의 간을 얇게 썬 조각
요리'까지! 고기 썰어주는 남자란?

현대는 먹을 것이 너무 넘쳐서 문제다. 물론 여기엔 기근에 시달리는 국가들을 제외하고 평균적으로 살고 있는 지구 민족을 기준으로 말한다. 또 다른 비교는 오늘날은 세 끼를 챙겨 먹는다는 거다. 하지만 바로 몇백 년 전의 유럽 같은 경우는 하루 세 끼가 아니라 두 끼만 먹었다는 기록도 있다. 먹을 것이 궁해서였는지 아니면 이들의 전통적인 관습이었는지는 알 수 없다. 하기야 많이 먹는 것 보다는 적게 먹는 것이 건강에도 좋다는 결론에 다다른 시대이니 이런 두 끼가 오히려 좋은 습식이었을 지도 모른다. 오늘은 인간의 입으로 들어가는 음식이 처한 환경에 따라서 어떻게 변모했는지, 특히 먹을 것이 궁한 기근 시에는 어떠했는지를 독일 기쎈대학교에서 열린 심포지엄을 책으로 엮은 〈중세와 근세의 음식과 음료〉를 통해서 보자.

'30년 전쟁' 때의 먹거리들

이 심포지엄에서 슈푸란켈 교수가 후기 중세 때 인간이 먹은 음식에

관한 연구를 발표했다. 그가 택한 연구 시기는 바로 유럽의 30년 전쟁 때다. 이 전쟁은 1618년에서 1648년까지 꼬박 30년이 걸린 전쟁이었기에 이름도 '30년 전쟁'(Der dreissigjaehrige Krieg)이다. 3년도 아닌 30년간이나 전쟁을 했다면, 민중들의 삶은 어떠했을지 쉬이 짐작이 간다. 그리스도교 지배 아래서는 잘 지켰던 윤리와 도덕은 깡그리 깨어져 버리고, 그 자리에 강간, 약탈, 고문의 일상사로 변모해 버렸다. 이런 상황에서 가장 참을 수 없었던 것은 무엇이었을까? 바로 배고픔이었다. 먹을 것이 없다 보니 굶어 죽는 이들도 수두룩했고, 너무 배가 고픈 나머지 어떤 이들은 일단 배를 채우고 보자는 마음에서 상한 음식까지도 먹었다. 시골에서는 병들은 소까지 먹어 치운 것은 말할 것도 없다. 하지만 배는 채웠다지만 상한 음식과 병든 소를 먹고 난 뒤 이젠 병이 들어 죽기도 했다. 이 전쟁 중에 한 마을이 무너져가는 모습을 보면 그 심각성을 엿볼 수 있다. 전쟁 전에 90가구가 살았던 마을이 1644년엔 11가구가 살아 남았고, 1년이 지난 1645년 8가구 만 살아 남았다하니 어느 정도 살기가 힘이 들었는지 짐작이 간다. 좌우지간 어림잡아서 약 90%가 이 전쟁으로 피해를 보았다고 보면 된다고 한다.

독일 그륀베르크(Gruenberg)의 한 성당의 기록부를 보자

이 자료를 통해서 더 구체적으로 들어가보자; 30년 전쟁시기 때인 1634년에서 1635년까지인 2년간의 자료가 독일 그륀베르크의 한 성당의 기록부에 고스란히 남아 있는데, 교회에서 신자들의 영세 날, 결혼한 이들의 이름, 날짜, 죽은 사람의 기록, 그 외에 특수한 기록 등등을 생생하게 기록으로 남겨진 문서다. 이 그륀베르크의 교회 기록 문서를 남긴 자는 요한 로자리우스(Johann Rosarius)라는 신부였다.

그의 기록을 보면; 당시에는 각 도시와의 교역 때문에 도시의 특성에 따라 마찻길이 잘 닦여져 있었는데, 다 장사치들을 위해서다. 장사치들이 마차에 실은 물건을 잘 운반할 수 있도록 이런 길을 만들어 두고선 마차가 통과 때마다 통행세를 받았다. 말하자면 오늘날의 고속도로 역할이다. 하지만 그륀베르크에 만들어졌던 이 마찻길은 이 시기엔 다른 역할을 했다. 장사치들이 이 길로 다니는 것이 아니라 1621년 이래로는 90번이나 군인들이 점령했다. 이렇게 머문 군인들도 먹을 것 때문에 온 도시를 다니면서 약탈을 일삼았는데 이 도시도 그 예외는 아니었다. 그렇지 않아도 먹을 것이 없어서 허덕이던 민초들은, 그나마 남은 음식도 군인들에게 다 빼앗기자 더 기근에 시달렸다. 배가 너무 고팠던 민중들은 평소에 쳐다보지도 않던 것에 눈을 돌렸다. 바로 나뭇잎, 풀 그리고 유피까지 먹어 치웠다 한다, 우리 역시 어려운 시기에 솔가지나 칡뿌리를 캐 먹었다 하니 이런 류는 사실 그리 큰 관심거리는 아니다.

문제는 평소엔 전연 눈도 돌리지 않았던 생각만 해도 소름 끼치고 토해 낼 것 같은 것을 먹어 치웠는데 바로 쥐고기다. 우리는 쥐고기하면 바다에서 나는 쥐고기를 먹고 있다 보니 이 단어에 그리 큰 거부 반응이 일어나지 않을 수도 있겠다. 하지만 여기서 말하는 쥐는 시궁창쥐, 집쥐, 들쥐 그리고 산쥐까지 보는 대로 잡아서 식용으로 이용했다는 거다. 심지어 이것마저도 못 구해 안달이었다 보니 당시 쥐 한 마리 가격이 4굴덴(Gulden: 당시의 돈 단위)에 팔렸다는 기록이 남아 있는데, 슈푸란켈(Sprankel)교수가 이 쥐 한 마리 값은 당시의 송아지 한 마리 값과 유사하다고 했으니 엄청난 가격이다.

여기서 그치지 않는다. 이젠 쥐를 잡아먹는 고양이에게도 눈독을 들였다가 드디어 개고기까지도 먹었다. 사실 한국인들의 개고기 섭취도 역시도 그리 낯선 것은 아니다. 하지만 유럽인들이 개고기를 먹는다는 것은 하나의 타부에 속했던 터였기에 어마어마한 사건에 속한다. 로자리우스 신부가 남긴 다른 기록도 보자; 당시 사람들이 배고픈 나머지 무덤을 파헤쳐 그 미라를 먹었다고 한다. 이런 미라에 손을 대면서 그냥 먹기가 좀 스스로 이상했던지 미라에 대한 해석도 달리했다. 이런 미라는 결코 인간의 시체가 아니라 일종의 '고기'(Fleisch)였다는 단어를 덧붙였다는 사실이다. 이런저런 방법까지 다 동원해도 배가 채워지지 않자 어떤 이들은 사람을 때려죽여 그것을 고기 대용으로 먹었다는 사실을 로자리우스 신부가 교회 기록부에 남겨 놓았다. 이런 상황에서 필자는 늘 궁금해한다; 이런 기록을 한 로자리우스 신부도 굶주림에 지친 나머지 이들과 유사한 음식들(?)을 같이 섭생했는지? 아니면 그는 잘 먹고 지내면서 이렇게 목숨을 유지했던 당시 민중들의 삶을 초연하게 이렇게 기록으로만 남겼는지? 개인적으로 자기가 먹었던 음식도 기록으로 남겨 놓았더라면 좀 좋았을까? 라는 개인적인 견해이다.

다른 문제까지 등장했다. 30년 전쟁의 소용돌이 속에서 다시 페스트가 번지기 시작했던 거다. 특히 1635년 6-9월 사이에 그륀베르크는 페스트로 1,224명의 목숨을 죽음으로 몰아넣었는데 당시의 이 자그마한 도시 시민의 반이 죽어 나갔다고 한다. 20세기의 독일의 유명한 서정 시인인 브레히트(Brecht; 1898-1956)는 당시의 이런 상황을 두고 "일단 [게걸스럽게] 먹는 것이 해결되어야 그 다음 윤리가 적용된다."라고 표현했는데, "금강산도 식후경"이란 우리네의 속담과 유사하다.

인간의 가장 기본 구조인 의식주가 해결된 뒤라야만 도덕, 윤리, 문화, 종교 등등을 구축할 수 있다는 뜻일 것이다. 이렇게 쥐고기나 미라를 먹으면서 연명하는 굶주린 사람들을 교회/성당에 붙잡아 두고선, 교리인 삼위일체가 어떻고, 하늘나라와 천국이 어떻고 하는 설교와 강론을 한다면 아마도 이들 사이엔 당장에 폭동이 일어 날 것이다. 그러고 보면 인간의 의식주가 해결된다는 전제 조건이 주어질 때야만 윤리와 도덕이 튼튼하게 지탱할지도 모른다.

200여 년이 흐른 후에는?

다음은 중세를 좀 벗어난 얘기지만, 같은 음식이란 연장선상에서 보자; 이렇게 모진 운명을 뒤로하고 살아남은 자들이 번성시킨 200여 년이 흐른 후 후손들의 모습이다. 이때는 독일과 프랑스 사이에 전쟁(1870-1871)이 일어났다. 이 전쟁 때도 많은 시민들이 죽어 나갔다. 물론 이 시기 역시 음식 때문에 고생했지만, 중세와는 비교가 안 되었다. 이들은 계몽주의 덕택에 미리 음식을 나름 준비 할 수 있었다. 말고기 같은 것을 소금으로 절이거나 통조림을 만들거나 했다. 그리고 신선한 고기로서는 종달새, 지빠귀, 야생 비둘기, 까마귀 등등을 잡아먹었다. 이것이 동이 나자 다시 고양이고기, 쥐고기, 개고기에 눈독을 들였다. 특히 당시의 유럽 중에서 파리를 보면, 이곳은 문화, 예술, 학문 그리고 완전히 사치에 빠진 삶의 중심지였다. 동시에 서구의 여러 나라들 중 고약한 냄새가 가장 많이 나는 중심지로 속하기도 했는데 그 이유는 파리가 급격하게 도시화 되면서 길거리에 넘치는 쓰레기 때문이었다. 이때부터 쓰레기 치우는 것이 문제로 대두되었고, 이 쓰레기 속에서 살아갔던 쥐 때문에도 고민에 빠졌다. 당시는 동서양과 큰 교역이 활성화되었던 터라 많은 쥐들이 교역 짐 속에서 따라 들어 왔다 보니 더 심각한 상태였다. 하여튼 불결한 파리의 거리, 어두침침한 곳곳에서 악취를 풍기는 이곳에서 쥐가 판을 치던 분위기를 상상 해 보면 되겠다.

이런 분위기에서 쥐고기가 또 등장 했다. 때는 1870년의 11월 17일로 날짜까지 정확하게 남겼다. 이름 있는 유명한 사람들 10명이 한 가정집에 모였다. 모인 이유는 아래에 나오는 메뉴판 음식들의 시식 때문이다. 자 이들이 무엇을 먹었는지? 그리고 이들은 이 음식들을 시식한 후에는 각 음식에 대해 어떻게 평했는지를 보자.

수프

1= '말고기 육즙에다 수수 섞은 수프 요리'

2= '개의 간을 얇게 썬 조각 요리'

3= '고양이 등 밑 살 자른 것과 마요네즈 곁들인 요리'

전채 요리

4= '개의 어깨 살을 숯불에 구어 토마토소스와 버무린 요리'

5= '고양이 고기를 후추로 요리해 버섯을 곁들인 요리'

6= '개의 뒷다리에 푸른 완두콩 곁들인 요리'

7= '(식용이 안 되는) 쥐고기에다 로베르트 소스를 곁들인 요리'

8= '작은 쥐고기와 개의 뒷다리에 고명을 곁들여서 후추 소스를 친 요리'

9= '육즙에다가 베고니엔(Begonien: 추해당) 넣은 요리'

10= '건포도가 든 푸딩과 말의 골수를 첨부한 요리'

자 지금까지 봐온 바와 같이 이 메뉴판에는 당시 중세 때 기근 때문에 어쩔 수 없이 먹었던 쥐고기, 고양이 고기, 개고기 요리가 1870년의 정식 메뉴판에 다시 등장 했다. 이런 음식을 맛있게 먹고서는 시식 후 평가서까지 기록으로 남겼다. 이들은 왜 이런 음식을 먹었고, 왜 시식 후 평가서를 남겼는지 너무 궁금하다. 하지만 슈푸란켈 교수는 이런 '왜'에 대한 언급은 없다. 다만 알 수 있는 것은 단 하나인데, 일반인들이 아니었고 '유명했다는 이들'이 이런 음식들을 즐기면서 먹고선, 시식 후의 평가서를 남겼다는 사실이다.

자 그럼 이 음식에 대한 이들의 평을 보자

1번 '말고기 육즙에다 수수 섞은 수프 요리'에 대한 평은: 수수는 약간 단단하다는 단점은 있었지만, 전체적인 맛은 탁월하다는 평이다.

2번 '개의 간을 얇게 썬 조각 요리'의 평가는: 시식한 10명 중의 대다수가 개의 간 맛은 거세된 수양의 신장 맛과 유사했다고! 그리고 혀에 녹을 정도로 부드럽다는 평을 했다.

3번 '고양이 등 밑 살의 자른 것과 마요네즈 곁들인 요리'에 대한 평은: 그 맛이 아주 탁월했을 뿐만 아니라, 흰색 부분의 고기는 시식하기도 전에 벌써 보기에도 아주 먹음직스럽게 보였다고! 이 고기가 특별히 연했다 보니 몇몇 이들은 이 고양이 요리가 차가운 어린 암소 고기 맛과 유사했다고!

4번 '개의 어깨 살을 숯에 구운 것에다 토마토소스와 버무린 요리'에 대한 평은 이러하다: 고기 맛이 특별히 연했고, 몇몇 손님들은 알프스의 양고기 맛과 낙타고기와 비교가 된다는 평을 했다.

5번 '고양이 고기를 후추로 요리해 버섯을 곁들인 요리'에 대한 평은: 사실 고기가 약간 질기기는 했지만, 만약에 여기 모인 이들이 다른 음식을 먹지 않은 배고픈 상태였다면 아주 호감 가는 음식에 속한다는 평이다.

6번 '개의 뒷다리에 푸른 완두콩 곁들인 요리'에 대한 평에 대해서는: 식초에 너무 절였다 보니 식초 맛이 더 강했다. 이 고기 역시 나쁘지는 않았지만 약간 섬유질이 많아 질긴 것이 흠이었다.

7번 '(식용이 안 되는) 쥐고기에 로베르트 소스를 곁들인 요리'에 대한 평은: 이 쥐고기의 맛이 특별히 베리 굿!(sehr gut!)이다라고 평했고, 이 쥐고기가 새고기 맛과 너무 유사하다는 평을 내렸다. 앞에서 언급했던 것처럼, 한국이야 그래도 바다에서 나는 '쥐고기'를 먹기 때문에, 쥐고기라는 단어 자체에는 그리 큰 거부 반응을 느끼지 못할지도 모른다. 하지만 우리가 일반적으로 생각하는 시궁창에서 우글거리는 쥐를 고기로 먹는다는 것! 왠지 생각만 해도 메스꺼워진다.

8번 '작은 쥐고기와 개의 뒷다리를, 고명을 곁들여서 후추 소스를 친 요리'에 대한 평은: 특별히 개의 뒷다리 고기 맛이 좋았다고 평했다. 특히 다 익히지 않고 적당히 익혀 피가 보이는 곳의 맛이 탁월했다는 평가를 했다. 이 평가자들은 사실 너무 익힌 고기 부분 보다도 덜 익어 피가 보이는 고기 부분이 맛이 월등했다는 견해 또한 밝혔다. 쥐고기 평에서는 쥐고기를 너무 익혔다 보니 그 고유 맛이 좀 사라진 듯하고 섬유질이 많았다고!

9번 '추해당(베고니아)으로 만든 수프'에 대한 평이다: 승아(Sauerampfer)와 유사했다고! 이 수프는 승아와 비교했지만, 사실은 승아보다는 더 강하고 진한 맛이라고. 이런 음식은 소금간이 많이 들어간 음식을 먹은 후에 먹는다면 염분을 중화시키는데 최고로 보인다고!

10번 '건포도가 든 푸딩과 말의 골수 요리'에 대한 평은 이러하다: 이 요리는 한마디로 좌우지간 '최고의 맛'이었다고 평했다.

지금 막 이런 음식평을 읽고 난 우리도 입에 군침이 도는지? 그렇지 않을 것이다. 오히려 메스꺼움이 느껴질 것이다. 하지만 여기에 참여했던 '열 명의 유명인'들은 10가지의 메뉴의 모든 음식들의 그릇을 다 비웠을 정도로 음식맛이 너무나 흡족했고, 먹는 동안도 한없는 즐거움을 즐겼다는 후평을 신경 병리학자인 슈푸란켈 교수가 언급했다.

슈푸란켈 교수의 또 다른 언급이다; 죠프로이라는 자가 아침 식사로 들쥐고기를 먹었다는 기록이다. 이 들쥐고기를 먹고서는 먹을 때마다 그 평이 달랐다. 하루 전날 이 들쥐고기를 먹었을 때는 새고기 맛과 유사하다는 견해였다가, 하지만 그 다음날의 시식에서는 토끼고기 맛을 느꼈다고! 아무튼 죠프로이의 들쥐고기에 대한 평은 앞의 '유명한' 10명의 평가와 유사하다. 그는 특히 앞다리의 근육은 뒷다리보다 연하다는 평을 내렸지만, 뒷다리 고기는 살이 풍성하다는 정확한 후식 보고까지 남겼다. 더 상세한 것은 머리를 자르고 털을 벗기고 내장을 빼낸 쥐고기의 무게는 130그램이지만, 간이 크고 먹음직스러운 쥐의 무게는 30그램이 더 많은 160그램이다라는 보고까지! 우리가 못 먹는다고 못 박아둔 쥐고기를 가지고 요리 과정인 털을 벗기고 내장을 다루는 장면들을 상상하니 더 메스꺼워지지 않는지요?

우리가 여기서 주목할 수 있는 것은 인간은 기근이 들면 배고픈 나머지 못 먹던 음식도 먹게 된다는 사실과 또 그런 음식들이 먹을 수 있는 음식 영역으로 들어와 고착할 수도 있겠다는 사실이다. 우리는 두 가지 경우를 위에서 볼 수 있었기 때문이다. 한번은 궁핍과 기근 때문에 어쩔 수 없이 먹었지만, 200년이 더 흐른 후는 즐기면서 이런 특수 고기(?)를 먹었다는 사실을 보면 말이다. 그런 의미로 우리는 못 먹는 음식이라는 것도 다시 한번 생각해 볼 수 있다. 우리가 못 먹는 것으로 이미 박아 두었기 때문에 못 먹는 것은 아닐까? 아니면 선택할 여지가 너무나 많은 음식들이 있기에, 평소엔 뒤로 밀렸던 이런 희귀 음식들이 유사시에 다시 등장 하게 되는 건지? 한국인 중의 일부는 개고기를 아무 거리낌 없이 지금도 먹고 있다. 유럽도 궁핍 할 땐 개고기까지 먹었다는 사실을 부인할 수 없는데, 어찌하여 지금 유럽인들은 개 고기 먹는 다는 자체를 아주 나쁜 행위로 몰아가고 있는 걸까?

식탁 옆에 서서 고기 먹고 있는 자에게 고기 썰어주는 남자

서양 요리에서 고기를 먹을 때 절대로 필요한 것이 나이프라는 사실은 우리는 익히 잘 알고 있다. 그런데 도리스 룸-크로이터(Doris Rumm-Kreuter) 박사가 언급한 다음과 같은 내용은 우리에겐 좀 생소한데 한번 보기로 하자. 당시 인들은 프리울리(Girolamo Priuli)가 쓴 일지에 따르면; 손님으로 남의 집에 갈 때는 반드시 이 나이프를 가지고 가야 했다는사실이다. 마치 우리가 남의 집에 일박이라도 하게 되면 칫솔을 준비 하듯이 말이다. 예외적인 상황은 있었다. 아주 부유한 집안에서만은 손님을 위해 식탁에 나이프를 챙겨 주었다. 하지만 이 한 개의 나이프로 두 사람이 공용으로 사용 했다고 한다. 식탁 예의를 지켜야만 했는데, 바로 이 나이프를 가지고 이빨을 쑤시거나 나이프의 뾰족한 부분을 입게 대는 것도 아주 금기 사항이었다. 오늘날의 유럽인들은 식탁 매너가 참 세련되었다 보니 이런 짓거리는 상상도 못하겠지만, 당시는 이런 일이 더러 있었다 보니 이렇게 금기사항으로까지 가지는 않았을까? 하기야 사실 중세인들은 상위층 제외한 나머지는 글도 모르는 낮은층들이 대다수였다는 것을 생각해 보면 가능성 없는 얘기도 아닐 듯하다.

도리스 룸-크로이터 박사에 의하면 그러다 점차적으로 손으로 음식을 먹는 시기가 있었다는데, 그 이유는 나이프가 사람의 생명을 다칠 정도의 위험물로 간주했기 때문이다. 그럼 고기를 어떻게 먹냐? 여기에 등장 하는 것이 바로 이 '음식 썰어 주는 남자'이다. 이들의 외적인 모습을 보면; 이들은 일단 몸에다 여러 종류의 칼을 지녔는데, 식탁이 마련되면 음식을 먹는 손님 옆에 서 있다. 손님이 고기를 먹게 되면 '음식 썰어 주는 남자'는 즉시 그 음식에 상응하는 칼을 뽑아내어서는 썰어 주었다. 고기, 식용 가축뿐만 아니라 다른 음식들도 마찬가지였는데 바로 생선, 때로는 과일과 채소까지 썰어 주었다고 도리스 룸-크로이터 박사가 언급했다. 물론 이런 서비스를 받는 이들은 말하지 않더라도 금수저층들이었을 거다. 비록 이런 직업이었지만 이들의 지위는 상당했다고 한다. 심지어 이들에게 예술가로 칭해 주었고 또한 '마이스터'라는 타이틀까지 부여했다. 그럴 수 밖에 없었다. 비록 단순한 작업군에 속했던 이들이었지만 심지어 동물들의 해부학 지식까지 소유했던 실력파였다.

보다시피 이들이 남긴 중세와 근세(Die Fruehe Neuzeit: 1500-1789

프랑스혁명)의 음식에 관한 자료들을 보면 놀랍다. 한국에 잘 알려지지 않는 이들의 중세 식문화들! 신학자 요세프 임바흐(Josef Imbach)는 중세교황들과 연관된 음식들을 아주 상세하게 소개했는데 이 역시도 흥미로운 중세 식문화가 될듯하다. 그의 저서들을 소개해 보자면; 〈교회 주방 역사의 비밀〉, 〈교황과 성직자들이 좋아했던 음식들〉 등등이 있다. 이런 자료를 바탕으로 언젠가는 중세의 음식에 대해서도 한번 써 볼 예정이다.

중세의 조산원들과 미신적인 방책

– 양모, 털실을 박쥐 피와 마시라! 수노루나 수소의 고환, 여우의 꼬리로 만든 처방까지! 조산원들의 임금; 공주 출생시는 300 크로넨! 왕자는 500!

중세의 조산원들 의학사 가인 클라우디아 힐퍼르트(Claudia Hilpert) 박사에 의하면 여성의 권위가 거의 없던 중세 시대에 유일하게 권위를 가진 이들이 조산원이었다고 한다. 이런 여인들의 권리는 남성들의 출산 의술이 우세하기 전인 18세기까지 이어졌다. 특히 중세의 남성들은 교회의 윤리적인 측면에 따라 산실에 못 들어가게 했기 때문에, 여성들이 중심적인 역할을 할 수 밖에 없었다. 중세 초기(500-1050)의 숙련되고 경험이 많은 '지혜로운 여인들'(Weisen Frauen)이나 조산원들(Hebammen)은 대개는 엄마가 딸에게 그 전통과 지식을 전수하는 형식이었다. 하지만 1452년부터는 독일 레겐스부르크에서는 조산원들이 교육받았다는 자료가 나오고, 1491년 울름에서는 공적인 교육을 받은 후에도 의사들 앞에서 수련받고 시험이 통과 되어야만 조산원들이 증서를 받을 수 있었다. 이들의 선서를 요약 해보면; "우리들은 산모 신분의 귀천을 따지지 않고, 태어날 아기(태아)및 태어난 아기(영아/신생아)와 산모를 위해서 최선의 의무를 다한다." 독일의 아헨의 경우는; "지혜로운 여인인 나는 소속된 지역의 사제에게 충성을 다한다. 그리고 비밀스럽게 태어난 모든 영아들을 교회 사제에게 보고하고, 아헨 밖의 지역이나 어느 다른 곳에서 영세를 시키지 않는다." 초기 중세와는 달리 후기 중세(1250-1500/1700)에 와서는 이렇게 도시마다 소속된 조산원들이 있었다.

토마스 아퀴나스(Thomas Aquinas: +1274)의 교리에 따라서 가톨릭의 영세는 13세기 이래로 영혼 구제의 절대적인 덕목으로 보았다. 영세를 안 받고 죽은 영아들은 영원히 지옥에 간다는 교리 때문에, 신생아들이 태어나면 조산원들은 반드시 영아를 성당에 데리고 가 세례를 받게 해야만 했고, 결혼 하지 않은 여인들의 임신에 대한 고발도 마찬가지였다. 만약에 이런 여인들이 출산할 경우는, 반드시 영아의 아버지가 누군지도 알아 내야 하는 의무를 지녔다. 이런 여인들에게는 벌금을 부과하거나, 아니면 감화원에 보내기도 했는가 하면, 어떤 경우는 도시에서 완전히 추방되는 경우도 있었다. 더 심하면 평생토록 낙인이 찍힌 채 살아야만 했다.

또 조산원들의 다른 의무는 진료 중에 태아가 죽어 있을 경우는, 산모가 의도적인 낙태를 하지 않았나를 알아내야만 했다. 토마스 아퀴나스(Thomas Aquinas: +1274)의 해석에 따라 3개월 이상의 태아는 이미 인간으로 보았기 때문에 낙태를 살인으로 간주 할 수 밖에 없었다. 십계명 중의 "사람을 죽이지 말라"를 어겼기 때문이다. 중세의 조산원들은 단순하게 산모로부터 아기만 받아내는 것이 아니라, 그리스도교 측에서 요구하는 의무를 꼼꼼하게 이행해야만 하는 조금은 무거운 직업인 듯하다. 이렇게 투철한 직업정신을 지닌 조산원들의 수난사도 있었는데, 바로 마녀사냥에 회부되었던 거다. 북독일에서 많은 여인들이 마녀로 몰려 불에 태워 죽였는데 여기에 조산원들도 포함되었고, 독일 쾰른에서도 1627-1639년 사이에 도시의 조산원들이 마녀로 찍혀 죽임을 당했다. 1477년 한 함부르크 출신의 한 조산원도 화형 되었는데, 그녀의 죄목은 젊은 여성에게 낙태법을 가르쳤다는 것이다. 1510년 독일 츠빅나우에서도 마찬가지로 한 여인이 그녀가 소유한 책과 도구들도 함께 화형당했는데, 이번엔 약초로 한 태아를 낙태시키는 데 도움을 주었기 때문이다. 역사학자 이르지글러(Franz Irsigler)교수에 의하면 1500-1600년 사이에 독일 트리어에서 일어난 마녀사냥 때 800명의 여인들이 마녀로 몰려 죽었는데 여기엔 이런 조산원들도 포함되었다고 한다. 그렇담 어찌 그리 많은 이들을 불태워 죽였던가? 두 가지 요소로 본다; 조산원들이 미신적인 요소들을 가지고 산모들을 도왔다는 것과, 또 당시 가톨릭의 이브에 대한 성서에 따른 해석 때문이다. 조산원들이 이브에 대한 성서해석을 어기고 임산부들의 고통을 약초로 덜어 주었다. 이런 지혜로운 여인들과 조산원들은 몇 세기 전부터 내려오는 각 약초의 효능들을 인지하고 있었다. 심지어 이들은 약초를 채집할 경우, 낮에 따야 하는 약초는 무엇인지? 달이 차오를 때 따야만 하는 약초 등등, 언제 그리고 어느 때 따야만 그 약초의 효능감이 탁월한지를 꿰뚫고 있었을 뿐만 아니라, 세세한 사용 비법까지도 터득하고 있었다. 이런 약초 지식을 가진 여인들은 차, 즙, 연고 등등으로 산모들을 도우거나 다른 병자들까지도 고쳤다.

먼저 중세의 일반적인 약초, 식물 얘기를 해보면; 식물 중 버드나무 껍질은 류마치스에 효능이 있고, 꽃마리의 일종인 바인벨(Beinwell)은

뼈가 부러졌을 때 특효였다. 말오줌나무는 가정상비약처럼 쓰였다;

말오줌 나무의 꽃은 차로 만들어 열이 났을 때나 감기에, 그 잎들은 찜질용으로 류마치스 통풍 두통약에 탁월했다. 딸기 포도 과에 속하는 장과(漿果)인 베렌(Beeren)은 설사가 날 때, 나무껍질은 하제(설사약)에 효과적이었다. 중세의 약초자료들이 많이 남아있고, 특히 힐데가르트 빙엔 수녀의 레시피는 이런 효능에 대해서 지금 다시 실험 하고, 그 효능을 입증하고 있을 정도다

다음은 여인들의 피임과 낙태를 위한 약초들 보자. 먼저 당시의 환경에 대해서다. 대개의 우리는 영화 등등을 통해서 대체로 중세 부유층의 문화에 좀 더 눈에 익은 것 같다. 사실 중세의 가난한 이들은 길거리에서 살아갔을 정도로(여기에 관한 박사논문이 있을 정도로!) 참으로 궁핍하게 살았다 보니, 아이가 태어나면 키우기가 정말 힘든 환경이었다. 조산원들은 이런 가난한 여인들에게 교회에서 완전 금지한 피임약도 만들어 팔았는데, 질마개 같은 형태로 부부간에 함께 자기 전이나, 자고 난 후에 사용하도록 했다고! 이것은 히말라야삼나무 속과로 만든 기름으로 조제했고, 혹은 석류나무의 줄기, 수양버들로 명반을 만들었다고 한다. 또한 원치 않은 임신을 한 여인들에게 낙태에 적격인 다양한 약초추출물 그리고 약초를 푹 고아 음복하는 방편도 알려주었다. 자궁의 수축을 일으키는데 도움이 되었던 이런 약초들은, 노간주 나무속과인 자데바움(Sadebaum)의 기름, 그 외에도 지혈제 자궁수축제인 맥각도 권했고, 귤나무과의 다년초인 헨루더, 파슬리, 쑥국화, 구리때(Engelwurz), 노간주나무도 낙태용으로 사용되었다. 이런 지혜로운 여인들의 지식들은 다른 영역에도 뻗어 있었다. 이들은 그

외에도 불임인 여인이나 남자들의 성불능을 돕는 레시피도 있었다. 더 나아가 잠자리에서 효험있는 사랑의 묘약 만드는 지식도 소유했다.

당시는 출산이 오늘날 같은 의술과 같은 첨단은 전연 기대할 수도 없었고, 기댄다면 대개는 다양한 약초류와 마법적인 것들이었다. 출산을 돕는 레시피를 보면 대개가 물약 형태로 만들었는데, 다른 약초와 혼합하는 경우도 있고, 때로는 푹 끓이는 경우도 있었다. 이런 재료용으로 제일 많이 등장하는 것이 쉽게 구할 수 있는 와인, 식초, 물, 꿀물, 아니면 과일즙으로 혼합한 것들이다.

그리고 수유 기간에도 마찬가지로 꼭 약초만이 아니라 예외적으로 식물로 만들어진 식초, 기름, 와인 등등도 마법적인 예식에 사용되었고 그 외에도 소금, 돌, 심지어 동물에서 축출한 것들도 있었다는 사실을 약간만 언급한다. 그럼 어떤 약초 성분이 출산에 구체적으로 도움을 주었고 그것을 어떻게 복용했는지도 보자. 먼저 출산을 원활하게 한 약초들을 자세한 예들을 보면; 와인에다가 잘게 빻은 게, 쑥, 서양지치를 혼합해서 마신다. 쑥으로 만든 액은 따뜻해야만 하고, 헨루다/운향과(芸香科) 혹은 몰약(미르다: Myrrhe) 즙을 마시는 것도 권장했다. 만약에 출산이 어려운 지경에 이르면, 지혈제인 백선(白鮮), 호로파(葫蘆巴) 속의 식물, 콩과 식물인 거여목 등등을 권유했는데, 레시피는; 시네라리아와 거여목 물을 아주 깨끗하게 씻은 제비 둥우리에 걸러내어 산모에게 마시게 한다. 그 외에도 후기 중세에 저술된 '슈파이러 약초책'(Speyrer Kräuterbuch)에 나오는 내용들은; 야생 박하 혹은 야생 박하 풀, 야생 박하 씨를 꽃장포 따위의 붓꽃 속의 즙과 함께 섞어서 마신다. 그냥 박하와 달인 즙을 음료로써 마시는 것도 권장했다. 다른 레시피에서는 임신한 여인에게 배나 사과를 주는 것을 경고했다는 기록도 있다. 출산이 점점 다가오는 임산부에게는 마편초를 물과 함께 빻아서 마시는 것도 권장했고, 나아가 미르(Myrrhe)와 페퍼(Pfeffer)도 출산에 도움을 주었다고 한다.

지금까지 보면 우리가 잘 알지 못하는 수많은 약초/식물들이 중세인 들의 임산부들에게 많은 도움을 준다는 것을 보았다. 격언에; "병의 치 유를 위해서 각 식물들이 자라난다."는 말이 있는 것을 보면 이들의 전 통적인 약초 비법은 틀린 것은 아닌 듯하다(사실 서양의학은 300년 전 쯤부터 시작되었다고 하는데, 그 이전에는 약초와 마법으로 건강을 다 스렸다는 의미도 되겠다. 중세의 목욕탕에서 수공업적인 교육을 받은 목욕사와 이발사가 늘 상주하면서 사람들의 상처를 치료하거나 사혈 을 해 주었다. 이들이 후에 외과의사로 정착했다는 사실을 보더라도!)

또 약초 지식을 가진 이들은 동시에 마법을 잘 병행했는데, 주로 마 법 주문, 마법적인 예식 그리고 부적도 병행했는데, 예를 들면 약초의 힘을 더 강하게 하는 방법으로 머리에 손을 얹거나 혹은 향 피우기 등등을 첨가하기도 했다. 성녀 힐데가르트 빙엔(Hildegard Bingen: 1008-1179) 수녀도 예외는 아니었다. 교회의 믿음과는 상이한 부적 처방을 했다 보니 당시 인들은 많이 놀랐다. 그 처방은 왼쪽 손목에 보석으로 만든 부적을 차고 있으면, 산모가 위험 없이 아이를 낳을 수 있다는 것이다. 당시는 애를 낳다가 많은 산모가 죽어간 시대였다. 그것을 고려해 힐 데가르트 수녀가 이런 방편까지 산모에게 제공해 준 듯하다. 사실 이 런 비법 외에도 특히 미신을 배척하는 중세임에도 불구하고 참 다양한 처방들이 민중들에게 퍼져 있었다. 심지어 사형집행 자들도 시신을 구 입해 병자들을 위한 약을 만들어 팔기도 했는데, 당시는 이 자체가 당시의 의술이었다고 볼 수도 있겠다.

　이런 여러 미신적인 요소들 중에서 사랑의 처방, 사랑의 쟁취를 위한 처방들도 보자; 그리스도교 사가인 킥헤퍼(Richard Kieckhefer) 교수에 따르면, 먼저 겨드랑이털과 빵조각, 땀에 젖은 실크 목도리를 태운 재를 음료에 섞어 먹는 방법이 있었고, 다음은 가지과의 유독식물인 알라우네(Alraune)를 사용하는 경우인데, 이 식물은 뿌리 모양이 사람의 모습과 상당히 비슷했다 보니 사랑을 쟁취하는 명약으로 이용했다. 남녀 간 사랑의 욕망을 채우기 위한 처방전도 보자; 성욕을 키우기를 원하면 수사슴이나 늑대의 꼬리를 작게 잘라서 튀겨 먹거나, 참새를 프라이팬에 구워 먹으라는 거다. 수탉, 들꿩도 이런 레시피에 언급되고 있다. 사랑하는 이의 머리카락 몇 올을 태운 재를 와인에 타 마시면 서로 하나가 되는 사랑을 나눌 수 있다는 처방도 있는가 하면, 양모나 털실을 박쥐 피와 섞어서 마시거나, 수노루나 수소의 고환, 아니면 여우의 꼬리 등으로 만든 처방은 여자의 성감대를 자극한다는 내용도 적혀 있다. 또 여자가 남편을 성적으로 유혹하기를 원한다면, 지렁이와 약초를 혼합하여 남편의 음식에 슬쩍 넣으라는 처방도 있고, 산토끼꽃을 가루로 내어 물에 타 먹이는 방법도 있었다고 킥헤퍼 교수는 전한다. 물론 교회는 이런 풍속을 당연히 배척하려고 애썼지만, 다른 한편으로는 이런 풍속을 부추기는 예도 있었는데, 바로 교부 학자 알베르투스 마그누스(Albertus Magnus: 1193-1280)다. 그가 권고한 사랑의 묘약 처방전을 보면; 그는 "만약 어떤 사람이 특정한 한 사람을 사랑한다면, 그 사람을 생각하면서 제비 심장을 몸 안에 지녀라."라고 말했다. 또 "결혼한 여자가 남편과 특별히 무르익은 성애를 즐기고 싶을 때도 처방전이 있다. 바싹 건조한 비둘기 심장을 가루로 만들어, 이것을 남편이 먹는 음식에 넣으면 된다."라는 말도 덧붙였다. 당시의 교부신학자까지 나서서 이렇게 사랑의 묘약을 계몽한 것이다. 몇 세기가 흐른 후 당시의 유명한 의사였던 파라첼수스(Paracelsus: 1493-1541) 조차도 후에 말하길; 자기가 알고 있는 모든 의학에 관한 그리고 약초의 효능에 대한 지식들은 마녀나 지혜로운 여인들로부터 배웠다고! 그러고 보면 신학자 마그누스(Albertus Magnus)뿐만 아니라 조산원, 힐데가르트 빙엔(Bingen)수녀, 의사인 파라첼수스(Paracelsus)들은 분명 서로 다른 영역에서 일했지만, 중세의 다양한 민간 비법을 이용하는 데는 공통점이 있는 듯하다.

다음은 세기가 다른 두 조산원들의 얘기인데, 1100년대의 트로둘라 (Trotula: +1097)와 1500년대의 마리-루이즈 부르주와(Marie-Louise Bourgeois: 1563-1636)다. 먼저 트로둘라다. 당시 의학 연구 도시로 유명했던 이태리의 살레르노(Salerno) 출신인 트로툴라를 두고 최초의 여의사라는 칭호를 붙이기도 한다. 하지만, 19/20세기의 일부 의학 전문사가들은 어쩌면 그녀는 의사라기보다는 남편의 의술을 돕던 보조사이거나 남편을 도우면서 스스로 의술을 잘 익힌 조산원이었을 지도 모른다는 견해다. 〈조산원의 역사〉를 쓴 의사인 에르빈 H. 아커크네히트(Erwin H Ackerknecht: 독일은 성 씨를 통해서 조상들의 직업군을 알아낼 수가 있는데, 이 교수의 집안 조상은 '경작지의 종'으로 있었던 낮은 신분이었다). 교수의 언급을 보면, 초기 중세의 의사라는 직업은 그냥 수공업자와 유사했고, 더 나아가 이들 역시도 마술적인 요법도 사용했다고! 심지어 초기 중세 수도원의 수도사들도 마법적인 주문과 병을 치료하는데 손을 얹어서 치유하기도 했다. 의사가 사회적인 지위를 얻는 시기는 8세기에서 9세기로 넘어가는 시기로 보았다. 그 계기는 중세기 살레르노(Salerno)의 유명한 출산조력자들 때문이라고 보았고, 특별히 트로툴라를 언급한 것을 보면 그녀가 의사라기보다는 조산원이었다는 사실이 더 가깝다는 의미다. 여기서는 그녀가 의사였던가? 아니었던가? 하는 문제보다는, 당시에 보기 드물게 깬 의식을 가졌던 이 여인이 많은 이들의 병을 고쳐 주었다는 사실이다. 당시의 여인들이 아이를 낳을 때는 그리스도교의 영향으로 반드시 산고를 치러야만 했다. 그 근거는 성서에 나오는 에덴동산에서 출발한다.

따먹지 말라는 사과를 따 먹은 이브 때문에, 아이를 낳을 때 여인들은 반드시 죗값으로 산고의 고통을 동반해야 한다는 해석 때문에, 그런 고통을 줄이는 약초가 있었음에도 불구하고, 그 어떤 약초로도 그 통증을 격감시키는 것을 금지시켰다. 하지만 그녀는 이런 이론에 대항해 싸운다. 약용식물을 통해서 산모들의 산 고통을 격감시키는 방법을 산모들에게 제공했을 정도로 산모들의 편에선 깬 의식을 가진 의사/조산원이었다. 그녀의 의술 방편 중에는 오늘날의 관점으로 보면 상당히 미신적인 요소가 가미된 방책도 있다.

바로 임신을 두려워하는 여인들이 쓰게 만든 방편을 요약 해보자면; 돌 하나에다가 동물 껍질을 감아라, 돼지의 고환과 함께 이것을 몸에 지니라는 거다. 언제까지? 임신하고 싶지 않을 때까지! 그러면 임신을 피할 있을 것이다. 이것은 어쩜 상당히 먹혀들어 가는 방법인지도 모른다고 수산네 디트리히가 밝힌다. 왜냐면 이런 것을 몸에 지닌 부인을 보고 기겁한 남편이 더 이상 마누라에게 잘 다가오지 않을 거란다. 그러면 자연히 임신 확률이 줄어 거라는 해석이다. 맞는 말 같기도 하다. 그녀는 또한 맥박과 소변검사를 통해 병을 알아내고 치료하는 데도 이바지했다고 하는데, 우리의 한방과도 유사한 점이 있어 보인다.

두 번째는 중세에 유명했던 조산원인 마리-루이즈 부르주와(Marie-Louise Bourgeois: 1563-1636)의 얘기다. 마리-루이즈는 외과 의사를 남편으로 둔 여인이었다. 프랑스 왕 앙리 4세의 왕비인 메디치 가문의 마리아(Maria de Medici)조산원으로 낙점될 정도였다니 실력이 대단했던 것은 틀림없다. 당시에 두피스라는 역시 실력파 조산원이 있었는데, 두 사람은 서로 적대 관계 속에서 팽팽하게 맞서면서 살았다. 앙리 4세는 왕비의 조산원으로 두피스를 추천했지만, 그녀(마리아: Maria de Medici)가 앙리 4세의 첩의 아기를 낳는 것을 도왔다는 이유로 그녀(두피스)를 거부하고 부르주와를 택했다. 부르주와는 앙리 4세와 마리아 왕비에 태어난 왕자 루드빅히 8세 이후로도 6명의 왕족 출산에 관여했다고 한다.

무엇보다도 재미있는 것은, 왕족의 아들 출산이냐! 딸의 출산이냐! 에 따라서 그녀의 급여도 달랐다는 사실이다. 구체적으로 보면; 공주일 경우는 300크로넨(Kronen: 당시의 돈 단위), 왕자일 경우는 500크로넨(Kronen)이었다 하니, 성별에 따라 자그마치 200크로넨이나 차별 급여를 받았다는 것이다. 당시 돈의 단위를 가지고 한번 상상해 보자. 왕족의 출생인데 백만 단위는 좀 쩨쩨할 것 같다. 재미나게 한국 돈으로 천만 단위를 붙여보자 공주는 3천만 원! 왕자는 5천만 원! 근데 정말 너무 심하다. 이런 2천만 원이나 차이가 나다니! 그 이유가, 아들을 받아내는 데는 그만큼 힘이 들었기 때문이라 하지만, 왠지 좀 억측인 것 같다는 생각이 든다. 왕실이다 보니, 아마도 공주보다는 왕자에 대한 선호도가 컸기에 거기에 따른 보상이 더 주어진 것은 아니었을까? 만약에 오늘날의 산부인과 의사들이 아들딸 낳는 데 차별화된 진료 금액을 매긴다면 어땠을까?

글을 마치면서; 중세교회가 민중들의 삶을 지배했다지만, 그리스도화 이전부터 민중들의 삶에 깊이 뿌리내린 미신 등등은 제어하지 못한 듯하다. 이런 상황이 결국은 마녀사냥으로 몰아갔는데, 중세 사학자인 볼프강 베링거(Wolfgang Behringer) 교수는 당시 마녀사냥으로 억울하게 죽어간 이들의 숫자를 자그마치 60,000명으로 추산했다. 물론 약초 지식을 보유했던 지혜로운 여인들과 조산원들도 포함되었다. 근데, 당시 가톨릭이 태아 낙태에 대해서는 십계명 중에 "사람을 죽이지 말라"에 잣대를 대고선 벌을 내린 반면에, 중세의 마녀사냥 때는 갖가지의 방법을 동원하여 어찌 그리 무시무시한 방편들을 동원해 사람들을 쉽게 죽였을까? 사람들을 마녀로 몰아 악랄한 방법으로 화형 시키는 것과, 태아 낙태를 시키는 것, 이 두 사건을 두고서 당시 가톨릭 측에서는 어떤 논거의 차이를 두었을까? 분명 둘 다 십계명 중에 "사람을 죽이지 말라"에 해당되는 것이 아닌가?

로마·중세인들의 뒤처리

- 통을 들고 길거리에서 손님들의 대소변을 받아냈던 이
동 변소 장사꾼들! 갑자기 용변을 해결하려는 손님에게는
4수스(Sous)를!

지구에 태어난 이는 신분 고하를 막론하고 어느 누구 하나 예외 없이 '먹고 자고 싸고'의 번복된 삶을 살다가 갔었다. 우리 역시도 지금 그렇게 살고 있다는 것을 전연 부정할 수가 없다. 그래도 이런 요소들 중에 음식문화는 많이 알려진 편이지만, 싸는 얘기와 싸고 난 뒤의 뒤처리 얘기는 비교적 덜 알려졌다는 것은 사실이다. 먼저 중세가 되기 전 시대인 로마인들의 싸는 것과 그 뒤처리에 관한 얘기를 보자. 로마 시대는 큰 땅덩어리와 더불어 기원전 753년에서 기원후 476년이라는, 심지어 동로마제국을 포함하면 1453년까지라는 긴 역사를 지녔다. 여기서는 그중에서도 기원후 80년대의 한정된 로마 문화를 살펴보자.

오늘날은 빈부 차가 있다손 치더라도 어떤 형태로든 대부분 집집마다 변소 하나는 가지고 있다. 하지만 당시 로마의 귀족들이나 부잣집에는 작은 변소가 따로 있었으나, 서민들은 그렇지 못했다. 모든 로마인들은 매일매일 똥을 누어야만 했으니, 이럴 때는 반드시 특정한 장소

로 가야 했다. 오늘날 우리가 공중목욕탕에 가는 것과 유사하기도 하다. 그래도 우리는 대개는 집에 목욕탕을 두고도 더 나은 환경에서 몸을 풀고자 하는 경향 때문에 가는 것이니 엄밀히 말하면 조금은 다른 상황이다. 하지만 챙겨서 나간다는 자체가 좀 유사한 듯하니, 우리가 사우나나 목욕탕에 가는 것처럼 상상하면 될 듯하다.

그 특정 장소는 공동으로 똥을 누는 장소인데, 공동변소라고 칭할까? 그 모습은 마치 높이가 낮은 싱크대가 길쭉하게 쭉 늘어져 있는 공간을 상상하면 되겠다. 모양은 우리 한글의 디귿(ㄷ)자 형태였다. 똥을 누러 이런 공동변소에 도착하는 이들은 빈자리가 있는 곳으로 가서는 남녀 구별 없이 모두가 엉덩이를 까고 죽 걸터앉아서 똥을 누었다. 똥만 누었을까? 아니다. 똥을 누면서도 서로 함께 온갖 잡담부터 시작해 정치 얘기까지 나누었다. 똥을 누면서 잡담하는 것도 놀라운데 심지어는 더 나아가 놀이를 할 수 있는 공간으로까지 사용되었다.

공동변소가 크면 클수록 똥 눌 수 있는 자리가 많았는데, 어떤 곳은 50명이 죽 앉아서 볼일을 보았다고 한다. 볼일을 다 보면 뒤처리 해야 한다. 공중변소에서 뒤처리는 어찌했을까? 우리의 빗자루 크기의 막대기를 상상하면 되겠다. 이 막대기 끝에 스펀지 비슷한 것이 달려 있다. 여기서는 편의상 스펀지라 칭하자. 스펀지가 달린 이 막대기는 식초와 물을 섞어 담은 통속에 늘 담가두었다. 사람들은 대변을 보고 난 뒤에 스펀지 달린 이 막대기를 사용했다.

일단 식초와 물에 늘 담겨 있는 이 스펀지 막대기를 빼낸다. 그리곤 이것을 뒤처리용으로 사용한 후에는 다시 이 스펀지 달린 막대기를 식초 물통 속에 넣어서는 흔들어 씻는다. 그렇게 씻은 스펀지 달린 막대기를 방금 볼일을 끝낸 옆자리 사람에게 사용하게끔 넘겨주었다. 이렇게 넘겨받은 스펀지 막대기를 사용한 이는 앞 사람이 행했던 같은 절차를 진행한다. 다시 그 식초 물통 속에 스펀지 막대기를 넣어 씻어서는 방금 볼일이 끝난 다음 사람에게 넘겨주는······

그렇다면 중세에는 어땠을까? 로마인들처럼 여러 명이 길쭉하게 앉아서 똥을 누는 것은 더 이상 없었다지만 중세인들 역시 논밭이나 사람들이 보이는 거리에서 똥을 누곤 했다. 중세 화가들의 그림을 들여다보면 이런 상황들이 종종 발견된다. 화가 헨드릭 아베르캄프(Hendrick Avercamp, 1565-1634)의 작품인 '겨울 전경'(Winterlandschaft)에도 자세히 보면 이들의 똥 누는 모습이 보인다. 중세인들의 변소도 참으로 열악했다. 물론 다 낮은 층들의 얘기다. 그럼, 중세 귀족들은 어떻게 볼일을 보았을까? 오늘날 남아 있는 고성에 가보면 성 한 귀퉁이에 발코니처럼 툭 튀어나온 곳이 더러 보이는데, 이것이 대저택에 딸린 변소였다. 높은 성에서 귀족들이 볼일을 보려면 그들이 싼 똥은 자연스럽게 아래의 길거리나 정원으로 툭툭 떨어졌다. 길거리나 정원에는 얼마나 많은 구란내가 풍겼을까?

시간이 흐르면서 이런 모습이 조금 더 개선된다. 자그마한 관을 발코니와 땅까지의 사이에 달았던 거다. 이젠 배설물이 땅이나 정원에 직접 떨어지지 않고 그 관을 타고 주르륵 내려오게 했다. 그다음 단계가 되면 이 배설물을 구덩이에 모았다. 여기까지는 우리네 옛 시골집 뒷간이나 산속에 있는 절의 해우소를 상상하면 되겠다. 이렇게 모인 오물은 당시 낮은 사회계층에 속했던 '저급직업군'들이 치웠다. '저급직업군'이란(Unehrliche Beruf) 단어는 중세 유럽 문화사에 나오는 당당한 고유명사다. 이들에게 얽힌 무수한 얘기들이 사료에 남아 있다.

그럼, 중세인들이 밤새 눈 소변은 어찌 처리했을까? 중세 유럽인들도 우리 조상님들이 사용했던 것과 유사한 요강 비슷한 것을 사용했다. 하지만 오줌을 버리는 방법은 우리 조상님들과 달랐다. 우리는 오줌을 귀한 거름으로 생각해 밭에 뿌려주었지만, 그들은 아침이 되면 밤새 요강에 모았던 오줌을, 창문을 통해 거리에 쏟아 부어버렸다. 그러다 보니 이런 일이 더러 일어났다. 아침에 한 집에서 요강을 비운다고 위에서 아래로 오줌을 부어버린다. 이때 이 거리를 우연히 지나가다가 재수 없게 오줌 세례를 받는 이도 더러 있었다. 더 악몽인 것은 위에서 오줌 붓는 사람이 오줌뿐만 아니라 실수로 요강을 함께 떨어뜨리면 재수 없게 머리를 다치는 이도 있었다. 이러니 거리가 얼마나 더럽겠는가? 여기다 말, 돼지, 양, 개, 닭 등의 분변과도 서로 엉키기까지 하였으니… 몇 세기 전 유럽의 거리가 이렇게 오물로 뒤덮였다 보니 그것을 피해 가려고 하이힐이 생겼다는 이야기는 너무 유명하다.

변소와 연관된 또 다른 얘기를 보자. 1483년 독일 황제 프리드리히 3세가 로이트링겐(Reutlingen)을 방문했을 때다. 그의 말이 신나게 거리를 달리다 오물 속에 빠졌다. 당시에는 거리에 왕의 수레라도 한 번 지나가게 되면 그 위에다 짚을 깔았다. 수레바퀴가 잘 구르게 하기 위해서였다. 이런 짚 덕택에 왕의 수레바퀴는 잘 굴러갔을지 모른다. 그러나 그런 행차 후의 거리는 짚과 오물이 뒤엉겨 더욱 구질구질하고 추접스러운 거리로 변모했다.

다시 본래 이야기로 돌아와; 자! 그러면 똥을 다 눈 다음 뒤처리는? 앞에서 보았듯이 로마 시대엔 식초 물에 담긴 스펀지 단 작대기를 사용했다는 것을 알았는데, 근데 중세인들은? 당시 게르만족들은 뒤처리를 짚과 나뭇잎을 사용했다고 한다. 그 이후는 점차적으로 뒤처리용으로 이끼를 사용했지만, 귀족들이나 부자들은 헝겊이나 양털을 사용했다.

변소 얘기가 나온 김에 변소에 얽힌 에피소드들을 보자. 성안의 변소가 성의 방어벽과 비슷하게 생겼기 때문에 변소에서 우발사건도 일어났다. 적들이 변소를 방어벽인 줄 알고 침입했다는 것이다. 이와는 반대로 사람이 배설하지 않고는 살 수 없다는 것을 간파하고 성에 사는 귀족들이 변소에 용변을 보러 오는 시간을 기다렸다가 공격을 한 경우도 있었다; 실제로 1076년 변소에서 용변을 보던 니더로트링겐(Niederlothringen)의 제후 고트프리드 4세(Gottfried IV: 1040-1076)는 적들이 변기 밑으로 침입해 둔부를 찌르는 통에 비명횡사했다고 전해진다.

다음은 변소에 빠져 죽은 스코틀랜드 왕인 제임스 1세(James: 1394-

1437)의 얘기다. 그는 적군들이 쳐들어오자 완전히 궁지에 몰리게 되었다. 그런데 적군을 피해서 숨어 들어간 곳이 하필이면 변소였다. 그는 이곳이 오히려 안전할 것이라고 여겼을까? 상상하건대 아마도 우리네의 산사의 해우소 정도가 아닐까 한다. 그런데 제임스 1세는 변소에 빠졌는데, 똥이 가슴팍까지 찼다고 한다. 이런 똥통 속에서 아니면 변소간에서 이틀간이나 허우적거리다 그는 결국은 죽었다. 왕의 죽음치고는 참 처참한 형상이다. 이렇게 왕이 변소에서 죽어간 것은 유럽 역사 속에 단 한 번 있었던 매우 기이한 사건으로 꼽힌다.

그리고 너머자 다른 하나는 무더기로 변소에 빠져 죽어 나간 사건도 있었다. 1183년에 독일의 귀족들이-제후들, 공작들, 백작들, 남작들 그리고 기사들까지- 제국회의에 참석하기 위해 에어푸르트(Erfurt)에 있는 한 성에 모였다. 세분화시키면 이렇게 여러 층들이었지만, 사실 우리는 이런 칭호 분류에 익숙하지 않으니 그냥 귀족들이라고 뭉텅 그려서 칭하자. 당시 이들은 아주 진지하게 회의 중이었다. 그런데, 아뿔싸! 회의 중이던 강당의 마루가 꺼져내려 앉아버렸다. 마루 밑이 또 다른 방이었거나, 아니면 좀 덜 위험한 공간이었다면 상황은 달라졌겠지만, 공교롭게도 회의 장소 밑층은 바로 변소간이었다. 순식간에 이들은 무더기로 변소간에 빠졌다. 이들이 안간힘을 다하여 살려고 발버둥 쳤을 모습이 상상된다. 귀족들인데 이런 기이한 죽음을 맞이했다 보니 남은 가족들도 커다란 분통이 터졌을 것 같기도 하다. 다음은 손님을 찾아가는 이동 변소 얘기다.

오늘날로 치면 간이 변소와 비슷하다. 그러나 오늘날의 간이 변소가 돈 내고 들어가 스스로 용변을 해결하고 나오는 곳이라면, 중세의 그곳은 사람이 직접 대소변 통을 들고 다녔다는 차이가 있다. 바로 길거리에서 볼일을 보다 길거리에서 용변이 급한 사람들에게 통을 빌려주고 대소변을 누게 한 뒤 오물을 수거하는 직업이었다. 좀 기이한 직업군인데, 울리케 베르크바일러(Ulrike Bergweiler)가 1582년으로 언급하니 이 직업이 상당히 오래되었다는 것을 알 수 있다. 이들은 통을 들고 길거리를 누비면서 손님들의 대소변을 받아냈다. 용변이 급한 사람들에게 자신이 들고 다니던 통을 제공하고 고객의 볼일이 끝나면 돈을 받는 것이다. 그리 쉬운 직업은 아니었으리라. 인간에게서 나오는 배설물의 냄새가 얼마나 지독한가. 그나마 소변은 냄새가 좀 덜 하지만 대변 냄새는 당시나 지금이나 변함없이 악취가 진동한다.

직업의 난도가 무척 높았을 것이라는 짐작이 가능하다. 이들이 길거리에서 받아낸 오물을 구체적으로 어떻게 들고 갔으며, 또 어느 곳에 어떻게 처리했는지에 대한 자료는 상세하게 남아 있지 않다. 다만 이들이 프랑스 혁명(1789)이 일어나기 전날 밤에도 거리를 누비면서 이 장사를 했다는 기록은 전해진다.

고객이 대변을 한 번 볼 때마다 장사꾼은 4수스(Sous)를 받았다. 당시의 돈 가치를 알 수 없으니, 가격이 비싼지 싼지 가늠할 수 없다. 요즘 유럽에서 변소에 가려면 1유로를 내야 하는데 그보다는 비쌌을 것 같다. 이들은 어떻게 호객했을까? 상상해 보자면; "급히 대소변 볼 사람 없나요? 있으면 나에게 오세요!" 하면서 거리를 돌아다닌 것일까. 해가 질 녘이면 장사꾼들도 빨리 집에 들어가야 하니 가격 떨이를 했을지도 모른다. 아니면 거리의 한 귀퉁이에서 급한 볼일 볼 사람을 하염없이 기다리고만 있었을까?

스코틀랜드의 길거리에서도 이동 변소 장사꾼들이 커다란 통을 끌고 다니며 갑자기 용변을 볼 손님을 찾아다녔다. 프랑크푸르트와 파리에서도 마찬가지였다. 장사꾼 중에는 여자도 있었다. 1800년대 중반에는 여자들이 돈을 벌기 위해 변기를 들고 길거리에서 영업했다는 기록이 남아 있다. 특이한 복장을 한 이 여인들은 사람들이 북적거리는 곳에서 손님이 오길 기다렸다. 그냥 서 있었던 것도 아니고 "거리에서 급하게 대변 볼 손님은 이쪽으로 오세요."라고 외쳐대기까지 했다. 물론 갑자기 용변을 해결하려는 손님이 오면 공개된 길거리에서 변소 통을 들이대진 않았다. 이들은 정해진 규칙에 따라 가리개(?)를 가지고 다녔다. 마스크를 낀 이 여인들은 뚜껑이 달린 통 두 개를 어깨에 걸치고 그 위에 망토를 걸치고 다녔는데, 손님이 오면 이 커다란 망토로 용변을 보는 손님을 가려주었다. 길거리에서 이동 변소를 이용하는 사람들은 당연히 돈을 내야 했다. 이렇게 손님을 받았던 여인들은 배설물 냄새를 줄이기 위해서 짚이나 나뭇잎 등을 섞어 그 위에 뿌리고 뚜껑을 닫았다고 한다. 손님의 배설물은 어떻게 처리했을까? 무엇보다도 냄새를 어떻게 참아냈는지 궁금하다.

　돈벌이가 되는 직업이니 그냥 참았던 것일까? 인간의 생활양식이 발전하면서 변소의 모습도 더불어 변모했다. 19세기부터 앉아서 용변을 누는 좌변기가 나오자, 시골에서 올라온 사람들이 진기한 변소를 구경하겠다고 몰려들어 북새통을 이루었다고 한다. 서양 중세의 변소는 우리나라 근현대의 풍경과도 매우 닮아서 놀라움을 금할 수 없다.

　'만약에' 우리가 한 15일간 몸 안의 똥을 배설 못 한다면? 아무리 명예로운 타이틀, 아무리 좋은 최상의 건강식, 아무리 좋은 여행 등등도 다 물거품일 것이다. 더 나아가 또 한 번 상상해 보자. 예를 들어 아무리 유명한 학자라도 15일간 몸 안의 똥을 배설 못 하는 상황에서는 분명 생각이 끊어지지 않을까 한다. 물론 불교에서 말하는 명상 중에 생각을 끊는다는 차원과는 다르겠지만. 또 한 15일간 배설을 못 하게 된다면, 어쩌면 명상조차 안 될지도 모른다. 또한 만약에 인간이 배설해 낸 오물이 지구에 사라지지 않고 그대로 존속했었다면 생각만 해도 참 끔찍스럽다. 오물로 뒤덮여 있을 지구는 악취 때문에 우리는 숨도 쉬기 어려울 것이다. 하지만 이 위대한 자연은 이 오물들을 말없이 늘 다 정화 해주고 있으니 그 이치가 신비롭고 또 고맙기까지 하다.

그런 맥락에서 이런 장사꾼들을 문화사적인 맥락 속에 한번 살펴본다 것은 작은 의미는 아닐것 같다는 개인적인 견해다. 여러분들은 어떻게 생각 하시는지요?

메디치 가문의 비극

- 추기경 동생에게 특별 사면을 받고 메디치가의 씨밭이가 되라고? 업적에 따른 이익 배당을 받는 370명의 뚜쟁들이 대공 쟌의 퇴폐적인 놀이에 참여!

독일의 비비안 그린 교수가 미국의 한 대학에서 교환교수로 있을 때 그리스. 로마 시대부터 근대까지 정신적인 광기가 있는 왕들의 주제를 가지고 강의하였는데, 이 주제들을 〈권력과 광기〉라는 책으로 발간했다. 광기라는 말은 사전적인 의미로는 "마음이 산란하여 날뛰는 증세"로 나온다. 하지만 여기서는 사전적인 의미로 국한하기보다는 정상적인 삶을 살아가지 못한 우울증세까지 포함된 광범위한 영역으로 포함했다. 사실 당시에 왕관을 쓰고 나라를 다스린 이들에게 이런 일종의 정신병인 증세가 있다면 나라 꼴이 참으로 말이 아니리라는 것은 쉬이 짐작할 수 있다. 현대 같은 민주주의 사회라면 이런 상황에서는 정신과 의사의 도움을 받거나, 아니면 새 왕을 뽑을 수도 있겠다. 하지만 당시의 왕정 사회에서는 한번 쓴 왕관은 예외가 없는 한 거의 끝까지 가던 시대였다. 그러다 보니 이런 상황에서 파생된 문제는 쉽게 해결하기 힘이 들었을 것이다.

이 책의 다양한 내용들 중에서 이태리의 피렌체에서 유명세를 크게 얻은 메디치 家의 얘기를 골라 보았다. 메디치 家는 너무나 잘 알려졌다. 예전에 모 방송국에서도 다루었을 정도인 이 가문은 15-18세기까지 유럽 전역에 큰 영향력을 끼친 공화국이었다.

이 메디치가가 이렇게 성장할 수 있었던 동인은 거대한 부를 축적하고 나고부터이다. 그 과정을 보면; 먼저 직물 장사를 통해서 많은 돈을 벌고, 이것을 발판으로 후에는 은행 업무를 시작하면 서였다. 이런 부를 발판으로 하여 중세 유럽의 경제를 이끌었을 뿐만 아니라 이태리 르네상스 문화를 꽃피우는데도 이바지했다. 이 집안에서 여러 명의 추기경과 더불어 두 명의 교황인 레오 10세(Leo 10: 1475-1521)와 클레멘스 7세(Clemens 7: 1478-1534)를 배출했다. 당시의 이런 이름난 가문에서는 교황과 추기경 배출을 위해서 모든 권력과 금전을 동원하던 시대였다. 심지어 자기 가문 출신의 교황을 뽑기 위해서 돈으로 교황권 선출이 있는 추기경들을 매수하기도 했다. 교황권이 약했을 때는 그 반대의 상황도 벌어졌는데, 교황 선출권이 있는 이 추기경들이 이런 가문의 말을 잘 안들을 경우는 잡인(?) 다루듯이 했다는 기록물들이 생생하게 남아있다.(이 책의 "중세의 교황선출" 꼭지에서 이 부분을 상세하게 다루었다)

메디치 가문에서 나온 이 교황들은 집안 딸들의 혼사에도 나섰다. 예를 들면 메디치 가문의 딸인 카타리나와 마리아가 당시의 떵떵거리는 프랑스 왕정으로 시집을 갈 때다. 이 집안의 교황들이 메디치가의 대표로 나서서 프랑스 궁정에 시집가는 신부가 챙겨야 할 지참금에 대해 흥정(?)도 하였다. 당시는 신부가 시집을 갈 때 반드시 지참금을 지녀야 했는데, 떵떵거리는 집안일수록 신부의 지참금 요구가 많았다 보니 여기서 흥정이라는 단어를 사용했다. 교황을 대동하는 혼인 잔치였다 보니 호화찬란한 예식들이 거행되었다.

이런 여인들은 많은 지참금을 몸에 감고 프랑스 왕실로 시집을 갔으나, 처음엔 영 적응을 잘 못하고 어려움을 겪기도 했다. 그 이유는 아무래도 왕족이나 전통 귀족이 아닌 장사로 돈을 번 그야말로 신흥부자들의 딸들이었다 보니, 때론 본인 스스로가 이런 전통 왕실에 적응을 잘 못 할 수도 있었겠고, 반대로 왕실 인들은 이런 신흥 부자들을 대놓고 무시했다는 재미있는 얘기들도 남아있다. 아무리 돈이 철철 넘치는 부자라 할지라도 전통 왕실을 상대 하기에는 조금은 힘겨운 부분들이 있었나 보다.

아무튼 시작이 있으면 끝이있다 듯이, 이렇게 떵떵거리던 메디치 家도 17세기 말부터는 서서히 기울어져 간다. 기울어져 가는 이 가문 속에 나올 사람들의 얘기를 열거해 보면; 먼저 아버지 페르디난트(Ferdinand)와 그의 아들 대공 코시모(Cosimo) 3세의 이야기다. 그 다음은 코시모(Cosimo) 3세의 첫째 아들 페르디난도(Ferdinando), 둘째인, 딸 안나 마리아, 그 중간에 잠시 코시모의 남동생인 추기경 얘기가 나온다. 마지막으로 막내아들이자 메디치가의 마지막 대공이었던 쟌 가스토네(Gian Gastone)의 얘기들을 옮기고자 한다.

대공 코시모는 1670-1723년까지 자그마치 53년간 이 공화국을 다스렸다. 이 시기는 특별히 좋은 것도 특별히 나쁜 것도 없었던 좀 덤덤한 시대였다고나 할까? 이미 경제적인 능력이 기울어져 떵떵거리던 제1의 세력이 아닌 제3의 세력으로 전락했던 터고, 거기다 군대의 힘도 약해져 있었다. 코시모 3세는 엄마로부터 아주 신심 깊은 종교교육을 받았는데, 그 신앙심이 너무나 투철한 나머지 하루에도 성당을 대여섯 번 드나들면서 기도하였다. 그가 개인적으로 누리는 최고의 가치와 열정은 종교적인 행사에 참여하는 것이라고 하니 어느 정도의 신앙심이었는지 짐작이 간다.

그의 아버지 얘기를 좀 하자; 1621-1670간 정권을 잡았던 코시모의 아버지 페르디난트(Ferdinand)는 코시모 어머니 크리스티네 폰 로트 링겐(Christine von Lothringen)과 별 애정이 없는 결혼 생활을 하였다. 거기다 아버지 페르디난트는 자식들에게까지도 특별히 내리사랑을 쏟지 못했다. 이런 영향으로 코시모 3세 같은 경우는 결코 웃는 일이 없었을 정도의 우울한 어린 시절을 보냈다.

아무튼 이렇게 너무나 경건한 믿음과 신앙을 가진 코시모 3세는 다른 이들에게도 철저하게 이 종교적인 잣대를 갖다 대었다. 그 예로서; 그는 플로렌즈에서 사는 모든 배우들을 쫓아내는가 하면, 결혼 안 한 여자들이 사는 집에는 남자들의 출입을 금지할 정도였다. 그리고 그는 유대인들에 대한 차별도 심했다. 이런 차별주의는 그가 경건한 가톨릭 신자였다 보니 이 종교에서 제시한 대로 따르는 믿음에서 나온 듯하다. 그는 그리스도교 신자와 유대인들의 결혼을 철저하게 금지했다.

대다수의 중세 도시에서는 창녀촌을 만들어 시가 직접 경영을 했다. 이 창녀촌에는 그리스도 신자들만이 갈 수 있었는데, 만약에 이 창녀촌에 유대인들이 들락거릴 때 큰 벌금을 물게 했다. 그리스도교를 믿는 한 창녀가 유대인을 상대로 성을 팔다가 들켰다. 이 여성을 사람들이 많이 모이는 길거리로 내몰았다. 그녀는 허리와 엉덩이 사이의 요부를 드러낸 채 채찍질을 당했다는 얘기도 남아있다.

더 나아가 1683년 코시모 3세는 그리스도교를 믿는 여인들이 유대인 집의 아이들에게 유모로 일하는 것조차도 금지했다. 사실 당시는 이 코시모 대공만이 이렇게 유대인들을 경멸하고 억압한 것이 아니다. 수천 년간 유럽에 살았던 유대인들은 민초들의 손에, 왕권들의 손에 그리고 가톨릭 수장들의 손에 의해서 갖은 수모를 다 당하면서 죽음으로 내몰렸던 얘기들은 수두룩하다. 당시의 많은 유대인들은 그리스도 신자들에게는 눈엣가시였다. 이들은 정권이 바뀔 때마다 돈을 갖다 바치고 삶의 터와 생명을 연장하기도 했고, 또 다른 왕이 통치하게 되면 핍박을 받는 등등의 유럽에서 수난의 역사로 지탱했다. 수백 년간의 이런 흑역사도 모자라, 20세기에 들어와서는 독일 나치들이 다시 한번 유대인들을 학살했다. 유대인들과 유럽인들의 갈등은 이렇게 천 년이 넘게 역사적으로 뒤엉겨져 있다.

다시 코시모 3세의 얘기로 돌아와; 코시모는 마르그레트 루이즈 도를레앙(Marguerite Louise d'Orleans)과 결혼하였다. 그녀는 루드빅히 13세의 조카이자, 루드빅히 14세의 사촌이었다. 코시모의 부모들이 그랬던 것처럼, 이상하게끔 코시모 3세의 결혼생활 역시도 그다지 행복하지 못했다. 일단 코시모는 깊은 우울증 기질인 데다가 특히 여자, 심지어 부인과도 신체 접촉을 그리도 꺼렸다. 그런 연유로 어쩌면 코시모 대공은 동성애자일지도 모른다는 소문이 무성했다. 그는 일주일에 한 번 정도 부인과 잠자리를 같이 했는데, 그것도 한 의사를 늘 감시자로 두고선 부인과 잠자리에 들어갔다. 이 의사가 맡은 역할이 있었는데, 이 대공을 되도록 침대로부터 빠져나오게 하는 것이었다. 그 이유는 그가 계속해서 부인과 침대에 있다 보면 어쩌면 그의 건강을 해칠지도 모른다는 공포와 두려움 때문이라고!. 우울증을 앓는 그의 성격과는 달리, 그의 부인 마르그레트는 아름다운 데다가 덤으로 아주 생기 넘쳤고, 이기적 성격에다가 여행을 좋아하고 화려하고 사치스러운 삶을 즐겼다고 한다. 심지어 그녀는 애인도 따로 두었는데, 바로 칼 폰 로트링(Karl von Lothring)왕자다. 아무튼 그녀는 대공 부인 역할을 싫어했고, 거기다 플로렌즈라는 도시 자체를 그리 달갑게 여기지 않았다고!

두 사람의 이런 어긋난 관계 속에서도 코시모 대공의 속내는 타고 들어갔다. 후손에 대한 갈망이 컸던 그는 메디치 가문의 대가 끊기는 것을 늘 염려했건 것이다. 아무튼 많은 노력을 기울인 결과 그는 1663년 아들 페르디난도를 얻는다. 그리 행복한 결혼도 아님에도 불구하고 다행히 부인 마르그레트가 두 번째 임신도 하게 된다. 이 아이의 낙태를 시도했으나 실패해 결국 낳게 되는데, 바로 딸 안나 마리아였다. 부부간의 갈등 고리들이 여전히 깊게 얽힌 가운데서도 다시 세 번째 아이를 얻는데 바로 쟌 가스토네다. 정리해 보면 코시모 대공은 첫째 아들 페르디난도, 둘째는 딸 안나 마리아, 세 번째는 아들 쟌 가스토네가 된다. 앞으로 이 삼 형제에 관한 얘기가 흥미진진하게 전개된다. 사실 코시모 대공은 아버지 페르디난트의 강요로 결혼했던 터라, 자기 자식들에게만은 이런 정략적인 결혼의 대물림을 될 수 있는 대로 피하고자 했다. 그럼 첫 번째 자식인 페르디난도(Ferdinando: 1663-1713)의 이야기로 들어가 보자; 페르디난도의 아버지인 코시모 대공은 1675년 부인 마르그레트와 결국은 헤어졌다. 그의 엄마가 파리로 돌아갔다 보니 페르디난도는 할아버지인 코시모 보호 아래 살았다. 그는 말을 특출하게 잘 탔고, 음악에 대한 재능도 상당했다. 그는 바이에런 공화국의 공주인 비올란테(Violante)와 결혼하지만, 어찌 되었는지 그 역시 자기 부인을 그리 탐탁하게 여기지 않고서는 아예 베네치아로 떠나버린다.

페르디난도는 이곳에서 한 음악가를 사귀게 되면서 이 인연을 대단히 기뻐했다. 사실은 그 전에 그의 교육 담당자가 성악가인 페트릴로(Petrillo)를 집에서 쫓아내 버렸다 보니, 페르디난도는 쫓겨난 그 음악가를 대신해 즐길 사람을 은근히 찾고 있었던 차였기 때문이다. 베네치아에서 음악가인 카스트라토(Castrato)인 체키노 데 카스트리스(Cecchino de Castris)를 사귀게 되었으니, 내심 그 기쁨은 두 배였다.

여기에 카스트라토(Castrato)는 무엇인가를 잠시 설명해 보면; 당시에 교회에서 노래를 부르던 소년들로서 거세당한 아이들이었다. 거세당한 이유는 참으로 기이한데 바로 교회의 성가를 위해서다. 말하자면 늘 변성기 이전의 어린 목소리로 붙잡아 둘 방편으로 소년들에게 거세했다는 것이다. 이런 일에 대해서 그 유명한 신학자 토마스 아퀴나스(Thomas Aqinas)가 관여했다. 그의 주장은 이들의 거세가 전연 나쁜 일이 아니라고 부추겼다고 한다. 거세를 당하면 일단 소년의 목소리가 유지하게 되었는데, 이런 목소리로 부르는 노래 자체가 벌써 신의 공경으로 보았기 때문이다. 그 이후의 윤리 신학자인 알폰소도 마찬가지로 역시 같은 견해를 주장했다. 거세한 소년들의 노래가 진정으로 신을 찬양할 수 있는 도구가 되는 거라고! 왠지 개인적으로 얼토당토않은 교리에 맞춘 억측으로 들려진다. 그리고 유명한 신학자들이 뱉어내는 말은 다 진리에 가깝기에 믿고 수용해야만 하는가? 다 인간들이 지어낸 교리이고, 인간들의 욕심일 따름이지 않을까? 신은 어차피 완벽하고 전지전능한데 무엇 때문에 거세해 가면서까지 어린 소년들이 내는 목소리로 찬양받아야 한단 말인가?

다시 본론으로 돌아와; 이 음악가는 페르디난도(Ferdinando)에게 많은 영향력을 미쳤다지만 그 관계는 그리 오래 지속되지 못했다. 비비안 그린 교수에 의하면 페르디난도는 1696년 베네치아의 카니발 축제 기간에 성병에 걸린 것으로 추정했다. 그런 연유로 페르디난도는 점점 더 기억력을 잃어갔고 나중에는 정신 착란증까지 생겼는가 하면, 매독에서 오는 마비에 시달리다 결국은 죽었다. 아들이 아버지인 코시모 대공보다도 10년 일찍 먼저 죽은 것이다. 이젠 메디치가에 문제가 생겼다. 그토록 기대했던 대물림할 자손도 얻지도 못하고 첫아들까지 죽어버렸으니! 그러자 이제 코시모는 두 번째인 딸 안나 마리아에게 후손을 얻을 마음을 품었다. 딸로부터 후손을 기대한 메디치가의 대공 코시모는 이젠 딸을 시집보내기 위해서 갖은 노력을 다 기울인다. 스페인 포르투갈 등등의 왕실과의 혼인도 고려했으나, 결과적으로는 제후인 요한 빌헬름(Johann Willelm von Pfalz-Neuburg)을 딸과 혼인시킬 결정을 한다. 사실 이 신랑은 초혼도 아닌 상처한 남자다. 비록 상처했다손 치더라도, 그의 집안에는 3명이나 되는 그의 누이들은 포르투갈의 황제비와 왕비이다 보니 그리 뒤처지는 집안은 아니라는 계산을 하였다. 무엇보다도 신랑감의 3명의 남자 형제들이 주교들이라는 사실에도 코시모는 후한 점수를 주었다.

두 번째인 딸 안나 마리아의 결혼생활을 들여다 보면; 그녀의 남편이 흠집이 없는 존재는 아니었다. 요한 빌헬름은 부인 안나 마리아를 높이 평가하고 사랑은 했다지만, 여자들을 무지 좋아한다는 것이 문제라면 문제였다. 하지만 안나 마리아는 남편의 이런 바람둥이 성향을 품은 채 결혼 생활을 이어 나갔다. 무엇보다도 아버지 코시모의 원대로 그와의 사이에서 아이를 가지는 것이 급선무였다. 이런 소망을 품고선 그녀는 남편과 함께 물 좋은 곳으로 유명한 아헨쪽으로 여행도 가곤 했다. 하지만 유감스럽게도 그들사이네 기대하던 아이는 생기지 않았다. 이렇게 되자 딸을 통해서 후손 얻는 일에 다시 실망한 아버지 코시모! 이젠 마지막 아들인 쟌에게 희망을 거는 수 밖에 없었다. 막내인 쟌은 어릴 때부터 큰 사랑을 못 받고 버려진 채랄까? 아무튼 참 쓸쓸하고 고독한 환경에게 성장했다. 특히 그는 유년기때 엄마의 손길과 사랑을 충분히 받지를 못했던 것이 가장 큰 문제였다. 앞에서도 얘기했었듯이 그의 엄마 마르그레트는 피렌체에 머물지 않고 주로 프랑스에 머물렀다. 이 즈음이 쟌이 4살 때였으니, 한참 엄마의 손길이 필요한 시기였다. 이렇게 아주 고독하고 사랑받지 못한 유년기를 보냈던 쟌은 심한 우울증에 시달렸는가 하면, 자주 침묵 하면서 살았다. 이런 환경을 견디지 못한 쟌은 때때로 방에서 아주 많은 눈물을 쏟아내기도 했다. 그러다 보니 사람들은 그가 정신적으로 문제가 있는 것은 아닐까? 하는 의심까지도 했다.

예수회 신부인 세그니에리(Der Jesuitenpater Segnieri)가 말하길; 그는 완전히 신앙을 잃어버린 사람 같다는 표현을 하면서, 그리 정상적인 상태는 아닌 것 같았다는 언급까지도 했다. 이런 우울한 성장기를 거쳤던 쟌이 결혼 적령기인 23살이 되었다. 그의 아버지 코시모는 아들의 신붓감으로 돈 많은 귀족 출신인 안나 마리아를 물망에 올렸다. 안나 마리아에 대한 묘사를 보면; 여자로서의 그리 사랑스러운 모습도 아닌 데다가 인물 또한 그리 특출하지 않았다고! 아무튼 당시 미의 기준에서 좀 많이 떨어진 모양새 인 듯하다. 그녀가 가진 최고의 관심거리는 무엇보다도 말타기와 사냥이었다. 플로렌즈 신랑과 결혼했음에도 불구하고 그녀는 플로렌즈에 산다는 생각을 아예 처음부터 거부했다. 결혼 후에는 자기 고향인 뵈멘(Boehmen)에서 살아야 한다는 조건까지 내걸었다. 이렇게 제시한 그녀의 조건들을 수용한 쟌은 뵈멘에 살면서 이 결혼생활에 최선을 다했다. 하지만 쟌은 말했다. 그는 처음부터 뵈멘 경치에도 질렸다고! 이들의 결혼생활 엇박자가 보이는 징후였다. 특히 쟌은 말의 냄새를 너무 싫어했는가 하면 그녀와의 잠자리도 별로 원하지 않았다. 오히려 그가 즐겨 찾은 대상은 아내가 아니라 친한 친구들이었다. 이 친구 중에는 굴리아노 다미(Guliano Dami)가 있었다. 낮은 계급 출신이었던 굴리아노 다미는 쟌의 인생에 커다란 영향을 끼쳤다. 처음에 그는 쟌의 연인이었다가, 후에는 그의 뚜쟁이가 되었다. 왜 그가 뚜쟁이였는지는 나중의 얘기에 구체적으로 나온다.

1698년 쟌은 부인 안나 마리아와 함께 살 이유를 더 이상 느끼지 못하자, 엄마를 만나러 간다는 구실을 붙여서 파리로 떠나버린다. 하지만 파리에 살고 있었던 엄마 마르그레트는 아들 쟌을 아주 냉정하게 맞이했다. 아주 실망한 그는 다시 부인이 살고 있는 성으로 되돌아올 수밖에 없었다. 그는 겨울을 프라그에서 보내자고 부인을 꼬드겼다. 하지만 안나 마리아는 이런 그의 제안을 냉정하게 거절했다. 하는 수 없다는 듯이 쟌은 시종 다미만을 데리고 프라그로 가버린다. 이렇게 떠나온 쟌은 프라그에서 희희낙락 즐기면서 살아갔다. 당시 프라그에서는 그야말로 싱싱한 젊은이들이 넘쳐났다. 당시 미로서의 최고 기준인 멋진 턱을 가진 젊은이들도 상당히 많이 살았다고! 특히 이 지역에서는 몹시 가난한 독일 학생들이 넘쳤다는데, 너무나 가난한 나머지 집집마다 구걸할 정도였다고 한다. 시종 다미의 역할이 시작된다. 시종 다미는 이런 가난한 젊은 학생들을 돈으로 매수해서는 쟌에게 대령했다. 마음껏 즐기시오! 라는 의미다. 대령 된 청년들로만 만족감을 못얻었는지, 쟌은 밤마다 거리를 쏘다니면서 그의 신분과는 동떨어진 장소인 선술집에도 드나들었다. 쟌은 이런 생활을 하면서 점점 더 깊은 알코올 중독중에 빠져 들어갔다.

아버지 코시모가 어머니 마르그레트와 서로 엇박자로 살면서 결별하였듯이, 쟌 부부 역시 비슷한 모양새의 삶으로 이어졌다. 1705년 다시 피렌체로 돌아온 쟌이 부인 안나 마리아와 잠시 같이 생활 했었지만, 기다리던 자식은 생기지 않았다. 아버지 코시모는 메디치 가문의 후손을 얻는 것에 대한 염원이 간절한데, 이제 보니 쟌 부부로부터 후손 얻는 것이 점점 더 희박해져 보인다고 판단했다.

하지만 아버지 코시모는 후손을 얻겠다는 염원이 더 발동해, 지푸라기라도 잡는 심정으로 또다시 다른 대안을 마련한다. 바로 남동생으로부터 후손을 얻자는 생각을 했다. 그런데 문제는 이 남동생이 총각으로 있는 것도 아니고 이미 가톨릭의 추기경이었다. 코시모는 이미 추기경으로 살고있는 자기 동생을 설득한다. "동생 너! 교회로부터 특별사면을 받고 메디치 가문을 위해서 씨받이로 좀 나서라고!"

물론 오늘날의 가톨릭 교회법으로는 한번 추기경이 된 자가 집안의 후손 문제 때문에 다시 사면받고 결혼을 아니 자식을 만들기 위해서 잠시 옷을 벗는다는 것은 분명 불가능하다. 당시 메디치가가 이런 제안을 할 수 있었다는 것은 떵떵거렸던 가문이기에 가능했었는지? 아니면 당시의 제도엔 이런 것들도 은연중에 숨어 있었는지 그린 교수가 밝히지 않으니 대체 알 수가 없다. 하지만 추측컨데 돈 많은 가문이다보니 당시의 제도들이 이 메디치 가문 유지를 도운 듯하다. 왜냐면 그런 유사한 다른 예가 교회사에 남아 있기 때문이다. 마르쿠스 마이어 교수의 언급을 보면; 후에 파울루스 3세가 아직 교황으로 등극하기 전 추기경이었을 때의 이름이 알렉산드로 파르네제(Alessandro Farnese: 1468-1549)다. 파르네제 가문도 메디치처럼 당시에 떵떵거리는 가문에 속한다. 이 파르네제 가문에도 후손이 단절될 위기에 처하자, 이 알렉산드로 추기경은 한 여자와의 사이에서 두 아들을 만들었다. 1505년 교황 율리우스(Julisus: 1443-1513) 2세가 이 두 아들을 대가 끊길 뻔한 이 파르네제 가문의 합법적인 자손들로 인정한다고 공인했다. 만약에 당시에 교황이 나서서 이런 공인을 하지 않았다면 이런 자식들은 결코 합법적인 자식이 될 수가 없었다. 그렇다 보니 이런 혼외 자식들을 '합법적'으로 만들기 위해 아버지 측에서 눈물겹도록 교황청을 드나드는 얘기들이 중세의 연구서에 많이 남아 있다. 사실 교황청을 드나들 정도이면 어떤 신분들인지도 쉽게 짐작할 수도 있겠다. 이젠 교황 율리우스 2세의 자식 얘기를 접고 다시 메디치 家로 돌아오자. 드디어 메디치 家의 이 추기경과 함께 아이를 생산할 한 여자를 찾았는데 바로 귀족의 딸인 엘에오노라(Eleonora)이다. 그녀는 이 추기경보다도 26살이 적었다. 이미 48살인 추기경의 모습은 이러하다; 얼굴엔 천연두 자국들이 있었고, 48세의 나이에 벌써 통풍 병에 시달리고 있었다. 지금이야 48살은 아직 청춘에 속할 수도 있지만 당시는 오래 살지 못했던 시대였다 보니 이런 나이는 아무튼 고령에 속했다. 근데 문제가 등장했다. 이 신부 엘에오노라가 이 메디치가의 추기경을 처음부터 좋아하지 않았다는 사실이다. 이 추기경이 신부 엘에오노라를 포옹이라도 하려고 하면, 그녀는 그를 심하게 거부하곤 했다. 전체적인 분위기를 보면 신부 엘에오노라는 가급적이면 이 추기경을 멀리하려고 갖은 구실을 다 동원했다고 한다. 잘 알려진 사실 아닌가. 남녀 간에 아기가 태어나려면 근원적으로 두 사람이 가까이 다가서야 할 터인데… 이미 이런저런 얘기들에서 쇠망의 길을 걷고 있는 메디치 家의 모습들이 좀 아른거린다. 그런데 이 동생 추기경이 형 코시모의 뜻한 바대로 엘에오노라와 관계를 맺었다. 하지만 자식은커녕, 아이러니하게도 이 추기경이 1711년 2월 3일 그만 죽고 말았다. 형인 대공 코시모는 마지막 희망이었던 동생 추기경을 통해서 메디치 家의 자손을 얻지 못하자 심한 낙담에 빠진 것은 너무나 당연하다. 졸지에 과부가 된 이 엘에오노라는 후에 프랑스 출신의 남성과 사랑을 나눈 후에 혼외 아들을 둘이나 낳았다.

지금까지의 얘기를 한번 정리해 보면; 대공 코시모는 큰아들이 죽자, 딸 마리아를 통해서 후손을 얻고자 했으나, 그것도 불발로 끝나자, 이미 추기경이 된 동생을 다시 메디치 家의 씨받이로 동원했다. 하지만 기이한 운명인지 하늘의 뜻이었던지 메디치 家의 후사는 절대 없었다. 이제 마지막 희망봉은 막냇자식인 쟌이다. 앞에서도 약간 언급했지만, 이런 메디치 家의 마지막 등불인 막내아들 쟌은 점점 더 방탕한 생활로 이어갔다. 1728년 피렌체를 방문했던 몽테스키외(Montesqieu: 1689-1775)가 남긴 쟌에 관한 표현을 보면; 쟌은 이성은 지닌듯했으나 너무 게으른 성격에다가 심지어 더 큰 문제는 늘 술에 찌들어 살고 있었다는 것! 그렇지만 쟌은 친절한 성격의 소유자이긴 했다고! 근데 또 다른 불행이 1723년 다가왔다. 이런저런 갖은 방편을 다 시도해 보았지만, 후손을 얻어 보지도 못한 채 대공 코시모가 그만 죽고 말았다. 52살의 쟌이 이젠 대공인 아버지의 자리를 물려받았다. 하지만 쟌은 정치적인 일에는 그리 큰 관심을 두지 않았다. 이런 환경에서도 다행이었던 것은 그가 아래 부서의 장관들을 아주 잘 뽑았다고 한다. 그의 아버지 코시모와의 비교되는 차이점은; 먼저 교회를 위한 지출이다. 아버지 코시모가 교회를 위해 많은 지출을 한 반면에, 그는 교회를 위한 지출을 많이 줄였다. 신앙심이 그리 깊지 않은 그의 성향과 연관을 지운다. 아버지 코시모가 하루에 몇 번씩이나 성당을 드나들었을 정도의 깊은 신앙심 가졌지만, 술에 쩔은 아들 쟌이 교회에 큰 관심이 없는 것은 당연할지도 모른다.

문제는 여전히 변하지 않는 그의 생활방식이다. 그는 주로 침대에 머물면서 생활했다. 몸이 아파서가 아니라 방종하고 게을렀기 때문이다. 그는 오후 5시에 점심을 먹었고, 새벽 2시에 저녁을 먹었다. 그것도 자주 혼자서! 때때로 다른 이들과 같이 식사했다지만, 식탁이 아닌 주로 침대에서 2-3명의 학생들과 더불어! 아니면 몇몇 하인들과 식사를 하기도 하면서 대화를 나누었다. 처음엔 포도주으로 시작했지만 그는 이젠 포도주뿐만 아니라 당시의 술 종류는 다 마셨다. 그 결과로 건강이 나빠진 것은 말할 것도 없었다. 그의 알코올성 중독은 점점 더 깊어져 갔고 이렇게 술 취한 상태에서 말을 타다가 떨어지기도 했다. 그의 침대 부근은 우리가 생각하는 궁정의 화려한 모습과는 거리가 멀었다. 갖은 음식들이 놓여있는 어지럽고 지저분한 상태였다. 이런 쟌을 열심히 보필하던 시종 다미는 그 사이네 이 궁정의 높은 지위에 올랐다. 또 다른 두 시종인 가에타노(Gaetano)와 프란체스코(Francesco Nardini)는 쟌 대공을 위한 뚜쟁이 선발하는 역할을 맡았다. 왜 이들에게 뚜쟁이라는 이름은 붙였는가? 바로 이들의 역할이 쟌을 즐겁게 해줄 젊은 청년들이나 학생들을 찾아 나섰기 때문이다. 이렇게 선택된 젊은이들이 대공 쟌에게 마음껏 즐길 수 있는 탁월한 분위기를 연출하면 할수록 이들의 역할은 최상으로 빛났다. 한마디로 여자가 아닌 남자들이 이 쟌을 위해서 달콤한 흥을 베풀어 주면 된다는 거다.

두 시종인 가에타노와 프란체스코는 그들의 업적(?)에 따른 이익배당도 받았다. 특별히 이들이 선호하여 선발하는 두 유형이 있다; 먼저 행실이 좀 방자하고 음란한 형들이면 더 선택을 받았고, 두 번째는 멋진 매력을 지닌 미소년의 모습을 선호했다. 앞에서도 언급했듯이 당시 미의 기준이 멋진 턱을 가진 남자라고 했었는데, 오늘날의 독일에서도 이런 유사한 사고가 살아있는 듯하다. 한 예를 들어보면; 예전에 독일에서 공부할 때의 얘기다.

당시에 의학 공부를 하던 독일인 K와 독문학을 전공하던 독일인 M이 있었다. 이 두 독일 친구는 특별히 여러 명의 한국인들과 친하게 지냈던 터다. 우리 한국인들은 독일인 K가 잘 생겼다고 얘기했다. 하지만 독일인들은 독일인 M이 훨씬 미남이라는 것이다. 그 이유는 M이 턱이 뾰족하게 생겼기 때문이라고 했다. 그 때 우리 한국인들이 한 말은; "이상하다! 저런 턱을 가진 이는 한국에서는 대체로 조선시대의 궁정에서 고자질 잘하고 분탕질 잘 일으키는 간신배 내시의 모습으로 굳어져 있는데 라고!"

중세부터 내려온 미의 기준 잔재가 현재 유럽에 미남의 기준으로 남아 있는 것일까? 아무튼 이렇게 뽑힌 젊은 청년들은 대공의 사적인 공무(?)에 관여했다. 사적 공무? 다름 아닌 남녀간이 아닌 남남 간의 사랑놀이다. 이런 사적 임무를 문제없이 잘 수행하면 뽑힌 청년들은 1-5 루스피(Ruspi: 당시 돈 단위)를 답례로 받았다. 대공의 사적 공무를 이

행하는 이들은 하인의 제복은 입지 않았다고 그런 교수가 언급했다. 쟌과 사적 공무 관계를 맺은 자의 숫자도 나온다. 자그마치 370명 정도 였다는데, 이들 중에는 몇몇 여인들도 여기에 소속되어 있었다. 이들 은 대공의 기분 상태에 따라 퇴폐적인 놀이에 참여했다. 이들의 선발 조건은 참 다양하다고 앞에서도 약간 밝혔다. 더 좀 첨부하자면 일단 아름다워야 하고, 젊어야 하고, 성적인 매력을 풍겨야 했다. 더 중요한 것이 하나 더 있는데 무엇인고 하니, 대공 쟌이 어떤 무례한 행위나 얼 토당토않은 행동을 하더라도 이것을 자연스럽게 받아들일 자세가 된 자들이어야만 했다. 당시의 이 370명 중에는 진짜 호머도 있었겠지만, 개인적인 생각으로는 일단 먹고 살기 위해서 거나, 학생들로서 돈을 벌 목적으로 이런 그룹에 들어온 이들도 있었다는 생각이 든다. 그런 교 수가 위에서 독일의 대학생들이 구걸할 정도로 가난했다는 것을 강조 한 것을 보면 말이다.

여기서 그치지 않았다. 대공 쟌은 그와 더불어 퇴폐적으로 즐긴 이 런 젊은이들에게 때때로 마음 내키면 귀족 칭호도 내려 주었고, 때론 장관직에 임명하기도 했단다. 그의 시종 다미와 두 명의 다른 시종들 이 하는 일은 여전히 진행되었다. 이들이 찾아가는 곳은 특별히 가장 가난한 동네다. 거기서 그들은 대공의 입맛에 맞을 듯한 미청년들을 찾아내는 업무에 계속 열을 내었다. 만약에 시종들이 이런 가난하고 누추한 동네에서 아주 매력적인 젊은이를 찾아내어 쟌에게 대령만 하 면, 대공은 매우 기뻐했고, 그의 욕정은 절정에 다다랐다고 한다.

어느 날 대공 쟌은 한 이발사를 사귀게 되었다. 이 이발사에게는 약 혼녀가 있다는 사실도 이미 알고 있었다. 하지만 이런 조건은 그에게는 아무 상관이 없었다. 그는 이 청춘 남녀들을 궁정으로 초대해서는 성적인 희롱을 해댔다. 어느 날 쟌은 이 남녀 둘이 그가 보는 앞에서 섹스를 하게끔 명했다. 그리곤 이 둘이 섹스 장면을 물끄러미 바라보기도 했다 한다. 아주 건장한 체격을 가진 직업이 곰 조련사(?)인 미하엘 헨츠케믹(Michael Henzchemic)얘기도 남아있다. 어느 날 한밤중에 대공 쟌은 이 미하엘을 그리워하는 욕정이 일어났다. 그 역시 이 370명의 그룹에 속하는 이였는데, 그의 시종들이 급하게 그를 찾아냈다. 하지만 이 곰 조련사는 이미 술이 잔뜩 취한 상태였다. 그러함에도 불구하고 시종들이 대공 쟌을 위해 그를 궁정에 데리고 왔다. 도착한 곰 조련사는 대공 쟌과 다시 포도주를 마셔댔다. 술 취한 상태에서 묘한 분위기가 무르익자 대공 쟌이 이 곰 조련사를 덮쳤다. 이때 미하엘이 대공을 받아들인 것이 아니라 대공을 주먹으로 쳐 버렸다. 그것도 엉겁결에 깜짝 놀라 소리를 지를 때까지! 물론 미하엘이 맨정신이 아닌 술에 잔뜩 취해 정신이 나간 상태였다 보니 이런 주먹질이 가능했을 거다. 이런 불미스러운 일이 일어났음에도 불구하고 대공 쟌은 미하엘에 대한 벌을 내리지 않았다. 그 이유 중의 하나는, 사실 이런 방자스러운 술자리는 대공 쟌의 침실에서 자주 일어나는 사건이었다고! 대공 쟌은 시간이 가면 갈수록 인간적으로 점점 더 피폐해져 갔다.

무엇보다도 더 용인하기 힘든 것은 그가 잘 씻지를 않는다는 거다. 그러다 보니 그가 사용하는 공간은 늘 퀴퀴한 냄새로 진동했다. 이런 냄새를 없애기 위한 방편으로 아주 신선한 장미를 방에 가득 두었다. 이 퀴퀴하고 기분 나쁜 냄새를 덮어 보려 시도했다. 하지만 이 퀴퀴한 냄새와 장미향이 묘하게 어우러져 더 불쾌한 냄새를 풍겼다. 특히 그가 사용하는 침대는 말할 것도 없이 더 불쾌한 냄새가 진동했다. 그 이유는 담배 연기뿐만 아니라 알코올 심지어 배설물까지 함께 어우러졌다니! 그는 발톱과 손톱도 자라는 그대로 두었을 정도로! 그가 외모를 단정하게 가꾼다는 것은 아예 관심 밖의 일이었고 현실에서 점점 더 사라져가는 일상이 되었다. 그렇다 보니 그의 외적인 모습이 점점 더 기이하게 변해간 것은 어쩌면 당연했을지도 모른다. 이중 턱 그리고 불룩해진 배, 거기다 냄새가 진동하는 가발까지! 이젠 대공이라는 허울좋은 이름밖에는 지닌 것이 없는 듯하다. 그가 단지 대공이라는 이유 때문에 그의 밑에서 이런 추잡한 분위기를 삼키면서 많이 시달렸을 그의 시종들을 생각하니 왠지 마음이 짠해진다. 심지어 그가 토해낸 토사물이 얼굴에 묻자 어떻게 하였던가? 대공은 자기 가발을 벗어서 그 토사물을 닦아냈다고 한다.

이미 언급했듯이 그는 분명 인격장애와 우울증에 시간과 더불어 시달린듯하다는 평까지 나온다. 아무래도 그 근원은 사랑이 없는 가정교육에서 출발했다고 보는 것은 물론이다. 더 나아가 방탕한 생활을 하다 보니 몸이 점점 더 쇠약해졌다. 엎친 데 덮친 격으로 그는 방광결석에 걸려 고통스럽게 시달리다가 1737년 7월 9일 죽었다.

300년 전의 떵떵거리던 메디치 가문의 막내아들 쟌이 대공이라는 이름을 걸치고선 한 행위들; 자기의 토사물을, 가발을 벗어 닦아내는 등등의 모습은 인간적으로 참으로 비참하고 허망스럽다. 왕관을 쓴 자와 가진 것이 없는 가난뱅이 청년들이 당시 서로 함께 엮었던 자취가 역사의 한 귀퉁이에 남아 있다가 몇백 년 후에 동양인 우리에게도 알려지는 순간이다. 아무튼 우리네의 "윗물이 맑아야 아랫물이 맑다"는 속담을 이 가문에도 한번 대입시켜 보면서 메디치 家의 비극적인 문화사를 마친다.

1454년의 프랑크푸르트 거리

– 수술비 흥정 때 85헬러와 소시지를 덤으로! 두개골 봉합에
는 은화로! 박테리아 죽이는 음료는 맥주!

독일 티브이 방송에서 다큐 한 편을 보았는데, 서민들을 조명한 중
세 얘기로, 방송된 다큐의 시대는 570년 전인 1454년 8월 15일이다. 중
세의 한 외과의사가 프랑크푸르트 시내 안을 뛰어다니면서 중세의 하
루를 사실적으로 재현한다. 중세 복장을 한 이 주인공이 Frankfrut 거
리를 다니면서 당시 중세의 풍속 사고 등등의 체험기를 풀어낸다. 그
러면 문화사적으로 중요한 부분들에 대해서는 독일학자들이 나와서
부연 설명을 얹어 주는 방식이다. 그가 외과 의사라는 직업으로 나오
지만, 사실 설명이 좀 필요하다. 당시는 대학에서 공부한 의사가 아닌
수공업자에 속하는 이들도 외과의사라 칭했다. 이들은 목욕탕에서 상
주하면서 사혈 담당도 하였고, 병든 이들이 찾아오면 치료까지 해 주었
다. 이런 시대적인 상황에서 대학에서 공부한 의사들도 점차적으로 등
장한다.

자 그럼 내용으로 들어가 보자; 바깥에서 누군가가 급하게 아직 아

침잠에 취해있는 의사를 부르는 소리가 들려온다. 주위에서 환자가 생겼다는 거다. 그는 프랑크푸르트에서 의료 활동을 하는 10명의 외과 의사 중의 한 사람인 야콥 알트하우스(Jacob Althaus)다. 그의 나이는 42세이고, 25살의 젊은 여인과 재혼하였다. 딸 둘을 데리고 사는데 15크바(3.3 크바=1평 =) 약 4.5평)다. 이 좁은 공간 안에서 이들은 요리하고, 잠자고 등등의 모든 생활을 해낸다. 알트하우스가 사는 집의 창문 얘기다. 이 창문을 가지고도 잠시 중세 문화의 일부를 보자.

바깥에서 한 사람이 이 의사를 부르자, 바로 잠자리에서 곧 일어난 알트하우스는 창문 비슷하게 생긴 쪽으로 갔다. 왜 창문 비슷하다는 표현을 했을까? 그 집 창문이 이리저리 엮어 놓은 짚으로 가려놓았기 때문이다. 알트하우스는 이 짚을 손으로 걷어내면서 바깥에서 불렀던 사람을 응시했다. 이 집에 창문이라고 내어놓았으나 유리가 아니고 이렇게 짚으로 가려놓은 것이 참으로 특이하다. 당시 창문같은 것은 상류층들의 집에서나 가능했기 때문이다. 그가 사는 이런 누추한 집에 정식 창문을 다는 것은 일종의 사치품에 속했다. 오늘날은 오히려 창문보다는 이런 짚으로 대충 가리고 살면 자연 친화적인 것으로 여겨지고 또한 건강에도 좋을 것 같고 더불어 운치가 있을지는 모르나 방범 때문에는 도저히 불가능할 것으로 보인다.

이 창문(?)을 통해서 알았다고 대답한 알트하우스는 일단 떠온 물에 몸을 잘 씻는다. 그가 소속된 중세의 조합(Zunft)의 직무 규정에는 몸을 정갈하게 해야 한다는 조항이 있다. 그리고 '단순한' 옷을 입어야만 한다는 것 또한 명시되어 있다. 이들이 다친 이들을 수술하러 갈 때는 반드시 1명의 의사를 더 동행해야만 한다. 만약 수술 중 어떤 사고가 났을 때를 대비해서다. 서로가 증인이 될 수 있기 때문이다.

예전에 독일에서 공부할 때 거리에서 경찰들이 늘 두 명씩 짝지어 다니기에 너무 궁금해서 한번 물어보았더니 그런 유사한 대답을 들은 적이 있었다. 아무리 양심에 호소해도 안 될 경우를 대비한 서로 간의 증인이 되는 듯하다.

이번 환자는 푸줏간 마이스터다. 당시는 같은 일을 하는 직업군끼리 즉, 제혁공들은 제혁공들끼리, 제빵사들 역시 그렇게 모여서 살았다. 그래서 지금도 그들이 살았던 자취로 푸줏간 거리, 제혁공 거리 등등 거리 이름으로 남아있다. 프랑크푸르트의 마인 강가에 자리잡은 푸줏간 거리(Strasse)는 물을 자주 사용 해야겠기 때문에 마인강변에 자리를 잡았다. 알트하우스가 이 푸줏간 집에 들어서면서 중세의 집들을 소개한다. 우리가 익히 보아온 대 저택이나 궁이 아닌 일반인들의 집들은 상당히 열악한 환경이다. 대개는 좁고 어둡다. 그런고로 이런 집 안에서 안전사고가 잘 난다. 어두우면 불을 켜면 되지 않는가? 그럴 수 없다. 당시의 초는 비싸다 보니 일반인들이 지니기에는 경제적으로 좀 버거웠다. 이들이 밝게 사는 방법은 입구 문을 통해서 가급적 빛을 많이 받는 것 뿐이었다 아무튼 이런 집에는 추운 겨울을 대비해야 하기에 창이 별로 없다. 3층인 경우는 대개 사다리를 이용했다 보니 사다리를 이용하다가 떨어지는 경우도 허다했다. 계단이 있다손 치더라도 그 경사가 60도 이었다 보니 상당히 가파르다고 볼 수 있다. 이 환자도 이 집의 어두컴컴한 분위기 속에서 일을 하다가 사다리에서 떨어져 머리를 다친 것이다.

여기서 수술 전의 재미있는 대화도 소개된다. 바로 수술에 들어가기 전에 알트하우스 의사와 보호자인 그의 아내가 수술비를 서로 흥정하는 모습이다. 여기 다큐에 나온 내용을 대충 옮겨보면; 의사 알트하우스가 다친 이의 마누라에게 이 수술비가 100헬러(Heller: 당시의 돈단위)라고 말했다. 이 말을 들은 여인은 당장에 비싸다는 말과 더불어 기겁까지 하더니 더 나아가 소리까지 지른다. 여인은 70헬러로 하자고 사정사정하면서 알트하우스와 치료비 흥정을 한다. 그러자 알트하우스는 목숨이 왔다갔다 하는 이런 어려운 수술에 70헬러(Heller)로는 불가능하다고 일축한다. 그러자 그녀는 다급해져서는 가격을 조금 더 올려 80헬러(Heller)로 흥정하지만 알트하우스는 안된다는 듯이 고개를 기우뚱한다. 다시 그녀는 알트하우스에게 통사정을 한다. 그러면서, 5헬러(Heller)를 더 올린 85헬러(Heller)에다가 자기 집에 보관하고 있는 소시지를 덤으로 얹어 주겠다고! 드디어 알트하우스가 예스 했다. 일단 수술비 흥정은 이 가격선에서 끝났다.

알트하우스는 수술을 시작하려다 말고, 보호자에게 바로 질문을 던진다. 이 환자가 성당에서 고해성사를 보았는지? 어떤지? 시대적인 배경은 1454년의 프랑크푸르트라는 사실을 다시 한번 상기하자. 그러면 당시는 가톨릭 종교관에 젖어 사는 사람들이다. 부인이 바로 어저께 고백성사를 보았다고 대답하니 알트하우스는 천만다행이라고 한다. 이때 얀 크리프트 교수가 나와서 중세인들의 종교적이고 신앙적인 부분에 대한 자세한 설명을 붙여준다; 앞에서 언급했듯이 당시는 가톨릭의 틀에 살았다 보니 영혼이 깨끗하지 못하면 병이 잘 낫지 않는다고까지 여겼다. 하물며 이런 수술을 앞둔 상태에서는 환자의 영혼이 고백성사를 통해서 더 깨끗해야 한다는 것이다. 이런 고백성사가 수술 후에 감염되는 박테리아보다도 더 무서워 했나 보다. 수술비 흥정이 다 끝난 외과의 알트하우스는 다친 푸줏간 마이스터의 두개골(머리뼈)을 열고서는 숙련된 노련한 솜씨로 머리 수술을 한다.

그가 당시 사용하는 수술 장비 중에는 오늘날에도 사용하는 것들이 있다는 설명도 나온다. 알트하우스가 수술을 다 마쳤기에, 그가 할 일은 이제 두개골의 봉합이다. 어떻게 봉합했을까? 이 수술 자리를 봉합하는 모습을 보니 오늘날과는 사뭇 다르다. 바로 은화를 가지고 열었던 부분을 메운다는 사실이다. 이 방법은 2000년간 유럽에서 사용하던 수술방식 중의 하나였다고 한다. 하지만 이런 방법으로 수술을 마무리 잘 하였다 할지라도 대개는 박테리아 염증에 의해서 죽게 되는 경우가 많았다. 물론 이런 염증 처치로 만든 약초가 많았지만 그래도 생기는 염증에는 속수무책이었다.

두개골(머리뼈) 봉합이 끝났으니 이젠 이 환자가 살았는지를 테스트 하는데, 그 방법은 거울을 환자의 입가에 대어 보는 것이다. 아마도 숨을 쉬면 거울에 입김 같은 것이 서리지 않을까? 환자가 죽지 않았다면 거울에 분명 숨 쉰 흔적이 남아 있을 것이니 이것을 보고 삶과 죽음을 심판하는 방법인가 보다. 당시에 거울과 연관된 미신도 잠시 보자; 사람들은 매일 아침에 거울 앞에 서서 모든 악기운들을 바깥으로 보내달라고 기원했다. 그리고 집 안에 있는 모든 이들을 보호해 달라고 청을 하기도 했는가 하면 본인의 에너지를 거울의 도움을 통해서 충전하기도 했다. 그 방법은 바로 사람들이 한 몇 분간 거울을 통해서 자기의 눈을 보게 될 경우다. 아침에 해가 뜰 때나 저녁에 해가 질 때에 그런 영향력이 컸다고 하는데, 이 이치는 태양이 에너지를 마그네트처럼 끌어들이는 이치와 유사하다고!

　오전 11시가 되었다. 수술을 다 끝낸 의사 알트하우스는 아직도 아침을 못 먹었다 보니 이제서야 시장기를 느끼고 중세의 시장 안으로 들어간다. 특히 프랑크푸르트는 가을 시장이 열리는 이 시기는 먼 지방, 먼 나라, 이태리나 심지어 오리엔트에서까지 상인들이 이 시장으로 몰려 들었다. 그가 길을 걷고 있는 이때 허름한 2층에서 웬 여인이 더러운 물을 아래로 쏟아버린다. 졸지에 이런 급 벼락을 맞게 된 알트하우스의 옆을 지나가던 사람이 기분 나쁘다고 위로 쳐다보면서 욕을 해댔다. 2층에서 구정물 부은 여인도 지지 않고 악바리처럼 거친 쌍욕을 아래의 남자에게 쏟아낸다. 서구에서 가운데손가락을 높이 올리는 것은 최고의 욕이라는 것은 잘 알려져있다. 입으로 내뱉는 오늘날 최고의 욕으로는 독일에서는 '똥구멍'이라는 단어를 사용되던 데 당시는 어땠을까? 이런 상황에서 당시의 중세인들이 던지는 말을 보니 오늘날처럼의 '똥구멍'이 아니다. 2층의 여자는 아래를 보면서 '창부의 아들'이라고 고래고래 소리를 지른다. 이 단어가 당시 최고의 욕이었나보다. 암튼 이런 모습은 오늘날의 독일(서유럽)에서는 사실 상상하기조차 힘들다. 하지만 이들 역시 이런 조상들로부터 출발해 시대를 내려오면서 진화와 정화의 과정을 통해 좀 더 세련되고 정화된 문화/문명이라는 찬란한 옷을 입은 것은 부정할 수 없을 듯하다.

　중세 문화사를 상세하게 알고 나면 이런 생각이 드는 것은 필연적이다. 아무튼 어둡고 불결하고 칙칙했던 환경을 지녔던 이들이 서서히 예의와 형식을 갖춘 세련된 민족으로 탈바꿈할 때까지 긴 세월이 걸렸다는 사실을 보면서 느낀다. 당시 중세의 이런 모습은 지금의 동남아 모습과 개인적으로 왜 그리 유사하게 느껴지는지? 이젠 1454년의 8월 15일 13시경부터의 얘기다. 위에서 오물을 쏟아붓고 더러운 것을 길거리에 버리고 이러니 이런 것들이 모이면 거리는 어떤 모습이겠는가? 당시 유럽의 거리는 늘 오염되어 냄새가 진동하기에 후에는 이런 곳을 피해 가기 위해서 굽 높은 구두를 신었다는 사실은 너무나도 잘 알려져 있기에 생략한다. 길거리를 다시 한번 자세히 보자. 오물이 질퍽질퍽하고, 여기다 돼지들이 지나가면서 뿜어낸 오물들도 있다. 이것들이 뒤엉겨 불쾌한 냄새가 진동하니 시에서 규정을 정한다; 1411년에는 자기 집 앞의 오물은 8일 이내에 처리하라! 이것으로도 거리 냄새의 진동이 멈추지 않았던지, 다시 1413년에는 오물처리의 기일을 3일 내로 처리하라는 규정을 내린다.

지금의 프랑크푸르트는 당시의 이런 불결한 상황을 상상할 수 없을 정도로 대개는 깨끗한 편이다. 하지만 이들도 이런 시대가 있었다는 걸 생각해 보면 위에서 한번 언급했듯이 문화는 진화의 과정을 거치는 것이 분명 한 듯하다. 이런 환경이었다 보니 이들이 시장에 팔려고 내어놓은 생고기 위에는 파리들이 들끓는다. 이런 음식 때문에, 아니면 쥐 때문에 유럽 전역에 전염병이 퍼져 전인구의 3분의 1이 죽어 나가던 시대도 있었다. 여기다 가뭄 홍수 등등의 자연재해 때문에도 많은 이들이 죽어갔다. 이렇게 종잡을 수 없는 날씨 때문에 먹고 사는 문제가 심각해지자 점성학자들에게 날씨 예보를 맡긴 시대도 있었다. 오늘날로 치면 점성학자들이 바로 기상청 역할을 했던 셈이다. 과학이 발달한 오늘날에도 자연재해앞에서 인간은 그냥 속수무책이라는 것을 잘 안다. 하지만 당시인들은 이런 자연재해 조차도 신의 분노와 저주로 생각했다 보니, 가톨릭교회가 주선해 이런 신의 저주를 막아야 한다는 생각이 지배적이었다. 이런 일이 일어날 때마다 교회가 나섰다. 신의 노여움을 풀고자 했다 보니, 자비를 간구하는 종교적인 거리행렬이 진행되기도 했다.

13시경이다. 이렇게 중세의 시장을 신나게 다니고 있는 그에게 다시 환자가 생겼다는 전갈이 날아왔다. 이번에 환자가 생겼다고 그를 부른 지역은 부촌이었다. 바로 룀머베르크(Roemerberg)다. 우리들이 독일 프랑크푸르트로 여행을 가면 반드시 한번씩 들리는 바로 그곳이다. 이곳은 당시의 부자들이 모여 살았던 소위 부촌이다. 환자가 있는 이 집에 들어서는 의사 알트하우스도 이 집을 보고 놀라움을 금치 못한다. 나무가 아닌 돌로 지은 집일뿐만 아니라 멋진 침대에다가 이불까지도 보들보들한 깃털 이불이 보인다. 거기다 자기 집의 짚 창문과는 비교도 안 되는 아름다운 창문들이 보이기 때문이다. 앞 환자의 집의 창문 역시 짚으로 감아 놓았던 그냥 구멍이지 않았던가.

창문을 가진 집에 사는 부자들이 사는 환경은 반듯한 가구와 더불어 일단 집도 환하다. 다 이런 창문 덕택이다. 빛이 많이 들어오니까. 알트하우스가 환자가 누운 곳으로 달려가니 거기엔 벌써 소위 대학에서 공부한 의사 3명이 와 있다. 이 3명의 의사는 아주 거만한 태도로 환자의 오줌을 가지고 분석하더니, 알트하우스에게 그 분석 결과를 알려준다. 이들은 4가지 체질 요소를 가지고 책에서 배운 그대로를 가지고 환자의 상태를 설명하려 한다. 이 이론을 간단하게 설명하자면 인간은 4가지 공기(심장-봄에 해당-청소년) 불(간-여름에 해당-청년), 흙(비장-가을에 해당-중년) 그리고 물(뇌-겨울에 해당-노년)의 요소를 가지고 태어난다. 이 중에서 한 요소의 균형이 깨지면 바로 병이 생긴다는 중세의 의학이론이다. 여기에서는 강조하는 바는 이론에만 밝은 신 의사와 수술 능력이 뛰어난 구 의사 사이의 갈등을 보여 주고자 한다.

다소 이론으로 무장된 신 의사들은 구 의사인 알트하우스에게 사혈을 하지 말라고 거만한 태도로 명령한다. 그건 마녀의 짓거리이니 자기들이 명령하는 방법대로 치료하라는 거다. 그들 옆에 누워있는 환자는 아파 죽겠다고 고함치면서 신음 하고 있지만 이들은 아랑곳없이 서로의 의술을 가지고 다투고 있다. 이런 모습은 우리나라에서 서양의가 들어와 우리의 한의를 무시하던 모습과 살짝 오버랩 되기도 하는데… 하지만 알트하우스는 이들의 말을 들은 체 만 체 하면서 환자의 몸에서 사혈을 해 버린다. 그 후 종양으로 곪아 터진 겨드랑이 부근을 능숙하게 도려내고는 그곳에다가 식물에서 추출한 연고를 발라준다. 이런 연고는 개인들이 가진 처방으로 만든 것이다. 대개는 식물로 만들지만, 때론 인간 사체로 만든 연고도 있다. 이런 연고 때문에 사체를 다루는 사형집행자들의 이런 시신을 팔면서 짭짤한 수입을 올리곤 했던 중세다. 이런 재료를 가지고 연고로 만들 뿐만 아니라 아니면 가루로 만들어 마시게도 한다.

신 의사들은 아주 만족스럽게 능숙하게 수술을 잘해 낸 알트하우스를 오히려 이 집에서 쫓아내 버린다. 당시의 신 의사들이 그토록 경멸했던 1000년 전의 의학 처방을 현대에 와서 다시 연구한 결과를 크리스탈 박사가 전해주었다. 그 결과는 다음과 같다; 9세기경부터 내려오는 1,000가지 종류의 레시피 중의 하나를 오늘날의 장비로 실험 분석했는데 최고의 의약이라고 칭송한다. 특별한 것도 없다. 몇 가지를 소개해 보면; 전통으로 내려오는 양파 마늘 와인과 소담 즙을 서로 잘 섞어서 9일간 두었다가 이것을 현대의 신약 대신에 항생제로 사용했더니 탁월한 효과가 있다는 사실이다. 그 효과도 99.9%라는 보고를 한다. 이렇담 지금의 약보다도 더 나은 것이 아닌가 하고 의문을 제기한다. 요즘 독일은 중세의 힐데가르트 수녀가 남긴 레시피도 자연요법으로 부활하고 있을 정도다.

당시는 남유럽에서는 해부학이 발달했다. 이태리에서 여기 프랑크푸르트로 올라 온 상인은 해부도가 그려진 해부학 그림을 이 시장에서 팔고 있다. 이것에 관심이 끌린 알츠하우스가 해부학 그림의 가격을 물었는데 자그마치 20굴덴(Gulden: 당시 돈단위)이란다. 알트하우스는 자기 처지엔 이 해부학 그림이 너무 비싸서 살 수 없다면서 탁자 위에 물건을 다시 놓았다. 사실 이런 그림들은 돈 있는 고위층만 소유할 수 있었다. 1455년에 구텐베르크 덕택에 인쇄기를 발달한 이래로 인쇄술의 혁명기에 이른다. 그전에는 이런 종류의 책자들을 일 년에 100개를 만들었다면, 그 이후는 3,000,000개를 만들 수 있었다니 다 인쇄술 발달의 결과다. 당시에 루터가 종교개혁에 성공할 수 있었던 것도 다이 인쇄술의 발달이 커다란 역할을 했다. 역으로 만약에 이런 인쇄술의 발달 전에 루터가 종교개혁을 했었다면 실패의 원인도 될 뻔했다는 평이 나올 정도다

자! 이젠 저녁 9시가 되었고 시끄럽고 복잡하던 시장도 파했다. 이젠 선술집으로 사람들이 서서히 모여드는데 이 알트하우스도 한 선술집으로 향했다. 여기서 사람들은 카드놀이를 하면서 엄청나게 맥주를 마

서댄다. 당시는 아침저녁으로 어른이나 아이 할 것 없이 알코올이 적게 함유된 약한 맥주를 마시곤 했다. 이런 맥주를 마시면 박테리아를 죽일 수 있다고 생각했다 보니 샘물보다도 더 선호했다. 아이들도 술 개념이 아닌 박테리아 죽이는 음료로 생각했기 때문이다. 물론 저녁에 선술집에서 마시는 이런 맥주들은 어른들을 위한 얼큰한 맥주다. 이렇게 술을 마시다가 치고받고 싸우기도 한다. 그러다 다치면 벌금을 물기도 했다. 술을 진탕 마시는 자들의 모습은 그때나 지금이나 별 다를 바가 없는 듯하다.

이때 구석에서 맥주와 함께 음식을 맛있게 먹고 있던 자가 갑자기 숨도 못 쉬고 컥컥거린다. 이때 의사인 알트하우스가 나섰다. 그의 노련한 의술을 발휘해 이 남자가 즉시 숨을 쉴 수 있도록 생명을 구해주었다. 인연도 참! 알고 보니 아까 낮에 해부학을 팔던 바로 그 상인이다. 숨을 다시 쉬고 살게 된 이 상인도 이 의사를 낮에 만난 적이 있었다는 것을 당장 알아차린다. 다시 숨을 쉬게 된 이 상인은 감사의 표시로 낮의 그 해부학 그림을 즉시 알트하우스에게 선물한다. 낮에 이 의사가 그림을 갖고 싶었으나, 이것을 구입할 돈이 없다는 것을 기억했기 때문이다. 이런 인연 때문에 후에 그는 이태리로 의술을 배우러 가게 되는 행운아가 되기도 했다. 이렇게 한 외과 의사 알트하우스를 통해서 중세문화를 조금 들여다보았다.

독일 티브이에서는 중세뿐만 아니라 로마 중세 근세 등등의 시기별로 테마를 가진 다양한 다큐 방송을 많이 한다. 좀 비교를 하자면 우리네의 먹방(시식) 방송처럼 많다. 한 번씩 좋은 다큐를 보고 나면 영상과 함께하는 유럽사의 양식이 잘 쌓이는 듯하다. 예를 들어 그 유명한 알렉산더 교황 얘기 같은 경우는 매회 100분씩 6회까지도 방영한다. 사실 우리네도 삼국 고려 조선시대등등의 사극을 많이 하는 것으로 알고 있다. 근데 이들은 드라마가 아니고 주로 다큐라는 사실이다. 그 외에는 우리가 티브이를 틀면 먹방(시식)방송, 연예인 얘기 이젠 그것도 모자라 그들의 자식들 친구들 얘기까지! 아! 왜 그럴까? 변화를 꿈꾸면서 개인적으로 좀 비판하고프다.

중세인들의 동물사랑, 동물재판

- 메뚜기, 풍뎅이, 쥐 재판, 벌레 재판 등등이 있었다고! 1494년 6월 14일 프랑스의 한 문서에 기록된 돼지 재판!

중세인들의 동물 사랑

중세의 명화들을 자세히 보면 동물들이 자주 등장한다. 관심이 일어나 독일 체류 때 몇 권의 흥미 있는 자료들을 모았는데, 그중에는 중세의 '개와 사냥에 관한 논문'도 있다. 근데 동물 사랑과 학대는 이 시대에도 있는 일이다. 하지만, '동물재판'까지 한다는 사실은 좀 놀랍고, 좀 믿기지도 않기에 미리 참고 자료들을 밝힌다; 함부르크 대학의 스포츠학 교수인 카타리나 피에트츠, 중세 사학자인 로베르트 데로르트, 중세/근세사 교수인 프랑크 마이어 박사, 구약성서 신학자인 실비아 슈로어 교수 등의 저서들을 중심으로 풀어보고, 중세사가인 오스트리아 빈 대학의 페터 딘첼바허 교수의 저서는 인용문을 통해서 언급한다.

먼저 1284년의 브레멘의 쥐잡이 이야기, 마인쯔 주교 하토 2세의 쥐 이야기 등등은 우리에게도 너무나 잘 알려져 있다. 코끼리 얘기를 보자. 코끼리는 중세 때 왕과 교황들의 선물용으로 많이 사용했던데, 교황 레오 10세(Leo: 1475-1521)는 너무나 사랑하던 코끼리 '한노'가 병들자, 금가루를 먹일 정도였다. 그는 당시 바티칸에다가 코끼리는 물론, 사자, 원숭이 길들여진 표범, 앵무새, 카멜레온 등등을 소유했다고! 그는 또 1513년 10월 2일 사자를 데려다준 이에게 6 골드두카텐(Golddukaten), 1514년 6월 29일 헝가리서 온 곰 한 마리 값으로 18 골드두카텐을 지불했다는 기록도 있다. 나머지의 얘기는 이 책의 다른 꼭지인 "교황 레오, 그의 코끼리 사랑"에서 다루었다.

그 외에도 동물과 얽힌 많은 자료들이 남아있다; 15세기 중엽의 바이에른 지방의 귀족인 지그문트는 정치를 하는 것보다 동물들과 보내는 시간이 더 많았을 정도였다고!

다음은 740년경의 개 사랑 얘기다. 당시에는 개를 죽이면 6헬러(Heller: 당시의 돈 단위)의 벌금을 물었고, 789년에는 벌금이 더 올라서 자그마치 40-60헬러였다고 하는데, 개 한 마리 죽이고 이 정도의 벌금까지 물었다니 개가 귀했을까? 아니면, 진정한 동물사랑 차원이었을까? 빠질 수 없는 얘기 중의 또 하나는 개 사랑이 유난했던 칼 대제(Karl der Grosse: 768-814)에 관해서다. 그는 미사참례 때마다 늘 개를 성당에 데리고 들어갔다. 하지만 어느 날부터 포기하기에 이르렀는데, 다름 아닌 개를 성당 안으로만 안 데리고 들어갔을 뿐, 개를 미사 중에 잘 바라볼 수 있는 장소에 두었다는 거다. 만약에 당시에 일반인이 미사중에 개를 데리고 미사참례를 하였다면, 감히 어떻게 미사 중에! 라고 하고선 아마도 신성모독죄로 걸렸을 듯하다. 그의 딸 베르타가 남긴 일기를 보면, 이 칼 대제는 부인도 참 많이 두었던데 개까지 지나치게(?) 사랑했다니 에너지가 넘치는 왕이었나 보다.

10세기 이래로 공경의 대상이 된 후베르투스(Hubertus von Luettich: 약 655-727)라는 성인 얘기다. 사냥 중에 사슴뿔 위에 광채 나는 십자가의 영상을 보고 나선 회심하여 성인이 되었다. 후에 그는 개의 수호성인이자 모든 동물들 그리고 특히 미쳐 날뛰는 개의 조력자로서 해야 할 역할과, 또 푸줏간의 수호성인도 되었다. 후에 사람들은 그의 이름을 딴 후베르투스라는 검은 개를 사육하였는데, 프랑스 왕(Koenig von Frankreich)이 이 개 6마리를 아주 비싼 값으로 사 갔다고 한다. 11세기의 '그레이하운드(Windhund)' 개의 값이 노예 한 사람값으로 팔릴 정도였다니, 아무리 생각해도 인간과 개 값이 동일했다니 이것은 좀 비극적으로 느껴진다.

중세인들의 동물 학대

힌크마르 폰 라임스(Hinkmar von Reims: 810-882)를 인용한 마이어 교수에 의하면, 이 시대에는 이 도시 저 도시로 옮기면서 곰들의 재주놀이를 군중들에게 보여주는 이도 있었는가 하면, 곰의 머리털은 약용과 부적으로 팔았다고! 1542년 쾰른의 연대기에는 순례객들이 길거리에서 곰에게 춤을 추게 하고선 돈을 벌기도 했다. 중세의 직업군 중의 하나가 '개를 타격하는 직업인'이었다. 이들의 의무는 미리 계약된 돈을 받으면서 길거리에 흩어져 돌아다니는 개를 잡아서 죽이는 것이다. 오스트리아 빈 같은 경우는, 1444년에 이런 직업군들이 거리에 떠돌아다니는 866마리의 개를 없앴다는 기록이 남아있다. 이들의 직업군에는 당시에 칭호가 따로 있었는데, '비주류' 인생(unehrlich)으로 분류된 최 하층민이었다. 이런 직업군들은 중세에 상당히 많은데, 아래에 더러 언급될 사형집행인들도 여기에 속한다. 이들은 식당에 들어갈 때도 먼저 신고를 하여야만 하고, 식당 안에 들어갔더라도 마음대로 선택한 자리에 앉을 수도 없었다. 이들을 위해 지정된 곳에 외톨이로 앉아서 밥을 먹어야 했는데, 지금의 우리말로 하면 혼자 밥을 먹어야만 했던 그야말로 '혼밥'인생들 이었다.

다음은 개라는 단어, 내지는 개를 가지고 행하는 행동에 대한 해석인데, 지금의 우리네와도 비슷한 상황 같다. 당시도 치욕과 굴욕의 의미로 깎아내리는 뜻으로, 바로 '개를 옮긴다' 혹은 '개를 옮김'을 사용했던 거다. 아무튼 이 행위는 중세인들에게는 하나의 벌이었다. 프랑켄 지방과 슈바벤에서, 후에는 모든 지역에서 행해졌는데, 특별히 귀족들 중에서 지역끼리의 평화를 깨는 이들에게 내려진 판결이다. 이런 연유로 938년 오토 1세(Otto 1: 912-973)가 바이에른 지방의 평화를 깨는 에버하르트(Eberhard: 912-940)를 추종하는 자들에게 한 지방에서 다른 곳으로 개를 옮기는 벌을 주었다는 기록도 있다.

중세인들의 동물과 사냥 몰이 앞에 소개된 바와 같이 어쨌든 중세의 동물 중 개는, '개 때리는 사람들'에게 희생을 당한 부분도 있었지만, 대개는 중세인들의 사랑을 받은 듯한데, 이번엔 사냥에 투입된 동물 얘기다. 이런 얘기들이 동물 학대에 속할지도 모르겠다만, 인간의 사냥에 도움을 준다니 긍정적인 영역으로 포함하자. 당시에 많은 이들이 사냥 놀이에 빠졌는데, 사제들까지도 이런 사냥 놀이에 동참하자, 교회는 깊은 고민에 빠졌다. 먼저 덴마크 왕인 크누트(Knut der Grosse: 995-1035)의 얘기인데, 1016년 그는 그가 소유한 숲의 10마일 영역 밖의 모든 개들의 다리를 부러뜨리라는 훈령을 내렸다. 다 자기 숲의 동물을 보호하는 차원에서였다. 하지만 위험성이 적고 어린 개는 이런 훈령에서 제외되었다니 그나마 다행으로 보인다. 다른 하나는, 11세기의 빌헬름 데어 에로버러(Wilhelm der Eroberer: 1027-1087)라는 영국 왕은 귀족의 사용 영역에 속하지 않은 곳에 존재하는 모든 사냥 개들의 이빨 3개를 빼게 한 적도 있다. 왜일까? 이렇게 하면 달리는 사냥개의 속도가 느려지게 된다는데, 그렇다면 이 왕은 순전히 오직 자기 숲만을 보호하겠다는 차원인가? 아무튼 이유가 불분명한데, 혹 역사적으로 이런 사실도 있었다는 걸 알리는 걸까? 아무튼 당시 왕 한마디에 개의 생이빨이 뽑혔다니! 좀 심하다는 생각이 든다.

봉건영주들이 사냥을 좋아하게 되자, 생기는 문제점도 있었는데, 이들이 사냥으로 행차하게 되면 수도원 원장들이 애를 먹기 시작했다. 수도원이 주로 숲 부근에 있었으니 그랬나 보다. 그래도 만약에 수도원 원장이 갑이었고 귀족이 을이었다면 상황은 좀 달라졌을 터인데… 이들은 갑인 귀족들에게 모든 것을 생으로 조달해 주어야만 했다. 귀족들이 사냥 구실로 장기간 머물면 수도원의 분위기도 흐트러지고 수행원까지 뒷바라지하려면 보통 일은 아니었을 듯하다. 이런 문제점 때문에 1418년 바이에른 지방에서는 규정이 내려졌다. 한 귀족이 이런 사냥행차를 할 때는 3명 이상의 귀족들을 동행 하는 것을 금지 시켰고, 다만 10명의 종들만의 동행은 허락했다. 그리고 말은 5마리 만을 동행하라! 25마리의 사냥개 동행만은 된다! 는 것들이었다. 수도원 측에서는 사냥개 25마리만 먹이고 관리하는데도 많은 에너지와 손길이 들 터인데, 여기다 귀족들과 그의 동행인들을 위한 음식 숙박, 거기다 말 관리까지! 정말 갑이라는 이유로 을에게 지나친 요청을 하는 듯 하다. 수도원 측에서는 이런 귀족 한 사람 뿐이겠는가? 동서남북에서 이렇게 찾아와 이들의 사냥놀이에 뒤치다꺼리를 해야만 했을 것이니 얼마나 고달팠을까?

중세인들의 '신의 재판'과 '동물재판'

중세인들은 재판을 참 좋아한 듯하다. 우리가 이해하기 힘든 재판이 더러 있었는데, 바로 '신의 재판'과 '동물재판'이다. '신의 재판'은 이 책 "고문의 역사"에 따로 잘 정리하였다.

여기서는 '동물재판'만을 다루기로 한다. 중세의 종교와 신비주의 연구의 대가인 딘첼바허 교수, 독일 뮌스터 대학에서 중세사를 연구하는 카이 페터 얀쿠리프트 박사와 프랑크 마이어 교수 저서에 잘 나와 있다. 중세사가인 프랑크 마이어 교수는 중세 동물 이야기에 175쪽의 저서에 박사논문도 포함된 약 200개의 참고도서를 인용했으니, 참 놀라울 따름인데, 추측건데 중세의 동물과 인간과의 관계 연구가 심층적으로 진행 된다는 의미로 보인다.

'동물재판'으로 들어가자. '동물재판' 이름들도 참 많다. 메뚜기 재판, 풍뎅이 재판, 돼지 재판, 쥐 재판, 벌레들의 재판 등등이다. 이런 재판들은 특히 독일과 프랑스 지역에서 많이 열렸고, 수 많은 재판들의 보고서가 남아있기에 알 수 있다. 이런 동물들이 판결받으면 그 판결에 따라서, 마치 인간처럼, 목을 매달아 죽이고, 목 졸라 죽이고, 때려죽이고, 목을 쳐 죽이고, 물에 빠뜨려 죽이고 아니면 태워 죽였다. 해충이나 동물들이 인간들에게 해를 입히면 앙갚음으로 그냥 재판 없이 죽였던 시기도 있었지만, 13세기부터 이런 동물재판이 유럽에선 생겨나면 부터 사정은 달라졌고, 자그마치 19세기까지 이런 재판이 진행되었다고 단첼바허 교수와 마이어 교수는 말한다. 독일의 공영방송인ZDF(한국의 MBC, KBS와 비교)에서도 당시의 이런 재판에 관한 방영을 짧게 다룬 것을 보았다.

인간을 다치게 한 동물들인 경우는 세속 법정에서 다루었다. 주로 집가축이나 개, 소, 돼지 등등의 유용 동물들인데, 이런 동물들의 죄도 인간의 범죄와 동일시 했다는 사실이다. 때로는 동물들이 재판 동안 구치소에 가두어 두기도 했다. 특히 프랑스의 감옥장이 신청한 영수증을 통해서 그런 사실을 잘 알 수 있는데; 그는 1408년 구치소에 있었던 돼지들에게 먹이를 주면서 들어간 청구서를 제출해 돈을 받아 냈다는 거다. 아무튼 재판에 회부되는 거의 모든 동물들은 공공장소에서 사형이 집행되었다.

다음은 '돼지 재판'을 보자. 1386년 프랑스의 한 도시인 팔레스(Falaise)에서 돼지 한 마리가 한 아이를 다치게 했다. 이 돼지는 당연히 재판에 회부되었고 판결에 따라 사람들은 이 돼지에게 사람의 옷을 입혀서 교수대에 매달아 사형 집행을 했다. 중세에는 '동물재판'에 중요한 역할을 하는 조건도 하나 있었는데, 바로 그 요일이다. 만약에 한 돼지가 금요일에 사람을 물었다! 그러면 이 돼지는 더 엄한 벌을 받게 되는데, 이 돼지는 가톨릭의 금욕일을 지키지 않았다는 종교적인 의미로 해석하였다. 왜냐면 중세의 금요일은 생선은 되나 육식을 못 하는 날이기 때문이다. 또 한 돼지가 목 졸리는 죽임을 당했는데, 그 이유를 알고 보니, 가톨릭의 성체를 먹었기 때문이다. 다른 한 재판의 예는 어느 부활절 날의 아침나절에 일어난 일인데, 에한 렌판트(Jehan Lenfant)라는 사람의 얘기다. 그의 부인은 마침 이웃 마을에 가 있었던 때다. 그가 젖소들이 있는 목장/방목장으로 가고자 했을 이때, 돼지가 집 안으로 들어와 요람에 누워있는 아이의 얼굴과 목덜미를 먹었다(물었다가 아니고 먹었다는 것으로!). 그 후 이 돼지의 운명은 여기에 싣지 않아도 그 경과는 뻔하다.

1494년 6월 14일 프랑스의 클레르몽(Clermont)에서 나온 자료에 의하면, 돼지 재판임에도 불구하고, 법정 선서를 한 여러 명의 증인에게 심문하였다는 자료가 남아있고, 결국, 이 돼지도 잡혔지만, 금방 죽임을 당한 것이 아니라 일단 한 수도원에 가두었다고 한다. 후에 법관의 의견이 진되었는데, 혐오스럽고 경악스러운 이런 돼지를 정의의 이름으로 교수대에 묶어서 목을 졸라 죽여야 한다고! 더군다나 어떤 땐 이런 동물들을 위하여 아주 공식적인 은사(恩赦)를 청했을 때 그대로 이

루어 지기도 했다. 귀족인 퀴네의 필립(Philipp der Kühne)은 1379년 사람을 죽였기에 고발된 두 마리 돼지에게 감형 증서를 부여했기 때문이다. 더구나 이 공식적인 증서는 인간에게 쓰는 은사(恩赦) 문서의 형식과 내용에 준해서 발급되었는데, 그 결과, 한 돼지는 살린 반면에, 다른 돼지는 목을 쳐 죽였다고. 아마 후자의 돼지 죄질이 너무 안 좋았기 때문이었을까?

어떤 땐 동물 자체를 증인으로 세우기까지 했다. 근데 어떻게 동물 자체를? 상세한 서술이 없어서 유감이다. 하지만 여기에 관계되는 박사 논문들을 꼼꼼하게 찾아보면 그 이유가 분명 나올지도 모른다. 만약에 동물들의 죄목이 드러나면. 앞에서 이미 한번 언급했듯이 사형이 따랐다. 마치 인간에게 하는 것처럼, 머리를 자르거나 목을 매달거나 불에 태워 죽이거나 아니면 살아있는 채 땅에 묻었다.

그럼, 판결비와 사형비는 어떠했을까? 팔레스(Failais)의 한 사형집행인의 기록에서 보면; 그는 한 암돼지의 사형집행 값을 요구했고, 장갑을 산 값까지도 청구했다. 또한 전문가와 권위자도 법정에서 진술하기 위해 때때로 소환되었는데, 이들에게도 역시 돈을 지불하는 것은 말할 것도 없다. 사실 이런 부분은 그리 놀랍지 않다. 중세기 때에 사형집행을 하는 장면을 보면, 사형집행에 쓴 촛 값, 기도 값, 사형 집행장까지의 동행 비용까지 다 받아 챙겼다 하니, 당시는 동물도 영혼이 있다고 믿었으니, 인간과 같은 급으로 처리했을 것 같다.

더 재미있는 것은 이름을 '동물재판'에 해충과 유충까지도 넣었는데, 근데 해충/유충도 동물인가? 잘 믿기지 않아서 이 해충과 유충 단어를 한국어 사전에서 다시 확인해 보니: 해충; "[1;] 인류의 생활에 해를 끼치는 벌레, 곧 파리, 모기, 이 따위 [2;] 작물 꽃 과수 등을 헤치는 벌레, 진딧물 송충이 따위"로 나온다. 그럼, 유충은: "곤충 따위가 알에서 깨어 아직 성충으로 탈바꿈 하지 않았을 동안의 벌레, 어린 벌레, 애벌레, 자충, 성충"으로 국어사전에 나온다. 2018년 7월 17일 자 한겨레 신문의 기사: "거머리 피 빼는 모기 발견, 고대 모기의 습성일까"에서 뱀, 개구리, 두꺼비, 물고기가 척추동물이고, 무척추동물은 지렁이와 거머리 등등이라고 하니, 이 의미에 참고가 되겠다. 아무튼 이 유충과 해충을 동물에 넣어서 재판했다는 사실이고, 이런 재판은 주로 교회 법정에서 열렸다. 이들이 말하는 해충으로는 주로 쥐, 메뚜기 등등을 언급하는데, 이런 재판은 예방적인 목적으로 고소. 고발을 하였다는데, 이렇게 하면 대체 무슨 예방이 되었는지? 아니면 동물들이 이런 재판소식을 동료 해충들로부터 전해 듣고선 늘 조심하라는 건지? 당시 인들은 동물도 영혼이 있다고 믿었던 것이 그 이유일까? 이렇게 따지고 들어가면 끝이 없겠다.

위에 언급한 독일의 공영방송인 ZDF에도 나오는 바르텔레미 드 샤세노이츠(Barthélemy de Chasseneuz: 1480-1541)의 변호다. 그는 당시 법관들 중에 지혜로운 최고의 법관으로 칭송받았는데, 마치 사람을 변호 하듯이 동물 변호에도 아주 능란한 변호자였기 때문이다. 얘기는 이러하다; 1508년 아우툰교구의 법정에서 그는 쥐들의 변호를 맡았다. 그는 이 재판에서 재판의 연기를 해야 한다고 주장했는데, 그는 다음과 같은 이유를 들면서 재판관을 설득했다; 쥐들이 여기에 도착할 충분한 시간을 가지지 못했다. 그 이유는 쥐들이 오는 길에 배고픈 고양이들이 득실거려서 이것을 피하지 않으면 안 되기 때문이라고! 이렇게 변호자들은 고발된 온갖 동물들이 자유롭게 풀려날 수 있도록, 마치 인간을 변호하는 것처럼 했다. 이해 불가이다 보니 더 웃음이 나는 얘기도 빠질 수가 없는데. 바로 종달새 얘기다. 그 죄목은 이 새가 성당에서 노래했다는 이유다. 1597년의 다른 한 예는, 두 마리의 동물이 사형선고를 당했는데, 바로 게와 두더지다. 게에 대한 판결은 물에 빠지게 해서 죽이는 것, 두더지는 살아 있는 채 땅에 묻어버리는 말하자면 산 매장이다. 산매장 얘기가 나온 김에 좀 더 붙이자면; 때때로 다른 판정이 나오기도 했는데, 바로 동물의 다리를 절게 만들어 버리거나 아니면 태워 죽이는 방법이었다. 유충/해충에 관한 재판에서도 변호가 나오고, 이들의 변호 중에는 사실에 잘 부합한 변호를 한 이도 보이는데; 동물도 이 지상에서 신이 부여한 권리가 있는데, 바로 이들도 논밭의 열매를 갉아 먹고 영양을 취할 수 있다는 옹호다. 때론 이런 논증이 효과를 발휘하여, 실제로 메뚜기가 논에서 자연스럽게 영양을 취하게 만들기도 했단다. 1520년 남 티롤 지방에서 새끼를 밴 쥐나 아직 아직 어린 벌레들이 콘라드 스페르크제어(Conrad Spergser)라는 법관의 덕택으로 사면 기간을 받기도 했다는 기록이다.

해충에 관해서는 아주 잘 알려진 재판의 예는 1478/79년 로잔(Lausanne)의 주교좌 법정에서 열렸다. 바로 풍뎅이를 법정에 세운 재판이다. 이들은 폭풍우나 우박 등을 일으키는 악마적인 시도를 하면서 인간을 괴롭힌다고! 아를(Arles)에서 예를 들어 한 법관이 메뚜기 군집을 변호할 때 동물들은 인간의 믿음을 시험하는 신의 도구임을 알아야 한다는 변호까지 했다고 한다. 이것만이 아니다, 나무를 깎아 먹는 곤충류, 게 등등도 살인죄, 신성모독죄, 아니면 곡식을 전멸시킨다는 죄목에 걸려들었다, 더불어 이들에게도 당연히 앞에서도 언급했듯이 변호자를 임명했고 증인을 세웠단다. 1481년 마콩(Mâcon)에서 진행되었던 한 판결을 통해서 교회가 해충(Schädlinge)을 가지고도 어떤 징벌을 내렸는지를 볼 수 있다.; "왜냐면 해충은 사탄의 명령에만 따를 뿐 교회와 신의 명령에 순종하지 않기 때문에, 우리들은 이 해충들을 저주하면서 파문한다"고! 이런 판결에는 모든 전지전능한 신의 측면에서 또 모든 성인들의 뜻에 따르는 것으로 판단했다. 이 글의 주어만 빼면 완전히 인간에게 내리는 판결 같은데, 현대인의 우리들에게는 참으로 낯선 풍경이다.

해충을 몰아내는데, 귀신을 쫓아내는 의식을 취하면서 몰아내기도 했다. 1452년 로잔(Lausanne)에서의 일이다. 한 주교가 법정에서 귀신쫓는 의례.양식이 전해 내려오는데; 병을 야기시키는 벌레들, 쥐들을 아버지인 신의 이름으로, 아들인 예수의 이름으로, 신과 예수 사이의 성령의 이름으로, 너희들을 쫓아낸다. 너희들은 즉시 물로 가야 할 유충은 물 쪽으로, 들판으로 가야 할 유충들은 들판으로 포도밭으로 가야하는 유충은 포도밭으로 가라! 그러면 너희들은 목숨만은 부지 할 것이다. 참 소설 같다는 생각이 든다. 1500년경에는 논밭을 아주 엉망으로 만들어 버린 유충들에 대한 재판 들도 자주 열렸다. 이런 재판은 대리인의 임명과 함께 시작하는데, 이 대리인은 해당 밭으로 가 밭의 유충들을 눈으로 확인부터 한다, 이 유충 벌레들이 밭의 식물을 뜯고 있는 것을 직접 보고 나서 법정에 소환하는 형식으로 취했다. 법정 앞에서 이 고소장이 낭독되면, 법관은 몇 마리의 벌레를 손에 들고서는, 아주 엄정한 목소리로 벌레들에게 3일 안에 이 지역을 떠나라고 명령한다. 근데 이런 방법이 별 도움이 안 되었다. 사실 되겠는가? 난 왠지 이런 재판이 일종의 연극처럼 느껴지는데… 아무튼 몇 마리의 표본은 그야말로 사람에게 사용하는 단어인 처형을 했고, 나머지는 그 지역의 사제에게 위임하여 밭에서 행하는 행렬 때, 사제가 가톨릭의 축성된 물인 성수를 들고 가 밭에 뿌리면서 멀리 떠나라고 하면서 추방한다.

그럼, 유충은 왜? 성서와 연관 지우는 다음의 이유를 듣자면 약간의 이해는 간다. 이 유충들은 법정에 세우는 이유는 성서 때문이다. 중세사의 대가인 프랑크 마이어 교수는 노아의 방주와 연관된 창세기 7장 2절을 언급하면서, 유감스럽게도 당시에 노아가 유충을 언급하지 않았기에, 유충은 신의 창조물에 들어가지 않는다는 사실이다. 이들은 이렇게 유충(Engerlingen)과 해충(Schädlinge)을 구분 짓기도 했다.

중세인들의 '동물재판'은 도대체 왜? 그전까지는 아이들에게나 사람에게 해를 입힌 멧돼지나 개, 늑대, 소 등등 해를 입힌 말 등등을 재판 없이도 살아있는 채 땅에 묻기도 했고, 범법(?)한 동물을 소유한 주인들을 고발하기도 하고, 그 대가로 주인에게 벌금을 물리기도 했다. 하지만 또 13세기부터의 이런 '동물재판'에 대해서 물론 반대하는 이들도 더러 있었다; 프랑스의 법학자인 필립 데 보만누와(Philipp de Beaumanoir; 1250-1296)이 1283년에 공표한 것은 동물들은 사실 무엇이 선이고 악인가에 대한 이해가 없다는 주장이다. 이성이 없는 동물은 법적인 권리능력이 없을 뿐만 아니라 더 나아가 죄의식도 스스로 나쁜 의도도 가질 수도 없다고! 법적인 재판은 참으로 무의미 하다는 주장을 일찍부터 나오기도 했다; 왜 이렇게 13세기부터 '동물재판'을 하였을까? 이런 '동물재판'에 대한 여러 가지 설을 보자. 이 '동물재판'은 결코 재미로 하는 재판이 아니었다. 이 변호인들조차도 대학서 공부한 일종의 전문가들로 구성되었다고 확실하게 말할 수 있기 때문이다. 근데 왜 이런 재판을 하였을꼬? 한 학설로는 당시 돈에 대한 욕심이 가득 찬 재판관들이 이런 '동물재판'을 부추겼다는 거다. '동물재판' 때마다 많은 수입을 챙길 수 있었기 때문이다. 16세기 이래로는 이런 '동물재판'에 대해서 일부 지식인 재판관들이 이런 고수익에 대한 탐욕을 비판하면서 아주 단호하게 거부하기도 했다. 이런 비판이 16세기부터는 아주 강하게 대두되었다지만, 묘하게도 이 시기에 오히려 '동물재판'이 최고조에 이르렀다고 한다. 하지만 시간과 더불어 강한 개혁이 일어나고, 계몽적인 이성주의 때문에 점점 더 '동물재판'이 줄어 들었다지만, 1789년 브라반트에서 한 황소에 대한 재판이 있었고 결국은 사형이 선고 되었다.

더 나아가 심지어 20세기에도 '동물재판'이 자행되었고 이 동물들이 사형시켰다는 기록이 있다. 하지만 다른 한편으로는 중세인들은 신이 땅과 하늘을 창조하고, 거기에 피조물들이 살게 했으니 이들 중에서는 인간이 왕이라고 생각하였다. 무엇보다도 앞에 이미 언급했던 중세인들의 특수한 사고방식인데, 바로 동물들도 영혼을 지니고 있다고 믿었기에, 동물들이 한 행동에 대한 책임을 물었다는 거다. 또 다른 견해로는 '동물재판'은 마녀사냥과 상당한 연관성을 지녔다. 동물 특히 고양이 까마귀의 몸에는 귀신이 살고 있다는 생각을 가졌기 때문이다. 중세 신학자 토마스 아퀴나스(Thomas von Aqinas: 1225-1274)는 곤충 때문에 고통을 당하는 것은, 신이 원하는 시험이자 벌이라고 말하기도 했다. 사실 당시의 아무리 유명한 신학자라지만, 이런 이들의 말 한마디에 흔들흔들하는 중세인들의 사고와 행위가 늘 애처롭다는 개인적인 생각을 던져본다.

또 다른 학자들은 성서와 연관성이 많다고 밝힌다. 헬무트 브락커르트 교수는 출애굽기 21,28-32; "황소가 남자든 여자든 사람을 뿔로 받아 죽였을 경우에는 그 황소를 돌로 쳐 죽여야 한다. [⋯] 황소가 남의 아들이나 딸을 받았을 경우에도 이와 꼭 같은 법이 적용된다. [⋯]" 에서 본다는 설도 있다. 마지막으로 〈성서 속에 나타난 동물들: Tier in der Bibel〉이란 책을 쓴 독일의 성서학 교수인 실비아 슈로러도 동물/곤충들을 성서 안에서 고찰하였는데, 바로 우리가 잘 아는 개, 벌, 개구리, 타조, 말, 메뚜기, 벌, 양이나 염소, 말, 돼지, 코끼리, 비둘기 등등 외에도 표범, 사자, 독수리, 맹수, 타조, 하마, 뱀, 등등이 나오는데, 헤아려보니 무려 38개의 동물이다. 인간과 동물은 자연의 일부로서 서로 떨어질 수 없는 관계 속의 창조물임이 분명하다. 하지만 성서와 연결해서 '동물재판', '벌레재판'을 벌인 중세인들을 보면, 너무 어이가 없다는 개인적인 생각이다. 우린 이런 동물 재판을 읽으면서, 지금의 우리가 혹 다시 성서에 기댄 어이없는 해석을 하면서, 중세인들 같은 어떤 유사한 연극(?)을 지구에서 펼치고 있지는 않는지를, 한 번쯤은 뒤돌아볼 필요성이 느껴진다.

거리에서 부고를 알리는 직업

– 장례식에서 곡을 했던 '구슬피 울어주는 중세 여인들', 호적
등본격인 중세의 신분

중세 유럽의 대도시에는 날마다 거리의 장사치들과 사적인, 공적인
업무를 띤 자들이 이 거리 저 거리를 누비고 다녔다. 소리치며 물건을
파는 장수, 공적인 일을 공고하는 자, 가두 선전원 등등이 그들이었다.
이런 일을 했던 자들을 독일어로 '아우스루퍼'(Ausrufer)라고 불렀는데
이들은 다 먹고 살기 위한 행위들이었다. 장사치들이 거리에서 고래고
래 자기 물건을 사달라고 소리를 쳤는가 하면, 공무를 전달하는 이들은
자기의 전달 사항을 귀에 잘 담으라고 더 크게 고래고래 소리를 질렀
다. 이렇게 서로가 목청 높여 소리를 외치다 보니 이 소리들이 뒤엉겨
불협화음을 이루었다. 그래도 시민들은 이런 소음에 워낙 익숙했다 보
니 분간하면서 나름대로 잘 알아들을 수 있었다. 하지만 낯선 이들이
이 도시에 들어오면 장사꾼들이 외치는 소리가 무슨 뜻인지 뒤엉긴 소
리로 잘 알아듣지 못했을 정도였다니 도대체 어느 정도의 데시벨로 외
쳤을까?

유럽의 파리, 함부르크, 베를린의 시 자료실에는 12-13세기부터 아우스루퍼에 대한 기록이 나타난다. 당시 화가들이 거리의 직업군을 120종류로 분류해 그림으로 남겨놓았을 뿐만 아니라 이들의 조직과 사회적인 위치를 상세하게 기록해 두었다. 1200년대 영국 런던에도 많은 아우스루퍼가 있었는데 당시 한 화가가 이들의 직업군을 200개의 그림으로 생생하게 남겨놓았다. 1841년의 통계에 의하면 런던 길거리의 장사꾼들은 4만 명가량이었지만, 학자들은 약 5만 명가량으로 어림잡는다. 이들에 대한 그림과 기록은 여러 세대에 걸쳐 프란츠 호겐베르크(Frantz Hogenberg), 존 리드게이트(John Lydgate), 헨리 메이휴(Henry Mayhew) 등이 남겨놓았다. 12-13세기 전후 아우스루퍼는 오늘날 사전에서 보는 의미와는 다르게 다양한 종류의 물건을 팔았고 여러 가지 일을 가리지 않고 했던 것으로 보인다. 길거리에서 장사만 한 것이 아니라 왕명을 받고 일반인들에게 중요한 소식을 전하는 사람들도 있었기 때문이다. 공적인 일을 하는 사람들은 월급을 받았으며 시에 세금을 납부했다. 이들에게서 걷은 세금이 시 재정에 큰 도움이 되었다는 것을 보면 이런 직업군에 종사한 사람이 상당히 많았던 것으로 추측할 수 있다. 그 외에도 경찰을 대신해 공지를 전달하는 사람, 시장이 언제 열리는지 공지하는 사람 등이 거리를 누비고 다녔다. 당시는 심지어 잃어버린 아이들을 찾을 때도 거리의 가두원이 소리치고 다니면서 시민들에게 이 소식을 알렸다. 이런 거리의 모습은 당대의 시인들이나 음악가들의 귀중한 영감의 원천이 되기도 했다.

여기서는 '라이헨비터'를 좀 더 자세히 알아보자. 뜻풀이 하자면, '부고장을 알리는 이들'인데, 뜻 그대로 밭품을 팔아서 거리에서 부고를 알리는 직업군이다. 이 단어의 첫 등장은 1691년이라니 꽤 오랜 역사를 지녔다. 이 단어가 사전에 올려졌을 정도로 이 직업군은 1800년도까지 성행했다고 하는데 이들의 소속은 공적인 의무를 지닌 공무인들이었다. '라이헨비터'가 장례를 알리는 구체적인 방법을 보자. 이들은 업무가 주어지면 어둠의 땅거미가 내리기 시작할 때 나타난다. 복장은 가톨릭교에서 예식을 할 때 입는 옷이다. 이 옷에는 눈물이 그려져 있고 일반 옷과는 다른 좀 특이한 복장이다. 이런 옷을 입고선 종을 흔들면서 거리를 지나간다. 시골이면 이 마을 저 마을로, 도시 같은 경우는 이 거리 저 거리를 누볐다.

부여받은 임무를 잘 실행하기 위해서 중요한 것 중의 하나는 가급적이면 아주 구슬픈 목청으로 알려야 한다는 거다. 구슬픈 목소리로 알리는 내용들은 다음과 같다. 먼저 죽은 이들의 이름을 큰 소리로 알리고, 그다음은 죽은 이의 타이틀을 알린다. 중요한 것은 죽은 자의 장례식이 언제인지를 알려주는 것이다. 그들이 거리에서 외쳤던 소리를 상상해 보자. 아주 구슬픈 목소리로 "어젯밤에 우리의 이웃인 김 대감께서 운명하셨습니다." 그리고 댕그랑댕그랑 종소리를 낸 다음 "장례식은 1500년 1월 15일 1시에 김 대감 댁에서 있답니다." 하고는 또다시 댕그랑댕그랑 종을 울렸을 것 같다. 이런 이들이 손에 주소 목록을 들고 있을 때도 있다. 이런 경우는 일단 문패에 적힌 이름을 확인한 후에는 그가 가지고 다니던 지팡이로 대문을 두드리거나 창문을 두드리면서 부고를 알리고 장례식 날짜까지 알려준다. 하지만 이 직업에도 규정이 따로 있다. 어떤 경우에도 그 집안에 들어서서는 안 된다. 그리고 집주인도 부고를 들고 온 이를 절대로 집 안으로 들어오라고 하면 안 된다. 죽음과 연관된 직업을 가진 이들을 집 안으로 들여놓으면 우리말로 '음기' 같은 것이 스며든다고 생각했을지도 모른다. 하지만, 이들을 맞이하는 쪽에서 작은 선물을 주는 것은 가능했다. '라이헨비터'가 부고를 알리고 다니면, 어떤 집에서는 동전 한 닢을 건네기도 했고, 빵 한 조각을 손에 쥐여주기도 했다.

사람들은 이런 복장을 한 사람이 거리에 나타나면 금방 발로 걸어 다니는 부고를 인지했다. 사람들이 가장 궁금해했던 것은 당연히 '과연 누가 죽었는가?'였다. 당시에는 사람이 죽고 나서도 빈부 차가 드러났다. 명문가의 일원이 죽었다면 장례식 알리는 사람을 여럿 고용해서는, 이들을 거리에 내보냈다. 이런 직업은 대개는 남성들이 맡았지만, 여인들도 더러 있었다. 이들은 이 임무 후에도 죽은 이들을 매장하는 데까지 동행했다. 당시는 시신을 어떻게 처리했는지 살펴보자. 시체를 씻기고 천으로 싸는 데는 여인들이 등장했다. 이때 시체를 감싸는 데는 아마 천을 사용했는데, 부잣집에서는 식물 전문가나 약사들을 고용해 시신에 좋은 향기를 입혔다. 그리고 시신에 아주 호사스러운 옷을 입혀서 관에 넣는다. 반면에 연고 없이 죽어 나가는 이들은 아마 천에 둘둘 말아서 12명의 남자들이 끄는 수레로 실어 가서 매장해 버렸다. 동서고금을 막론하고 죽음 앞에서도 빈부의 격차는 나타나는 법이다.

"중세의 장례문화"를 다른 꼭지에서 상세하게 다루었지만 얘기가 나왔으니 좀 기이한 풍속도를 살짝 들여다보자. 먼저 장례식 뒤를 따르는 사람들이다. 이런 일을 기꺼이 했던 이들은 먹고 살기 힘든 이들이었고, 대개는 어린아이들이었다. 부자가 죽으면 가난한 사람들을 많이 고용해 뒤를 따르게 하는 관습이 있었다. 어떤 귀족들은 400명의 사람들을 조달해 장례식 행렬 뒤를 따르게 했다. 그림에서 보면 장례 행렬은 상당히 긴데, 상응하는 그림은 "금수저들의 천국행"의 마지막에 실려있다. 이런 문화를 볼 수 있는 박물관이 독일의 카셀에 있다. 필자가 이곳을 방문하여 직접 찍은 사진들이다. 아무튼 장례 행렬을 따르는 이들은 짭짤한 일당도 받고 덤으로 옷가지 등도 받았으니 하루 '알바' 치고는 꽤 좋은 돈벌이에 속했다. 이런 장례 행렬에 너도나도 경쟁하다시피 많은 인원을 고용하기에 이르자 1712년 관청에서는 장례 행렬 뒤를 따라가는 수를 남자 30명, 여자 30명으로 제한하기도 했다. 여인들도 돈을 주고선 구했다. 이 여인들의 역할은? 일당을 받은 이 여인들은 정해진 장례식장에 가서 구슬프게 울어주기만 하면 됐다.

그래서 '구슬프게 우는 여인들' / '구슬피 울어주는 여인들'이란 이름이 붙었는데 우는 방법에도 정해진 절차가 있었을 정도로 특수화된 여성들이었다. 이 얘기를 좀 더 부연하자면, 당시 여성들의 전문 직업으로 볼 수 있을 정도로 이들의 역할은 컸다. 이들의 주 업무는 마치 실제로 그 집의 가족이나 친인척인 양 장례식의 슬픈 분위기를 띄우며 울어주는 것이었다. 직업적으로 울어주는 인위적인 울음일 뿐인데, 남의 장례식에서 가슴에서 나오지도 않은 구슬픈 곡을 하면서 하염없이 울어야만 했으니, 요즘의 탤런트보다 더 힘든 직업이었을지도 모른다. 이들이 곡하는 규율도 있었다. 처음엔 조율을 잘 맞춰 작은 소리를 신음하는 듯 낸다. 다시 조금씩 흐느꼈다가 점점 더 크게 구슬프게 곡했다. 노련한 경험을 지닌 '구슬피 울어주는 여인'일수록 그 집 장례 분위기를 구슬프게 잘 띄웠다. 진짜 가족 친지들은 이런 분위기에 쉽게 빨려들었다. 죽은 사람에 대한 별 애처로움이 없어도 이들 덕택에 눈물을 펑펑 쏟는 사람이 많았다. 왜 이런 이들이 필요했을까? 죽은 사람을 떠나보내는 최상의 공경이 다름이 아닌 '구슬프게 울어주는 것'이었기 때문이었다.

중세 후기로 갈수록 '구슬피 울어주는 여인들'의 자리는 그리스도교 수도자들에게 빼앗겼다. 특별히 여기서 수도자들에 속하는 사람들 중에 중세엔 '베긴넨'이라는 여성 신앙공동체가 이 일을 많이 하였다. 그들은 누구인가? '베긴넨'들은 수녀원 밖에서 공동체를 이루어 종교 생활을 하는 중세 여성들이었다. 한국인들에게는 이해하기 쉽게 사복 수녀들로 칭한다. 당시 많은 여성 신비주의 자들이 출현하던 때이다. 이런 사회적인 분위기 속에서 신앙심 운동에 영감을 받은 중세 여성들이 자발적으로 신앙공동체를 이루며 살아갔다.(이런 사회적인 현상은 '베네치아 수녀원' 얘기와는 사뭇 다른 분위기로 볼 수 있겠다) '베긴넨'회는 12세기 말에 브라반트(Brabant) 지역에서 처음 기록되었다. 아우구스티누스 수도회(Augustiner Kloster) 소속이었고 나중에는 아콘의 추기경이자 주교(Kardinal und Bischof von Akkon: 당시는 오늘날과는 달리 추기경과 주교 자리를 동시에 맡기도 하는 문화)가 된 야콥 폰 비트리(Jakob von Vitry: +1240)가 1215년에 마리아 폰 오이니스(Maria von Oignies) 전기를 쓰면서 알려졌다. 그녀는 '베긴넨' 생활을 한 최초의 여성이었다. 이때부터 그들의 생활 방식은 소위 종교 여성 운동의 하나로 신성 로마 제국 전역으로 빠르게 퍼져 나갔으며, 특히 라인강을 따라 있는 서쪽 대도시에 집중되어 있었다. 특히 당시의 개방적인 도시인 쾰른에는 많은 '베긴넨'회 사복수녀들이 모여들었다. 쾰른에만 중세에 '베긴넨' 수녀원이 169개 있었다. 1223년 초에는 약 2,000명의 '베긴넨'회 수녀들이 22개의 '베긴넨'회 공동체에서 생활했다. 마인츠에서는 '베긴넨'회에 대해 1268년에 처음 언급되었고, 1300년에는 이미 22개의 '베긴넨'회 공동체가 존재했다. 이들은 생계를 스스로 책임져야 했기에 노동하였다. 직물 생산이나 간호와 같은 일을 하였고, 특히 이 여성들의 주요 활동은 지역 사회의 창립자와 후원자들을 추모하고 그들을 위한 기도를 올리는 것이었다. 이 사복 수녀들이 죽은 자를 위해 기도하라는 사명을 받았기 때문에 그들이 사는 주민들 사이에서 많은 존경을 받았다. 이런 의미에서 남의 장례에 가서 "구슬피 울어주는 여인"의 역할을 하였다.

이들은 수녀원에 살지 않은 '베긴넨'들이었지만 유명한 신비가들을 배출했다. 메히틸트 폰 마그데부르크(Mechthild von Magdeburg: 1207-1282), 마르그리트 포레테(Marguerite Porete: 1250/1260-1310), 율리아나 폰 뤼티히(Juliana von Lüttich: 1193-1258)와 같은 중세 여성 신비주의자들을 배출했다. 점차적으로 이런 여성 전문 직업도 사양길에 접어들었지만, 독일에서는 18세기까지는 '슬피 울어주는 여인들'의 직업이 호황을 누렸다고 한다.

다시, '거리에서 부고를 전하는 사람들'의 얘기로 돌아오자. 이런 인편 부고 풍습은 1700년대 말까지 존속하다가 서서히 사라졌다. 신문이나 카드 등을 통해서 전달할 수 있는 여러 다른 진보적인 방법이 생겨났기 때문이다. 그리고 이제는 디지털 부고장의 시대다. 거리에서 부고 전하는 직업군은 죽은 이들에게만 국한된 것은 아니었다. 다른 부류를, 말하자면 결혼식을 공지하거나 성당에서 어린이 영세가 있는 날도 이런 이들이 거리에 나서서 알렸다. 이런 공지는 기쁜 소식이니 아마도 구슬픈 목소리는 뺐을 것 같다. 인간의 태어나고 죽음 등등 중요한 일이 일어날 때마다 이들이 나서서 사람과 사람 사이에 필요한 절대적인 소통의 고리를 엮었으니 당시 사회에서는 없어서는 안 될 꼭 필요한 직업군임이 틀림없다. 하지만 유감스럽게도 이들은 사회에서 비주류 계층에 속하는 흙수저 직업군이었다. 당시의 사형수나 동물 가죽 벗기는 자들처럼, 인간의 죽음과 연관이 되었다 보니 불결한 직업으로 보았던 모양이다.

마지막으로 다양한 문화 중의 하나인 당시의 신분을 소개하는 글이다. 우리네로 치면 아마도 호적초본/등본과 유사하지 않을까? 하고 재미있는 중세 문화의 잔재로 여겨지기에 한번 옮겨본다; 중세의 쾰른시 문서에는 당시 한자동맹 도시인 뤼벡시의 관청 소속인 아놀드 판 스트라이스베르크(Arnold van Straisberg)가 요한 그로네(Johann Grone)에게 다음과 같은 진실 서약 문서를 보냈다는 기록이 있다. 지금으로부터 530여 년 전인 1488년 7월 31일이다. 이야기의 문맥을 보면, 쾰른 출신의 야콥 메데멘이 지금 뤼벡시에 거주하는데, 그가 어떤 신분 출신이며 그의 아버지 직업군은 무엇인지를 뤼벡시 측에서 문의하는 것이었다. 여기에 관해 530여 년 전에 쾰른 관청이 뤼벡 관청에 보고한 문서 내용을 보자; 야콥 메데멘은 법적으로 정식 결혼한 부부 사이에서 합법적으로 태어난 이로, 종의 신분이 아니고 자유인이다. 그는 독일인이지 벤덴족(Wenden)은 아니다. 당시의 이 민족은 서시 8-9세기경에 독일 북동부에 이주했던 슬라브 민족이다. 중세에도 '외국인'은 늘 존재했다. 거기에 관한 상세한 저술이 나올 정도로 다양한 외국인들을 표명했다. 특히 프랑크 마이어 박사는 중세인들이 외국인들과 어떻게 사귀었나? 어떻게 핍박했나? 하는 자료도 나올 정도다. 이런 외국인들 중에서 가장 핍박을 받았던 이들은 유대인들이다. 이들은 중세를 떠나서 20세기의 나치 시대까지 조롱과 핍박을 당했을 정도다. 이렇게 보면 당시는 분명 벤덴족들은 독일인들과는 구분을 두었는가 보다. 더불어 당시의 직업군에 관한 얘기도 빠지지 않는다. 야콥 메데멘은 세관의 아들도 아니고, 방앗간 집의 아들도 아니다. 베 짜는 이의 아들도 아니고, 목욕탕에서 일하는 이의 아들도 아니고, 피리 부는 직업을 가진 이의 아들도 또한 아니다. 양모 털 벗기는 직업군을 가진 부를 가진 아들도 아니고, 사혈하는 직업을 가진 이의 아들도 아니다. 그의 부모는 쾰른의 시민으로서, 아버지는 디트리히 메데만이고 어머니는 바르바라다. 우리가(쾰른시가) 야콥 메데멘에 대한 이런 합법적인 증서를 보내니 야콥 메데멘이 뤼벡에서 신뢰성이 있는 수공업자가 될 수 있다고 본다. 그러므로, 그의 신분은 아무 하자가 없으니 잘 인정해 달라는 것까지 주문했다.

오늘날의 관점으로 보면 출생증명서 내지는 호적등본 내지는 신분증명서로 볼 수 있겠다. 하지만 오늘날과의 전혀 다른 점은 부모가 합법적으로 결혼했는지, 어떤 직업군에 속하는지에 상당한 의미를 두고 있다는 것이다. 위에 언급된 야콥 메데멘의 아버지가 속하지 않았던 직업군들은 당시 밑바닥의 "불명예스러운" 직업군(unehrliche Beruf) 직업군들에 속했고, 사회에서 갖은 천대를 받으면서 살아갔던 이들이다.

사실 중세의 10%에 해당하는 이들은 주류로서 왕, 귀족층들 내지는 교황과 추기경들 그리고 성직자들이었지만, 나머지 80% 이상은 그야말로 비참한 비주류의 삶을 살아갔던 바로 흙수저들이었다! 여기에서 다시 "불명예스러운" 직업군들이 포함되어 있고 이들은 중세의 신분 피라미드 최하층에 존재하면서 끔찍스러운 학대를 당하면서 살아갔다. 이들이 살아갔던 자취들이 많이 연구되어 있는데 "불명예스러운"도 학자들이 자주 따옴표를 사용했다. 도대체 신분이 뭐길래? 직업이 뭐길래??? 하기야 오늘날은 또 다른 방식의 신분층이 존재한다. 바로 돈이 아닐까 한다.

2부

점차적으로 이런 여성 전문 직업도 사양길에 접어들었지만,

독일에서는 18세기까지는 '슬피 울어주는 여인들'의 직업이 호황을 누렸다고 한다.

'시각' 태피스트리, 1484년~1500년경, 울과 실크, 10.2 x 10.8피트, 파리 클뤼니 박물관 소장

여성의 생리에 대한 변천사

– 잉여의 영양소를 체외로 빼내는 것! 남성 정액은 효모의 역할,
정액도 효모의 역할 때문에 태아 형상을 만든다고?

이 글을 쓰게 된 동기는 최근에 약 70년 전에 시몬느 드 보브와르가 쓴 〈제2의 성〉을 읽게 되면서부터다. 보브와르는 참 방대한 자료에 다양한 테마를 가지고 고대 중세 근대 1949년대까지의 여성들의 문제를 들여다보았다. 그리고 남성들의 시각으로 쓰여진 여성들의 얘기를 비판적인 견지에서 서술하였다. 1949년 경이면 이런 사고 하기가 여러모로 힘들었던 시기였고, 그것도 한번 틀리게 쓰면 지우는 것도 힘이 드는 타자기라는 기기를 가지고 어찌 그런 방대한 작업을 하였을까?

아마도 그녀는 평생을 도서관에서 살다가 죽었을지도 모르겠다는 상상이 간다. 왜냐면 그녀의 저서를 들여다보면 꼼꼼한 주석과 함께 여성에 관한 깊이 있는 문화사의 서술이 참으로 놀랍기 때문이다. 노트북이 있는 요즘도 그런 저술을 하려면 엄청난 작업일 것이니 말이다. 아무튼 그녀는 동시에 여성들이 어떻게 창조적이고 혁명적인 방향으로 나아가야 할지에 대한 방향 제시도 하였다. 오늘은 그녀가 언급했던 여성의 생리에 대해서 보자. 보브와르가 언급한 부분은 괄호를

하여 〈제2의 성〉이라고 밝히고, 다른 얘기들은 필자가 찾은 독일 자료에서 쓴다지만, 확연한 구별은 불가능하다. 유럽에 관한 그녀의 서술은 엄밀히 보면 다른 시대로부터 뚝 떨어져 나온 얘기가 아니기 때문이다. 동시에 바로 유럽문화의 바탕 격인 그리스와 로마 이전 이후의 사상 체계와 깊은 연결고리가 있기 때문이기도 하다. 보브와르가 특별히 출처를 밝히지 않는 이상은, 때론 중복된 내용을 실을 수밖에 없는 상황임을 미리 밝혀 둔다.

여성들의 생리 덕택에(?) 인류의 삶이 이어져 왔다는 것을 부정할 수 없을 것이다. 지금의 우리는 생리가 무엇인지를 의학적으로도 확연히 밝혀진 시대에 살고 있다. 하지만 시대를 거슬러 올라가 보면 그렇지를 못했다는 사실이 나온다. 특히 여성의 생리에 대해서 주로 남성들의 시각에 의해서 시대마다 서로 다른 해석을 내리면서, 심지어 폄하까지 하였다는 사실이 놀라웠고 동시에 그것이 문화사의 자취로서는 꽤 흥미로웠다.

먼저 여성들이 사용한 생리대는? 거의 모든 옛 문화의 기록에서 보면 식물의 섬유질, 풀 등등을 사용했다. 얼마 전까지 우리네도 사용했던 린넨 그리고 천 조각도 생리대로 빠질 수가 없다. 19세기까지에 들어와서까지도 이런 면 생리대를 사용하는 것이 그리 일상화된 것은 아니었다고 한다. 인류사에서 빠르게 변모하는 다른 유형들에 비해서 생리대는 상당히 미미한 발전을 한 것 같다. 그리고 보면 지금 우리 현대인이 사용하는 생리대는 지나간 세기의 생리대와 비교하면 그야말로 첨단을 걷는 것으로 보이기도 한다.

그럼, 먼저 그리스와 로마 시대에는 생리를 어떻게 보았는지를 보자. 이때는 생리를 여성 몸이 정화하는 과정으로 보았다. 특히 그리스 철학자 피타고라스(Pythagoras: 기원전 약 570-510)는 여인들은 음식물을 너무 과하게 섭취한 나머지, 그 영양소를 몸 안에 지나치게 가지고 있다는 주장이다. 이 잉여의 영양소를 바깥으로 내보내야만 했다. 이것을 몸 안에서 빼내는 작업이 바로 여성 생리라는 거다.

다음은 히포크라테스(Hypokrates: 기원전 약 460-375)의 견해다. 그는 4가지의 체질 요소를 가지고 인간의 건강과 여성의 생리를 설명하였다. 이 4원소는 바로 피, 점액 황담즙 그리고 흑담즙인데, 이 4가지가 몸속에서 균형이 잡혔을 때를 건강한 상태로 보았다. 그 반대로 이 4가지의 체액균형이 몸 안에서 깨지는 것을 바로 병으로 보았다. 이런 체질론과 연관 지으면서 이 넘쳐나는 피를 바깥으로 밀어내는 작업을 그는 여성의 생리로 보았다.

다음은 아리스토텔레스(Aristoteles: 기원 전 384-322)이다. 위의 피타고라스/히포크라테스와도 비슷하게, 그 역시 몸속에 피가 지나치게 많다 보니 바깥으로 흘러나오는 것을 생리로 간주하였다. 그는 남성들에 관한 얘기도 덧붙인다. 남성은 따뜻한 체질이다 보니, 그들의 넘쳐나는 잉여의 피는 몸속에서 자연스럽게 끓어오르고 다시 정자로 변모하여 분비된다는 거다. 로마의 사학자 가이우스 플리니우스 세쿤두스(Plinius Secundus: 23-79)도 유사한 관점을 표명했다. 그는 새로운 생명은 피에서부터 생겨난다고 보고 있다. 이 과정을 빵(Kuchen)과 비교했다. 그는 남성의 정액이 그 효모의 역할을 맡는다고 보는데, 효모 때문에 반죽이 부풀어 올라 빵이 되는 것처럼, 정액도 이런 역할을 하여 사람 형상을 만든다는 거다. 그 외에도 그는 임신 이외의 생리를 독성이 있는 피로 보았다. 이 독성 부분에 대한 자세한 설명은 아래에서 다시 언급될 것이다.

중세는 어떠했는지를 보자. 당시는 여인들이 규칙적인 생리를 아주 중요한 건강의 요소라고 여겼던 반면에, 다른 한편으로는 생리를 아주 부정적인 과정으로 간주하기도 했는데 바로 죄와 연결 지우는 것이다. 중세의 많은 학자들처럼, 힐데가르트 빙엔(Hildegart von Bingen: 1098-1176)수녀 같은 경우도 생리를 죄의 결과라고 보았다. 하지만 그녀는 생리는 임신할 수 있는 확실한 근거로 해석했다는 점이 다르다. 힐데가르트는 수녀였지만 결혼한 부부 못지않게 성에 관한 얘기들을 쓴 저서를 남겼다. 그녀가 지칭한 어떤 특정한 날 부부관계를 가지면 남자아이를 만들 수 있고, 어떤 날 관계를 하면 여자아이를 낳는 부부 지침서까지도 일반인들에게 알려 주었다. 이 부분은 "힐데가르트 빙엔 수녀의 수태 이야기"에서 상세하게 다룬다.

16세기의 파라첼수스(Paracelsus: 1493-1541)역시 생리 피에는 독성이 있다고 보았고, 이 테마를 학문적으로 접근을 했지만 성공하지는 못했다. 사학자인 겔리스(J. Gelis)교수가 쓴 저서〈출산의 비밀 예식과 민간신앙의 전래〉에 보면 여성과 출산과 생리에 대한 갖가지 얘기들이 펼쳐지는데 그중 몇 가지를 옮겨보면; 16/17세기에는 생리를 나오게 하는 레시피로는 한 움큼의 대마씨를 잘 갈아서 약 30그램의 설탕과 함께 이것을 24시간 와인에 담가 두었다가 아침마다 빈속에 한 컵을 마시라는 지침이 있다. 반대로 생리가 멈추지 않을 경우에 쓰는 처방도 다양하게 제시했다. 석류 껍질 가루 1드라흐메(Drachme: 옛독일의 약량단위)와 밝은 파란색 꽃이 피는 치커리속의 국화과로 약용 및 재배 식물인 벡바르텐(Wegwarten)을 을 두 손가락으로 저어서 마셔라. 특히 쓴 성분이 풍부한 이 벡바르텐의 뿌리는 소화기 문제를 치료하는 천연 의약품으로 지금도 독일에서 판매되고 있다고 한다.

그리고 오늘날은 상상이 불가능한 얘기도 있다. 바로 모유와 피가 아주 친척 간이라는 이론이다. 만약에 임신도 아니고 산부도 아닌 한 여인의 가슴에서 모유가 나오면 그 의미는 그녀의 생리가 차단되었다는 의미로 해석했다. 당시는 모유를 생리로 동일시 했다는데, 생리가 유방으로 흘러 들어가서는 여러 정맥으로 흐른다고 보는 등등의 많은 이론들을 다루었다. 우리는 지금까지의 글에서 그리스와 로마부터 중세까지 내려오면서 생리 속에는 독이 있다는 관점을 유지했다는 것을 알 수 있다. 겨우 근대에까지 이르러서야 이런 관점을 하나의 잘못된 것으로 보게 되었고, 보브와르 역시 이 지식과 연관된 줄기에서 〈제2의 성〉을 서술한 것 같다. 갑자기 상상된다. 중세에 와인 만드는 과정을 보면 여인네들이 포도가 든 통속에 들어가 발로 밟던데, 만약에 이런 여인들이 통속에서 밟던 중 갑자기 생리가 터져서 밟고 있던 통속의 포도즙에 떨어진다면? 그럼, 당시 사고의 기준으로 보면 붉은 독이 들어간 것이 아닌가?

다음은 유대인들은 생리를 어떻게 보았을까? 당연히 성서에 바탕을 둔 생각이다. 모세 3장 (레위기: 15, 16,-30)에 나와 있는데 일부를 여기에 옮겨보면; "…여인이 피를 흘리는데, 그것이 월경일 경우에는 칠 일간 부정하다. 그 여인에게 닿은 사람은 저녁 때가 되어야 부정을 벗는다. 그 여인이 불결한 기간 중에 누웠던 잠자리는 부정하다. [⋯] 그 여인이 걸터앉았던 자리도 부정하다. 그 여자와 한자리에 든 남자는 그 여인의 불결이 묻었으므로 칠 일간 부정하다 [⋯]."

레위기 20, 18에서도 마찬가지다; "월경 중인 여인과 한 자리에 들어 그 부끄러운 곳을 벗겨 피 나는 것을 열어젖힌다든가, 그 여자도 옷을 벗어 피 나는 곳을 드러내든가 하면, 그 두 사람은 겨레로부터 추방해야 한다." 생리하는 여인이나 아니면 생리 자체에 관한 많은 다른 설들도 있다. 아무튼 이 생리는 인간 삶의 많은 분야에 영향을 끼친다는 전제로 출발했지만, 다시 긍정적인 측면과 부정적인 측면으로 나누어진다. 긍정적인 측면으로는; 생리를 문 입구에 발라두면 마녀를 물리치는 방편으로 사용될 뿐만 아니라 화재 예방에도 도움이 된다고! 만약에 생리하는 여인이 어떤 밭에 이리저리 활보하게 되면, 그 밭의 해충을 막을 수 있게 된다고! 처녀의 생리를 무기에다가 대장질하면 싸움이나 전쟁에서도 승리한다는 것!

그 반대의 경우는; 만약에 생리하는 여인이 와인에 닿으면 와인이 신맛이 나고, 우유를 응고시키고, 식물의 싹을 만질 때 시들게 만든다는 등등의 부정적인 방향으로 해석도 했는데; 시몬느 드 보브와르를 인용해 보면; "월경하는 여자는 농작물을 못 쓰게 만들고, 밭을 황폐하게 하고, [⋯] 과실을 떨어뜨리고, 꿀벌을 죽인다. 만약 그녀가 포도주에 손을 대면 초가 되며, 우유는 시어진다 [⋯]." (228쪽)가 나오는데, 우리는 이 부분들을 위에 로마의 사학자 가이우스 플리니우스 세쿤두스(23-79)가 말한 여성 생리의 독성과 연관 지을 수 있겠다. 이렇게 보브와르의 저서는 그리스와 로마 시대부터의 사상과의 연관성을 배제할 수가 없다. 왜냐면 그리스와 로마에서 출발한 사상들이 바로 근대 사상으로 흘러갔고, 이렇게 집결된 이론을 가지고 그녀는 글을 써 나갔기 때문이다.

〈제2의 성〉에도 나와 있는, 1878년 영국의학회지에는; "월경 중의 여자가 고기를 만지면 그것이 썩는다는 것은 의심할 여지가 없는 사실이다."라고 발표하면서 "햄이 썩는 것을 두 번이나 목격하였다."라는 보고서가 실렸다. 사실 1878년이면 의식이 중세보다 더 깬 계몽주의 시대이다. 이런 생리의 독이 오늘날에도 통용이 되는 이론인지는 전문가가 아니니 잘 모르겠다만, 학술 의학지에 이런 내용이 실렸다는 게 개인적으로 좀 놀랍다. 20세기 초에도 제당 공장에서는 생리 중인 여자들에게 공장 출입을 금지했다 한다. 그 이유는 이런 여인들 통해서 설탕이 검게 변하는 것을 방지 하기 위함이란다. 또 생리 중인 여자들이 아편 공장에 있으면 아편이 시어진다고 여겼기에, 생리 중인 여성들이 아편 공장에서 일하는 것을 꺼렸다고 한다.(제2의 성 229쪽)

여성 생리 해석의 역사 중에 보브와르를 통해 옛 이집트를 들여다보면; 월경 중의 여자는 갇혀 지내야만 했고, 더 나아가 지붕 위에 올려놓기도 했다. 마을 밖 오두막에 감금까지도 했다는데, 그 이유는 생리 중인 것을 다른 이에게 보여도 만져서도 안 되기 때문이란다. 더 특이한 점은 월경 중의 여자 자신도 자기 몸을 만져서는 안 되었기에, 이가 들끓던 시대에는 여자에게 나무막대기를 주어서 몸을 긁도록 했다니!!! 또한 음식을 만져서도 안 되고 어떤 땐 음식 만드는 것을 금지하기도 했다. 그러다 보니 어머니와 언니가 그녀에게 어떤 도구를 사용해서 음식을 먹을 수 있게 허락하기도 했고, 월경하는 동안 그녀의 몸에 물건이 닿았다. 그러면 그 물건은 모두 태워야만 했단다.(제2의 성 227f) 그리스의 경우다. 어떤 도시에서는 처녀들이 최초의 월경이 묻은 속옷을 아스테르테 사원에 공물로 바치기도 했다고 한다.

자! 지금까지는 유럽 땅과 연결된 생리에 관한 얘기였다면, 다음부터는 중세를 벗어난 다른 민족들의 생리에 대한 신화도 보브와르의 저서를 통해서 함께 보자; 먼저, "많은 원시 사회에서는 소녀의 성기조차도 순결한 것으로 생각하여, 소년과 소녀들 사이에서는 유년 시절부터 에로틱한 유희가 허락되었다. 여자가 불순하게 되는 것은 아이를 낳을 수 있는 그날부터이다."(제2의 성 227쪽) 라고 나온다.

인류학자 말리노프스키(Malinovski: 1884-1942)는 유년 시절부터 성이 허용되었던 토민의 경우는 소녀들이 아예 처녀 일 수가 없다고 보았다. 때로는 어머니나 언니가 소녀의 처녀성을 막대기나 뼈, 돌 같은 것으로 일부러 박탈하기도 했다 한다. 오늘날의 간단한 외과 수술 정도로 여겼을 정도로 이런 경우가 빈번했다.(제2의 성 235쪽) 70년 전의 인디언들은(보브와르가 70년 전에 이 책을 저술하였기에, 우리는 140년 전으로 보면 되겠다) 강에서 괴물이 출몰하면 월경을 적신 헝겊을 뱃머리에 달고 다닌다고! 월경은 초자연적인 적들에게는 불길하기 때문이다.(227쪽) 사고(Chago) 족들은 교육할 때 딸에게 월경을 조심해서 감추도록 권고한다고; 너의 어머니에게 그것을 보이지 말아라! 그중에는 나쁜 친구가 있어 그것을 닦은 헝겊을 가져갈지도 모른다. 그러면 너는 결혼해서 아이를 못 낳을 것이다. 사악한 여인에게 보이지 말아라! 그녀가 그 헝겊을 집어다 자기 지붕 위에 얹어 놓으면…… 그러면 너는 결혼해서 아이를 못 낳을 것이다. 그 천을 길가의 가시덤불

에 버리지 말아라 나쁜 사람의 눈에 띄면 그것으로 고약한 짓을 할는
지도 모른다. 그것을 땅속에 묻어서 피가 너의 아버지나, 형제자매의
눈에 띄지 않도록 하여라, 눈에 띄게 되면 그것은 죄가 된다.(제2의 성
230쪽)

또 북태평양 군도의 알레우트족을 보자; "아버지가 초경 기간 중의
딸의 모습을 보면, 딸이 시각장애인이 되거나 농인이 될 위험이 있다고
믿는다는 것이다. 그 이유는 이 기간에 여자는 귀신에게 씌워 위험한
힘을 몸에 지닌다."라고 생각하기 때문이다. 어떤 원시인들은 "월경 출
혈은 뱀한테 물려서 나오는 것이며, 따라서 여자는 뱀이나 도마뱀과 수
상한 관계를 믿고 있다. 월경에 파충류의 독이 섞여 있다고 믿는 것이
다."(2의 성 230쪽)

그 다음은 지리학자 엘 베크리(El Bekri)가 언급한 슬라브족에 관해
서다; "한 남자가 결혼하여 자기 아내가 처녀인 채로 있는 것을 발견하
면 그는 아내에게, 너에게 얼마만큼이라도 가치가 있다면, 남자가 너를
좋아했을 것이다. 그러면 너의 처녀성을 빼앗은 남자가 한 사람쯤은
있었을 것이다. 라고 말하면서 그녀를 내쫓고 결혼을 거부한다."라고.
어떤 종족들은 어머니가 되어본 여인과 결혼한다는데, 그 이유는 "생
식능력의 증거가 보증"되기 때문이란다.(제2의 성 234쪽) 또 어떤 종족
들은 여자의 질 속에 뱀이 있어서 처녀막이 파열 될 때 남자를 문다는
생각까지도 가진다고 한다. 심지어 말라바르 연안 지방에서는 바라몬
승의 책임 중의 하나가 신부의 초야권을 집행하는 것이다. 이 부분은
중세의 농노가 결혼하면 아내를 영주에게 첫날밤을 바쳐야 했던 것과

좀 유사하다. 하지만 이들 바라몬 승들은 이런 초야권 책임에 심지어 상당한 돈을 요구하기까지 하는데, 신과 더불어 살아가는 이런 승들은 초야에 위험 없이 해낼 수 있다는 자부심을 믿었기 때문이다. 또 혹 남편이 당하게 될 불길한 세력을 이런 승들은 제압할 수 있다고 믿었기 때문이라고 전해진다.(제2의 성 234f) 아무튼 이런 자취를 통해서 우리는 날라바르 연안 지방의 종족들이 이런 초야 문제를 굉장히 심각한 행위로 보았다고 판단할 수 있겠다. 그 외에도 보브와르는 광범위하게 여러 민족들의 성의 문제를 다루었지만, 지면 관계로 이 정도로 그친다.

시몬느 보브와르의 저서를 따라갔다 보니 중세 유럽의 얘기에서 좀 많이 벗어난 듯하다. 하지만 그 옛날 5대양 6대주에 살아갔던 우리 인간들의 얘기들임은 분명하다. 성의 문제를 지금 현대인들과는 확연히 다르게 살아갔던 민족들도 있었다는 사실을 우리는 보브와르를 통해서 알게 되었다. 하지만 옳고 그름의 판단은 과연 누가 내릴 수 있겠는가? 바로 우리가 지난 세기의 얘기들을 가지고서는 수용과 비판을 하듯이, 한 100-300년이 지나고 나면, 미래에 이 지구를 지키게 될 우리 후손들도 다시 우리의 관습과 종교 등등을 수용하고 비판 하리라고 생각해 본다. 이런 관점으로 생각하면 사실 옳고 그름의 선을 긋기란 매우 어려운 일이 아닐까?

중세 제빵사들의 수난

- 1444년 빈문서엔 빵무게 속인 제빵사 12명 총 161파운드 페니히 벌금! 어떤 곳은 빵 가격의 300%에 해당하는 벌금!

중세의 유명한 설교가였던 베르트홀트 폰 레겐스부르크(Berthold von Regensburg: 1210-1272)가 남긴 문서를 보자. 그는 설교 문서에 중세 제빵사들이 빵 굽는 규정을 어길 때 받았던 벌을 남겼다.

퀼른의 한 제빵사가 빵을 부풀리기 위해 이스트를 지나치게 듬뿍 넣어 구웠다. 이스트를 너무 많이 사용한 빵은 쪼개면 구멍이 많았는데, 이런 행위는 소비자들을 우롱하는 처사로 간주하여 벌을 받았다. 소금을 너무 많이 넣어 빵을 구운 제빵사도 건강을 해친다는 이유로 경고를 받았다. 오늘날은 지나친 소금 섭취가 건강을 해치는 요인으로 잘 알고 있지만, 중세의 수도승 베르트홀트는 어떤 근거를 가지고 이런 말을 했는지에 대해서는 알 수 없다고 이름가르트 비취(Irmgart Bitsch) 교수가 밝혔다. 이런 것을 보면, 중세의 제빵사들은 많은 제약을 받은 직업군 중에 하나라고 여겨진다.

제빵 규정을 어긴 자들에게 가해진 벌은 도시마다 어떠했는지 구체적으로 살펴보자.

1407년 독일 쾰른에서는 빵 하나의 가격이 4페니히(Pfennig)였다. 1로트(Lot=옛날 반 온스의 중량, 30분의 1파운드, 현재로는 10g 중량)를 속이면 12페니히의 벌금을 물었다. 빵 가격의 300%에 해당하는 벌금을 물린 것이다. 그럼 2로트를 속였을 때는 어떠했을까? 이때는 시장이 모든 빵을 압수해서 그것을 가난한 이들에게 나누어주었다고 한다.

당시 말터빵(Malterbrot: Malter/말터+Brot/빵의 합성어로 중세빵의 한 형태)이 있었는데 빵 가격은 16페니히였다. 이 빵은 7파운드 4로트에서 7파운드 8로트의 무게를 지켜야 한다는 규정이 있었다. 만약 무게가 8-10로트가 적으면 당장 벌금을 물어야 했는데, 그 벌금이 자그마치 18마르크였다. 10로트 이상을 속이면 4개월 영업정지를 당했다.

1444년 빈의 문서를 보면, 12명의 제빵사가 무게를 속여서 총 161파운드 페니히의 벌금을 물었던 경우도 있었다. 이때 재판을 진행한 재판관이 벌금의 5분의 1을 챙겼다는데, 이런 벌금은 재판관의 상당한 부수입이 되었을 듯하다. 1527년의 문서에 따르면, 이런 속임수를 쓰다가 들켜서 제빵사들이 낸 벌금들은 자그마치 염소 1,000마리 값에 상응했다. 상당한 액수다. 당시에도 이런 엄격한 법이 있었음에도 불구하고, 법망을 피해 음식으로 장난을 치면서, 검은돈을 손에 넣고자 했던 이들이 꽤 있었다고 보인다.

1468년 독일 라이프치히 시문서 기록에는 제빵사들의 이름도 나오는데, 바이트츠(Veitz)라는 자다. 그는 무게를 속이고 빵을 구워서 팔다가 시민권을 박탈당했다. 그 시대의 시민권 박탈이란 도시에서 추방당했다는 의미다. 당시는 그야말로 "도시의 공기가 자유를 만든다."라는 말이 있을 정도로 많은 이들이 도시에서 살고자 하는 염원들이 컸었는데, 겨우 얻었을 시민권을 박탈당했으니, 오늘날로 치면 국외추방과 비교해도 무방할 듯하다. 당시의 인구수를 보면 이해가 좀 빠를 것이다. 14-15세기의 독일 쾰른은 아주 큰 도시에 속했지만, 인구는 겨우 3만 5,000-4만 명 정도였다.

1408년 독일 쾰른에서는 빵뿐만 아니라, 더 나아가 맥주 성분 등등의 다른 음식물에 대해서도 규제하기 시작했다. 이렇게 턱없이 빵 무게를 속인 자에게 내리는 다른 벌들도 있었다. 규정을 어긴 제빵사들을 바구니나 통에 담아서 호수나 강물에 빠뜨렸다. 참고 저서의 그림하나를 자세히 보면, 이런 사람을 통발에 가두어 물속에 집어넣는 장면인데, 이것이 바로 중세 제빵사들에게 내린 벌 중하나였다. 이들을 바구니 속에 담아서 물속에 집어넣는 모습도 기이하고, 물먹은 죄인(?)이 물먹고 난 뒤 뱉어내는 모습도 참 안쓰러워 보인다. 마찬가지로 이것을 보고자 구경나온 사람들의 표정들도 웃음이 날

Die Bäckertaufe wegen zu kleinen Brodes

정도로 재미있다. 이런 모습에서 중세 문화 하나를 끄집어낼 수 있겠다. 위의 제빵사들을 바구니에 담아 물에 담그는 것이나 주로 광장에서 실행되었던 사형 집행도 마찬가지로 이들에겐 축제의 날이었다. 당시 중세는 공개 처형이 일상적이었는데, 이런 날이 공고되면 중세인들은 손꼽아 기다렸다가, 부모들이 꼬마들의 손을 잡고 소풍 가듯이 구경하러 갔다는 것이다. 일종의 축제로 여겼다 보니 그러했다.

오늘날 우리들의 관점에서는 전연 다른 견해를 말할 수 있겠다; 아니 어른들은 그렇다손 치더라도 아이들까지 어찌 저런 무시무시한 장소에까지 데리고 가느냐고! 교육적인 면에서 문제가 많겠다고! 그렇다면 반대의 경우로 중세인들이 우리 현대인들에게 하게될 말들을 상상해 볼 수도 있겠다. 이런 여러 유형의 축제 때마다, 아이들을 데리고 구경하러 가지는 않고, 왜 아이들을 공부로 그리 혹사 시키느냐고! 아무튼 이 모든 사건은 중세인 그들만이 끌어안고 살아갔던 시대적인 문화였겠지요. 우리가 지금 우리에게 주어진 문화를 누리듯이 말입니다.

중세의 해부학

- 톱으로 다리 수술을? 엉터리 판결 때문에 피부박피 수난을!

먼저 들어가는 말을 좀 쓰면; 해부학이란 자체가 엄연히 의학 분야에 속한다. 의학과 이과에 너무나 먼 거리에 있는 문과에 속하는 이가 이런 해부학에 대한 글을 쓸 수 있나? 이 얘기의 핵심은 중세의 얘기로서 중세의 해부학은 어떠했을까? 라는 것이다.

이 책의 여의사 트로툴라에서 좀 밝혔듯이 당시의 동물실험에서 인간 해부로 넘어가는 것은 파두아에서 시작했다고 살짝 언급했다. 모든 일에는 개척자들이 있기 마련인데 이 해부학의 개척자는 1514년에 태어난 A. 페잘(Andreas Versal: +1564)인데, 그는 이미 4대째 의술을 다루는 집안의 자손이었다. 그의 할아버지는 막시밀리안 황제(Maximilan: 1459-1519)와 황제비의 주치의였다니 대단한 실력을 소지했다는 걸 잘 알 수 있겠다. 그 역시 이런 개척자의 길로 들어선 걸 보면 이 가문의 피를 이어받은 자손임이 틀림없다. 그는 파리에서 공부하다가 포기 한 후, 다시 한 아라비아 의학 연구소에서 의학을 배운다. 여기서 의학 수업증서를 받고선, 다시 1222년에 세워진 파두아 대학에 응시한다. 이 대학은 당시 해부학이 발달했다 보니 유럽 전역에서 이름을 날리던 대학이었다. 이 대학에 다시 도전했던 그는 1537년 가을에 의사 면허증을 취득하게 된다. 그 이후로 그는 해부학과 정형외과 교수로 재직하게 되는데, 이렇게 그가 빨리 교수직에 취임할 수 있었던 것은 무엇보다도 그가 의사 시험 때 보여준 그의 탁월한 실력 때문이었다고 D. 싸세 교수가 밝힌다. 무엇보다도 큰 관심거리는 그가 이렇게 인간 해부를 할 때는 이것을 보기 위해서는 사람들이 해부 티켓을 샀다고 한다. 연극 티켓을 사 연극을 보는 것처럼, 이런 때는 학생들은 물론이요 일반인들까지 몰려와서는 연극처럼 관람했다.

그가 스위스 바젤에 체류 중이었을 때다. 1534년 3월 12일 한 남자가 도둑질하다가 사형당했다. 그는 이 시신을 가지고 공개적으로 시신 해부를 했다. 이때 역시 관심 있는 많은 이들이 구경하러 몰려들었다. 풋값이 대체 얼마쯤이었을까? 연극이나 음악회 갈 때처럼 이들은 멋진 옷을 입고 갔을까? 파트너를 동반해 팔짱을 끼고 갔을까? 우리가 서양 영화에서 보았던 멋진 포즈를 취하면서… 아무래도 그건 아닌 듯하다 시체 해부를 보러 가는데 뭘? 각설하고, 그는 이 시신의 해부 후에는 뼈로 해부학용 골격을 만들어 대학에 기증했는데 이것은 인류사에서 가장 오래된 것으로서 지금 바젤의 해부학 박물관에 있다. 이렇게 명성을 떨치던 그가 모든 직위를 내놓고 칼 5세(Karl 5: 1500-1558)의 궁에 들어가 주치의로 일하게 되는데 D. 싸세 박사는 그의 이런 결정에 대해서 의문을 던진다.

왜 그는 날리던 명성을 접고 왕의 주치의로 들어갔는지? 그의 짐작은 아마도 대대로 왕의 주치의로 살았던 집안 전통 때문에 그 역시 자연스럽게 그 전통을 잇는 의미에서 이 길을 들어서지 않았을까라고 짐작한다. 그는 다른 7명의 동료 의사들과 함께 스페인 왕 칼 왕(Karl 5: 1500-1558)의 주치의로 일한 다음엔 왕의 아들이자 차기의 왕이었던 필립 2세(Philippe 2: 1527-1598)의 주치의로 재직한다. 그런데 그의 이런 명성에 걸맞지 않은 일이 터지고 말았다; 그가 스페인의 한 귀족을 수술할 때 부주의로 그만 살아있는 심장을 건드렸다. 결국 이 귀족 환자는 죽었다. 이런 상황을 두고 우리는 원숭이도 나무에서 떨어질 때가 있다고 말한다. 실력이 특출한 그가 그만 이런 어이없는 실수를 하였다. 이런 연유로 그는 귀족 가족들에 의해 살인죄로 고발당했다. 결국은 종교 재판에 회부되어 판결까지 받았지만 다행인지(=페잘 측) 불행인지(=귀족의 가족들) 그는 필립 2세(Philippe 2: 1527-1598)의 덕으로 죽음에서 모면했다. 필립 2세가 그를 살려 주기 위해서 갖은 공권력을 동원했다고 한다.

목숨을 부지한 그는 필립 2세(Philippe 2: 1527-1598)의 조언에 따라 이스라엘 성지 순례를 떠났다. 당시 선망의 대상이 되는 성지순례 장소는 예수가 태어난 이스라엘이었다. 이런 곳에 성지 순례를 떠나면. 적어도 죄의 탕감이 빠르다고 보았다. 그럴지도 모른다. 비유로 보자. 우리가 그릇에 묻은 기름때는 그냥 물로는 잘 지워지지 않지만, 강력한 세제를 쓰면 금방 그릇을 깨끗하게 만들 수 있다. 당시 인들은 이스라엘 성지를 이런 강력 세척제처럼 생각했던 것 같다. 말하자면 예수가 태어난 곳이기에 아마도 죄 탕감의 지름길로 여긴 듯하다.

다시 본 얘기로 돌아와; 당시 통상적인 교통인 배를 타고 떠나야 했기에 베네치아 항에 도착했던 그는 베네치아에서 이스라엘 가는 배를 탔고 많은 속죄를 끝낸 그는 다시 고향으로 돌아오는 배를 타게 된다. 하지만 돌아올 때 배에 문제가 생겼다. 그가 탄 배가 심한 풍랑을 만났는 데다가 배에는 물과 음식이 이미 고갈된 처절한 상태였다. 이미 몇몇 승객들은 이 배 안에서 죽어 나갔다. 이 배는 이오니아 바닷가의 한 섬에 우여곡절 끝에 당도 했지만, 승객들은 모래사장에 쓰러져 기진맥진한 채 죽어갔다고! 여기에 페잘이 있었음은 말할 것도 없다. 이들은 이 섬에 다 묻히긴 했지만 아직 페잘의 묘는 발견 못하고 있다고 D. 싸세 박사가 밝혔다. 한 500년 전 이름을 날리던 한 의사가 배를 타고 죄를 씻으러 이스라엘로 떠났고, 돌아오면서 풍랑을 만나 죽어 갔다니 그의 영혼이 더 애처롭다. 같은 배에 탔던 이들의 죽음도 물론 마찬가지이지만… 그가 역사에 남을 해부학의 권위자라서 더 그러한가?

다음은 중세 외과 수술에 대해서 보자. 여기에 사용한 의료기구가 톱이었다니 신기하기만 하다. 이 내용은 사학자인 안나 에어리히(Anna Ehrlich) 박사가〈오스트리아의 의학사〉를 집필하였는데, 의학적인 재미 있는 얘기들이 상당히 많다. 오스트리아 역시 독일어권이다 보니 학문 역시도 독일과 많은 공유를 하는데, 중세의 한 왕이 외과 수술받는 것을 골랐다. 이런 중세의 외과수술을 통해서도 중세의 의료 분위기 파악에도 도움이 될 듯하다.

이 수술 받은 주인공은 프리드리히 황제(Friedrich: 1440-1493)이다. 어느 날인가부터 그의 왼쪽 다리가 점점 더 썩어 들어가고 있다는 진단을 그의 주치의가 내렸는데, 바로 혈액순환이 안 되는 것이 문제였다. 그의 왼쪽 다리가 처음엔 잿빛으로 변하더니 점점 더 갈색으로 변해갔다. 다리에 생긴 병이 더욱더 깊어진다는 징조였다. 이 소식을 들은 그의 아들 막시밀리안 왕이 포루투칼 출신 그의 주치의 마테오 루피(Matheo Lupi)를 즉시 황제가 기거하는 오스트리아의 린츠로 보냈다. 주치의는 80살 이었다는데, 당시의 80살은 오늘날 110살이라도 보아도 무리는 없을 듯하다. 당시의 중세에서는 60세가 벌써 고령에 속했으니 80살은 고고령 이었다고 볼 수도 있다.

80살 먹은 이 의사가 린츠에 도착했을 때는 벌써 알브레히츠 4세(Albrechts: 1477-1508)의 외과 주치의였던 한스 쥬프(Hans Suff: 1440-1518)도 도착해 있었다. 이 두 사람은 황제의 주치의 하인리히 폰 쾰른(Heinrich von Koeln)과 함께 고심하면서 서로 논의 하였다. 썩어가는 황제의 이 다리를 어찌 할 것인가를! 이런 다리를 이대로 두다가

는 황제의 목숨이 위태로우니 수술을 하자는 쪽으로 결론이 났다.

위의 해부학에서 언급했던 것처럼 페잘(+1564)이 죽은 연대가 1564년이고, 프리드리히 황제가 1493년에 죽었다. 이 두 연도를 비교해 보면 70여 년의 차이 나는 세월이다. 70년 전의 수술은 페잘시대보다도 더 열악했고, 오늘날의 수술과는 아예 비교를 못하는 시대다. 당시에는 목욕탕에서 상주하는 이발사도 외과의사로 대접받으면서 간단한 수술을 하던 시기였다면 대충 짐작이 갈 것이다. 자! 때는 지금으로부터 500여 년 전인 1493년 6월 8일 일요일 이었다. 여러 명의 다른 의사들이 하인리히 황제의 몸을 못 움직이게 완벽하게 꽉 잡았다.

중세 문화사에 남겨진 그림을 보면; 이 수술에는 6명의 의사들이 등장한다. 바로 위쪽의 6명의 의사들이다. 책임 수술을 담당한 한스 쥬프(Hans Suff)가 수술기구를 손에 쥐고 있다. 그 수술기구란 다름 아닌 바로 작은 톱이었다. 이 작은 톱으로 황제의 왼쪽 다리를 잘라내기 시작했던 거다. 사실 얼마나 고통스러웠겠는가? 약초에 대한 해박한 지식을 지닌 여인들이 산모를 위해서 만든 약초 진통제라는 것이 있었다. 그 역시도 이 수술 전에 마취제를 사용했다고 한다. 그렇다고 오늘날 같은 완벽한 마취제는 아니었고, 주로 약초에서 추출한 즙들이다.

주로 인간 형상을 한 식물로 중세인들이 마취 약초로 자주 사용했던 알라우네, 뽕나무, 송악, 양귀비 및 파슬리와 비슷한 미나리과의 유독 식물인 쉬릴 등등을 혼합한 것으로 사용했다. 중세에는 전신 마취를 시키는데 일반적으로 "수면 스펀지"를 사용했다. 위의 알라우네, 뽕나무, 송악(Efeu), 양귀비 및 파슬리와 비슷한 미나리과의 우독식물인 쉬릴 등등으로 만든 즙을 이 스펀지에 적셔서 환자가 이 스펀지를 흡입하고 나서 의식을 잃을 때까지 환자의 얼굴에 대고 눌렀다고 한다. 에어리히 박사는 마취제 사용에 대한 언급이 없었다. 그렇다면 아마도 생으로(?) 수술받은 게 아니었을까 했다. 아무리 그렇지만 생각만 해도 끔찍했고, 그 고통을 정말 감당했을까 하고 의심을 하다가 다른 자료를 찾아 들어가니 위의 마취즙 얘기가 나온다.

아무튼 결과적으로 이 수술이 대성공이었다고 전해진다. 6주 후에는 다리의 상처가 아물어져 상처는 점차적으로 거의 다 나았다고 한다. 그러자 황제는 이 수술에 참여했던 의사들 중 두 명만을 궁중에 남기고 나머지 의사들에게 큰 상을 내렸다. 오늘날의 개념으로 왕이 의사들에게 포상 휴가를 내렸다. 하지만 사람의 다가올 운명을 어찌 알겠는가? 그는 다리 수술 후유증 때문이 아닌, 1493년 8월 19일 뇌졸중이 와서 결국은 죽었다. 다시 말하면 이 황제는 다리 수술을 하지 않았어도 약 2달 후에는 떠날 운명이었다. 그렇다면 구태여 그런 고통스러운 수술을 하지 않았었던 것이 더 나을 뻔했던가? 이런 상황에서 한용운의 시 "알 수 없어요"를 한번 대입해 본다면? 한 치 앞을 못 내다보는 우리네의 인생도 마찬가지 일 듯하다. 아무튼 다리를 자르는 수술에서 보여준 이 황제의 용기가 참 대단하게만 여겨진다.

이 박피 그림의 묘사와 더불어 이 그림을 남긴 화가의 생애를 살펴보자; 한 인간의 피부를 박피하는 모습을 그린 화가가 있다. 바로 게르하르트 다비드(Gerard David: 1460-1523)다. 네덜란드의 화가로 수공업자의 아들로 태어났던 그는 당대의 유명한 한스 멤링(Hans Memling: 1430-1494)의 제자로 들어가서 그림 수업을 받는다. 그는 1500년 금세광사의 딸인 코엘리아 고프와 결혼하여 딸 하나를 얻었다. 이 결혼을 통해서 그리고 또한 그의 예술을 통해서 그는 그토록 원하던 부를 손에 쥐게 된다.

이렇게 부를 축적한 그는 1521년 치온(Zion)에 있는 카멜리틴넨 수녀원(Karmelitinnen)에 많은 돈을 희사한다. 당시의 일반적인 시대정신에 따라서 그의 기부를 유추해 보면 당시 인들의 사고를 지배했던 최대의 관심사는 그리스도교 교리에 따라서 죽어서 천당을 가는 것에 동참했다고 볼 수 있다. 다비드 역시도 이 시대적인 통념에서 벗어나지 않고, 죽어서의 천국행을 간절히 염원 했다 보니, 천국행의 지름길이라는 영원한 기도를 이 수녀원에 청했기 때문이다. 당시에 돈 많은 귀족들은 죽어서 연옥이나 특히 지옥에 떨어져서는 안 된다는 간원이 간절했기에 많은 돈을 수도원에 희사한 것이 유행처럼 번졌다는 이야

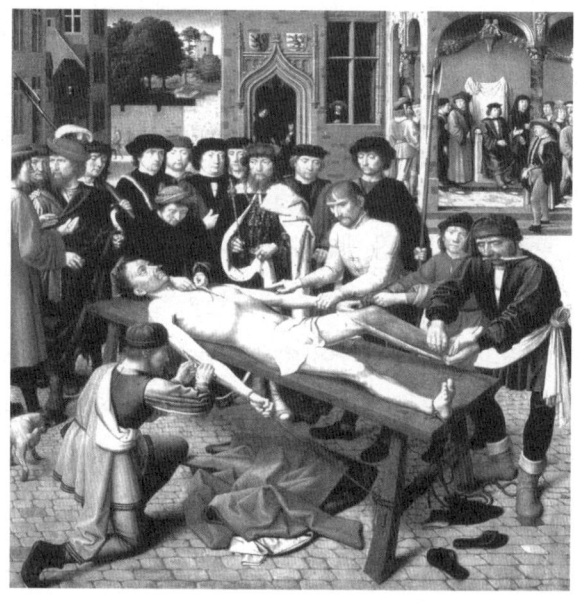

기를 다른 꼭지에서 아주 상세하게 설명했다.

이 테마내용에 상응하는 화가 다비드가 1498년에 그린 그림을 묘사해 보자. 제목은 '캄비세스의 판결 그리고 지잠네스의 피부 박피'(Das Urteil des Kambyses und Die Schindung des Sisamnes)이다. 왜 그는 이런 박피그림을 그렸을까? 언급해 보면; 지잠네스(Sisamnes: 독일어 발음)는 페르시아의 왕 캄비세스 2세(558-522 기원전)의 치하에서 살았던 법관이라고 한다. 도덕적으로 윤리적으로 썩을 대로 썩은 판사였던 지잠네스는 많은 뇌물을 받고 챙겼는데, 그러다 보니 그가 내린 재판 결과는 늘 뻔하다. 받은 뇌물에 상응하게 정의와는 아주 동떨어진 엉터리 판결을 하곤 했다. 그러자는 이런 사실을 보다 못한 왕 캄비세스 2세는 그에게 엄중한 책임을 물었다. 그리곤 신하들에게 명령을 내린다. 저 지잠네스를 절대 죽이지 말라고! 하지만 살려 준다는 의미가 결코 아니었고, 다른 계획이 있었다. 그를 그냥 살아 있는 채로 두고선 그의 몸 피부를 벗겨내라는 명령이었다. 뇌물을 받아 챙기고 엉터리 판결을 했으니! 억울한 이들이 수두룩했을 터이니! 너도 거기에 상응하게 고통을 당해 보아라는 의미가 강하게 담겨있다.

그림 속에 누워있을 지잠네스를 한 번 더 상상해 보자. 그는 누워서 박피가 진행되기 전 이런 순간에 어떤 생각을 하였을까? 박피가 시작된 후 그 참을 수 없는 고통을 그는 어찌 견디었을까요? 그림 속의 멍한 그의 표정? 어쩜 이미 숨이 넘어간 걸까? 화가 다비드가 분명 상상 속에 그린 그림이겠지만 실제로 일어나고 있는 듯한 너무나 생생한 분위기다. 그래서 명화라고 하는지도 모르겠다. 그가 죽고 난 후의 이야기도 있다. 이 왕의 머리도 비상한 듯하다. 그의 이런 비참한 죽음에서 그치는 것이 아니라, 이 지잠네스 판사의 피부 가죽으로 의자를 만들게 했다고 한다. 참 묘하게 후에 그의 아들이 또한 법관이 된다. 왕은 법관이 된 그의 아들 오타네스를 바로 지정한 의자에 앉혀서 재판하게 했는데, 그 의자란 바로 아버지의 피부로 만든 의자라고 한다. 일반 나무가 아닌 그것도 아버지의 피부로 만든 의자였다니! 그런 의자에 앉은 그 아들의 속내는 또한 어떠했을까요???

다비드의 그림을 통해서 나온 얘기에 우리 동양인들의 반응은 당장 인과응보를 떠 올릴 수 있을 것 같다. 왕이 지잠네스의 아들 오타네스에게 내린 벌을 독자들은 어떤 관점으로 바라보게 될지 참 궁금하다.

첫 해부학자 이야기, 톱으로 다리 수술 그리고 한 화가의 그림에 나오는 피부박피!

아무튼 좀 무시무시하다. 만약에 당시 인들이 오늘날의 의료에서 사용하는 마취제를 보았다는 어떤 반응이었을까? 혹 우리 현대인들을 아주 문명이 발달한 다른 우주에서 온 사람들로 취급할지도 모르겠다.

이런 것을 토대로 우리는 다른 상상도 할 수 있겠다. 한 100년 후의 미래인들이 현대의 의료 시스템을 보게 되었다면? 지금 우리가 중세인의 의료를 보고 허접하게 생각하는 것처럼, 미래 인들도 현대 의료를 그런 눈으로 바라보고 있을지도 모르겠다는 생각이 든다. 어느 강의에서 들었다. 옛날의 1000년간 했던 일은 지금은 100년 만에 이룰 수 있고! 100년간에 달성했던 일은 지금은 10년 만에! 예전에 10년 걸렸던 일은 단지 1년 만에 그 성과를 낼 수 있다고 하니 말이다.

왕족들의 결혼성사 과정

– 궁중 화가들이 그린 신랑·신부의 초상화를 통해서 보는 맞선!
사제가 왕의 첫날밤 침실에 출동한 이유는?

중세 왕족들의 결혼성사 과정은 참으로 다양했다

13-15세기경에 왕족의 결혼은 어떻게 성사되었는지 몇몇 예를 통해서 그 과정을 살펴보자.

먼저 프리드리히 2세(Friedrich:1194-1250)의 예를 보자. 1215년 왕은 비서와 사신들을 요한 폰 브리엔네(Johann von Brienne: 169/74-1237)백작에게 보냈다. 백작의 딸 이사벨라 공주(Prinzessin Isabella Brienne: 1212-1228)를 신부로 맞이하기 위해서였다. 여기에 당도한 왕의 사신들은 왕의 구혼에 대한 이런저런 담화가 오갔다. 여기서 잠깐 언급할 내용은; 사실 중세 귀족들의 칭호를 엄밀히 따지면 공작, 백작, 자작 등등 여러 칭호가 있다. 엄밀하게 구분하자면; 공작은 군사총독 지위에서 비롯된 직위, 후작은 국경의 군사 지휘권을 받은 자, 백작은 한 개의 주를 통치하는 대영주, 자작은 백작의 부관, 공자는 백작 이상의 대귀족 아들들, 남작은 국왕이 직접 임명하는 원님과 같은 관리로 나온다. 하지만 황제, 국왕, 대공까지는 구분해야겠지만, 이책에서는 다른 칭호들은 대개는 귀족(Adel)으로 몰아서 통일했다. 사실 독일어 저서에서도 꼭 구분해야만 하는 상황일 때만 언급하고 대개는 별 구분없이 귀족이라는 뜻의 아델(Adel)이라는 단어를 많이 쓰고, 꼭 구분 짓고자 할 땐 '높은 귀족'(아델), '낮은 귀족'(아델)', '몰락한 귀족'(아델) 등등으로 직위를 표현한다. 그냥 위의 그라펜(Grafen)처럼 단어가 딸려 나오면 백작으로 칭하고, 때로 구분해야 할 경우는 '높은 귀족', '낮은 귀족' 등등으로 칭했다. 우리네와 비교차원에서 말해보자면, '영의정', '좌의정', '우의정'이라고 엄밀하게 구분짓는다면, 서양인들 역시도 우리 신분의 높낮이를 가늠하기가 단순하지는 않을 것이다.

금수저 사람들

흙수저 사람들

무엇보다 중요한 것은 계약서다!

드디어 양쪽의 조건이 합의에 이르면 결혼계약서 초안을 작성한다. 계약서 초안에는 혼수 지참금은 얼마이며, 공주가 들고 갈 지참금, 신랑 신부가 첫날밤을 보내고 나면, 신랑이 신부에게 줄 선물이 무엇 무엇이라는 것까지도 서로 합의 하에 상세하게 적었다. 중세에 이런 지참금 얘기와 '아침 선물'에 대한 얘기도 많다. 다만 하나 언급하자면, 신부가 많은 '아침 선물'을 받으려면, 신부가 그만큼 지참금을 많이 들고 가면 된다. 신부가 가져온 만큼 '아침 선물'을 신랑이 내어놓기 때문이다.

자, 계약서까지 다 합의되었는데, 문제는 아직 신부를 못 보았다는 사실이다. 지참금 액수 등이 결정되고 결혼계약서 초안을 쓰는 절차가 다 끝나야만 비로소 신부를 볼 수 있었다. 사신들은 신부가 등이 굽은 건 아닌지는 물론이고, 외모가 어떠한지까지를 은근슬쩍 염탐하고는, 결과를 프리드리히 2세에게 고했다. 왕이 이런 신부를 아내로 받아들이길 찬성하는지? 여기에는 이사벨라의 외모는 물론 그녀에 관한 이모저모의 상세한 정보까지 들어 있다. 이것을 보고 받은 왕은 예스인지 노인지 답을 하는데, 왕이 사신들에게 예스라고 회답했기에, 드디어 30세의 프리드리히 2세는 13살의 신부를 맞이했다. 당시 대개의 왕족들은 이런 식으로 신부를 간택했는데, 프리드리히 2세는 13명의 여인을 거느렸고, 30명의 자녀를 두었다.

결혼 선물로 금덩어리 6만 개를 보내겠노라!

그로부터 200년이 지난 15세기, 프리드리히 3세(1415-1493)의 결혼 절차에서는 현장에서 벌이는 흥정(?)이 사라지고 나중에 계약 흥정을 했다. 프리드리히 3세는 1451년 게오르그 폴켄스트로프(Georg Volckenstorf) 남작과 법학자 울리히 리더러(Ulich Riederer)를 리스본으로 파견했다. 포르투갈 에드워드 왕의 장녀인 레오노레(Leonore)를 신부로 점찍었 는데 이번에도 사신들을 통한 사전답사가 필요했다. 답사를 끝내고 귀 국한 사신들은 신부를 극찬하는 보고를 왕에게 올렸다. 그녀를 신부로 맞이할 생각을 굳힌 프리드리히 3세는 결혼 선물로 그녀에게 무려 6만 개의 금덩어리를 주기로 했다.

1451년, 레오노레 공주는 호화로운 배에 올라 리스본을 출발했다. 배에는 금으로 장식한 양탄자까지 깔려 있었다니 얼마나 호화찬란했 는지 짐작할 수 있다. 그녀를 호위하는 2,000명의 남성이 탄 배들까지 거느린 거대한 선단이었다. 유럽에 남아 있는 귀족들의 잔치 그림들을 보면 입이 쩍 벌어질 정도로 호화찬란한데 그녀 역시 그런 부류에 속 하는 듯하다. 그런데 아뿔싸! 가디츠(Gadiz) 항구에 당도했을 때, 그날 부터 풍랑이 거세게 일어 배가 정박하지 못했다. 일부 배가 파선되고 돛도 찢어진 상태로 일주일 내내 정박하지 못하자 온갖 소문이 떠돌기 시작했다. "신부가 물에 빠져 죽었다더라!", "아니다, 해적들에게 잡혀 서는 아프리카에 노예로 끌려갔다더라!" 사실 여부와 상관없이 온갖 소문이 무성했다.

1452년 2월, 당시의 역사 서술가였고, 후에는 교황 피우스 2세(Pius: 1405-1464, 재위 1458-1464)가 된 실비우스 피코로미니(Aeneas Silvius Piccolomini)가 프리드리히 3세의 신부에 대해서 아주 멋지게 묘사한 글이 남아 있다; "16세인 그녀의 키는 중간 정도이고, 검은 눈동자에다가 작은 입, 붉은 뺨, 흰 목을 가진 소녀(여인)였다! 그녀는 완벽한 미모일 뿐만 아니라, 거기다가 외국어도 곧잘 하여 통역이 따로 필요 없었다!" 당시의 귀족들은 정략결혼이다 보니, 신랑 신부가 처음 만났을 때 서로 말이 안 통해 통역관까지 대동하던 시대였다. 이런 상황에서 통역 없이 대화를 나눌 수 있었다니, 그녀가 얼마나 더 예뻐 보였겠는가? 이것은 레오노레가 당시 여성으로서는 드물게 지성을 갖춘 인텔리였다는 뜻이기도 하다. 드디어 신랑 프리드리히 3세가 신부 레오노레와 첫대면하는 날이 왔다. 왕은 그녀의 키가 생각했던 것보다 약간 작다는 사실에 실망했지만, 미모는 생각보다 훨씬 아름다웠기에 그녀에게 높은 점수를 주었다. 시에나에서 처음 대면한 프리드리히 3세와 레오노레는 옛 황제거리를 통해서 로마로 향했다. 당시 교황 니콜라우스(Nikolaus: 1397-1455 : 재위 1447-1455)는 노상에서 도둑을 만날지 모르니 어느 길이 안전하다는 친절한 정보를 제공했다. 당시도 길가에 도둑들이 들끓었나 보다. 보통 왕들의 행차는 어마어마한 규모를 자랑하는데, 이런 행차에도 도둑들이 달려들 수 있었다니! 잘 알려진 로빈 훗 얘기나, 그 유명한 중세 훨씬 후기의 도둑 쉰더한네스(Schinderhannes: Johannes Bueckler: *1779), 그리고 타락한 중세의 도둑기사들의 강도질과 도둑질 얘기들이 헛말이 아닌 듯하다. 중세사를 보면 도둑의 무리 이야기가 빈번히 등장하는데, 중세의 도둑 얘기들을 한 권의 책으로 나와 있을 정도다. 그리고 교황은 겨울 여행을 권장했다. 로마로 오는 여름 길이 너무 더우니 여름 더위를 당해내지 못하리라는 염려에서다. 도둑을 만나지 않고 무사히 로마에 도착한 프리드리히와 레오노레는 성베드로 성당에서 교황으로부터 황제의 관을 받았다. 그 이후 이들은 나폴리로 갔다가 독일로 돌아갈 예정이었는데, 그렇게 되면 문제는 이들이 첫날밤을 치르지 않고 길을 떠나게 된다는 것이다.

레오노레 측은 낙담하여 한마디 했다. "어찌하여 우리 딸과 첫날밤도 안 지내고 다시 독일로 온단 말인가?" 첫날밤을 지내보고 혹시 그녀가 마음에 안 든다면 다시 독일로 보내라며 묘한 언질까지 주었다. 할수 없이 프리드리히 3세는 레오노레와 나폴리에서 첫날밤을 맞이하기로 했다. 1452년 4월 16일, 황제는 첫날밤을 치를 잠자리를 준비하라고 신하들에게 명했는데, 독일식으로 방을 꾸미라고 했다. 브리기트 라한(Birgit Lahann)에 따르면 첫날밤에 두 사람은 옷을 입은 채 동침했는데, 그 이유는 프리드리히 3세가 몸이 별로 좋지 않았기 때문이라고 한다.

사제가 왕의 첫날밤 침실에 출동한 이유는 무엇일까?

레오노레를 수행하던 시녀들은 그들이 첫날밤을 잘 보냈다고 생각했다. 하지만 황제 부부가 첫날밤을 치르지 않았다는 사실을 알게 된 시녀들은 일을 성사시키기 위해 팔을 걷어붙였다. 이들은 침대에 향을 피우고 나쁜 기운을 물리치고 침대 축성을 하기 위해 사제까지 불러들였다. 사제를 불러들인 이유는 이러했다. 성서에 보면 사라가 결혼하는 남자마다 첫날밤에 죽어버렸다. 그것도 일곱 명이나! 사라의 8번째 남편이 토비아스였는데, 그는 첫날밤을 치르기 전에 향을 피우고 기도를 하고 잠자리에 든 결과 죽지 않았다는 것이다. 사라의 아버지는 8번째 관을 준비하고 무덤까지 파두었을 정도였다. 그런데 첫날밤을 보냈지만 8번째 남편이 죽지 않았다는 전갈을 받자 기쁨에 차서 신을 찬양했다. 성서의 이런 내용을 알고 있던 사제들이 잠자리 축성에 나섰다.

하지만 시녀들이 이렇게 난리법석을 벌이고 있다는 것을 알게 된 프리드리히 3세는 여인들의 이런 행위를 히스테리로 여기면서 오히려 방을 바꾸라고 명했다. 사실 황제는 이런 행위를 두고 오히려 나쁜 악마의 기운이 스며들까 우려했다. 당시는 악마의 기운에 대한 믿음이 강했기 때문이다. 아무튼 중세의 사고는 모든 것이 기독교 교리에 따라 악마 아니면 천사라는 이분법에서 출발했다.

프리드리히 3세는 시녀들이 마련한 침대를 거부하면서, 신부에게 다른 방으로 오라고 강력하게 명했다. 시녀들은 이런 행위들은 사탄의 기운이 스며드는 것이 절대 아니며 오히려 좋은 기운이라고 부추겼지만 그는 듣지 않았다. 하지만 레오노레의 고집도 대단해서 3번이나 신부에게 다른 침대로 오라고 명했지만 꼬떡도 하지 않았다. 그러자 왕은 마지막으로 경고하면서 나타나 그녀를 덥석 안아 들고 자기가 마련한 침대로 데리고 갔다. 당시 그녀의 지참금은 6만 굴덴(Gulden)이었다. 그러니 프리드리히도 당시의 관습대로 '아침 선물'로 6만 굴덴을 내놓아야 할 상황이었다. 당시는 신부가 가져온 만큼 첫날밤을 보내고 신랑이 같은 금액을 아침 선물로 내놓아야 하는 법 때문이었다. 이름하여 '아침 선물'이다. 당시는 왕들이 어린 신부와 결혼을 많이 했기에, 신랑이 먼저 죽을 수 있다는 전제하에 신부가 과부가 되더라도 생활을 잘할 수 있는 장치로 보는 학자도 있었다. 그 이후로 이 둘의 첫날밤이 잘 이뤄졌나 보다. 그녀는 그와의 사이에 6명의 아이를 낳았다. 하지만 유감스럽게도 그녀는 30세에 장염에 걸려 죽었다.

후기 중세에는 결혼 절차에도 변화가 찾아온다. 왕의 측근들이 수고스럽게 현지까지 선을 보러 가는 대신, 궁중 화가들이 그린 신랑.신부의 초상화를 미리 교환하게 된 것이다. 이런 일을 맡았던 화가들로는 얀 반 에이크(Jan van Eyck: 1390-1441)와 한스 홀바인(Hans Holbein: 1498-1543) 등을 들 수 있다.

헨리 8세의 네 번째 왕비였던 앤의 초상화. 한스 홀바인이 그렸다. 초상화를 보고 앤을 왕비로 간택한 헨리 8세가 실제로 그녀를 만나보고는 깜짝 놀랐다고 하니, 실제 모습은 그림과 많이 달랐나 보다. 한스 홀바인은 헨리 8세(1491-1457)의 네 번째 왕비가 될 안나 폰 클레베(Anna von Cleve: 1515-1557)의 초상화를 그렸는데, 잘 알려져 있듯이 앤을 실제로 만난 헨리 8세는 놀라 자빠졌다. 앤의 미모가 초상화보다 훨씬 못했기 때문이다. 당시 궁중화가들은 후손들에게 남기는 평범한 초상화를 그리기 데는 별문제가 없었지만, 결혼을 위한 초상화를 그릴 때마다 골머리를 앓았다는 기록이 남아 있을 정도다.

다음은 왕족은 아니다. 하지만 카타리나의 이름에 '폰'(von)이 붙은 것을 보면 그녀는 귀족출신이다. 독일인들의 이름에 'von'이 들어가면 귀족 가문을 표명하기 때문이다. 먼저 1525년 6월에 결혼식을 올린 그 유명한 루터와 카타리나(Kathrina von Bora)의 첫날밤 침대 예식이다. 먼저 카타리나가 누구인가는 이책에서 충분히 언급했다. 엄격한 종교 가톨릭이 지배하던 중세 시대에, 수녀원에서 그냥 나온 것도 아니고 '탈출'해 나와서는 종교 개혁을 한 루터(Luther: 1483-1546)와 결혼했던 여인이다.

카타리나의 모습에 대한 묘사를 보면; 여성으로서의 그리 아름다움을 지닌 여인은 아니었다. 무엇보다도 그녀 얼굴은 툭 튀어나온 광대뼈, 비스듬히 눈 그리고 넓은 턱을 가졌다 보니 인상조차도 다소 거칠어 보였다. 하지만 다소 온화하고 다정하고 진취적인 성격이기는 했

다. 이런 설명 없이도, 그녀의 초상화를 한번 보면 당장 눈에 다 드러난
다. 특히 그녀의 광대뼈는 거의 동양인의 모습인데, 어쩌면 동양인보
다도 더 광대뼈가 돌출되었다는 느낌이 들 정도다. 이런 전직 수녀와

신부가 당시의 분위기에서 결혼까지 한다니! 그러니 마귀가 비텐베르
크에서 활동하고 있음이 분명하다고! 세상의 모든 악담과 덕담을 뒤로
하고 이들의 세기적인 결혼이 1525년 이루어졌다.

　당시의 문화와 관습에는 결혼 후에는 침대 예식이 거행되었는데, 이
들의 침대 의식을 보자. 당시는 결혼식에 참가한 하객들은 의무가 지
어진다. 무엇인고 하니 신혼부부의 침대 곁에 잠시 머무르는 의식이
다. 이 부분은 〈교황청 일기〉에서 이미 상세하게 언급했다.
　거기서 가져와 다시 약간 언급해 보면; "식사가 밤 11경에 시작되어

서는 2시가 넘어서 끝났다. 이 식사가 끝난 후 신랑 신부는 준비된 비밀스러운 침실로 인도되었다. 그동안 왕과 바티칸 사절단은 이 방문 밖에서 기다렸다. 하지만 신랑·신부와 함께 이 방에 들어간 여인들이 있었는데 이들의 역할은 신랑 신부의 옷을 전부 벗겨주는 것이었다. 신랑·신부의 옷을 다 벗기고 난 여인들은 신랑·신부를 침대에 눕혀 주었다. 신랑의 위치는 정해져 있는데 바로 신부의 오른쪽이다. [그러니 신부의 자리는 왼쪽이란 뜻이다] 아마포로 신랑 신부의 알몸(nackt)에다 덮어 주었다. 그때 지금껏 방 바깥에서 머물던 교황 사절단과 왕이 들어섰다. 이들이 등장하면 여인들은 다시 이불을 신랑·신부의 배꼽 부분까지만 벗겨주었다. 그러면 이들이 보는 앞에서 신랑이 신부에게 부끄러움 하나 없이 서로서로 마음껏 입맞춤했다. 그리고 나서 교황 사절단과 왕은 이들의 침대 곁에 앉아서 한 30분간 수다를 떨고 나서는 신랑 신부의 방을 떠났다. 물론 들어와서 옷을 벗겨 주었던 이 여인들도 마찬가지로 함께!"

다시 카타리나 얘기로 돌아와; 41살의 루터와 26살의 카타리나가 결혼 후 함께한 첫날 밤 침대다. 부겐하겐(Bugenhagen)목사와 4명의 증인들은 이들의 침대 곁에 머물렀다는 기록이 나온다. 마르틴 그레고르-델린(Martin Gregor-Dellin)이 루터의 결혼식(Luthers Hochzeit)에 관한 글을 남겼다; 이들을 위해 준비된 침대 위에는 새 린넨으로 깔았다. 그리고 나서 루터가 침대로 올라갔다. 그 후 카타리나는 그의 옆에 다가가서는 누웠다. 크라나흐(Cranach)가 루터의 신발을 벗겨 주었다. 그리곤 이 신발을 침대 가장자리에 놓았는데, 이 의미는 남성 지배력의 표징이라고 했다. 그다음은 부겐하겐 목사가 이들이 누운 침대에 축성을 내리는 동안 카타리나가 침대 가장자리 위에 있는 부츠를 바닥에 떨어질 때까지 천천히 떠밀었다. 이 행위에 대한 설명은 없다. 남성의 지배력을 꺾는다는 의미일까? 남여동등함을 의미할까? 그리고 나서는 이들은 침대에서 서로 포옹하면서 입맞춤한다. 요나스(Jonas)가 아주 비통하게 울었다고 하는데 왜였을까? 그 이유가 나와 있지 않다. 이것도 당시 침대 예식 옆에서 하는 관습의 일종일까? 아니면 두 사람이 어려운 시간을 건더내고 한 결혼이기 때문일까? 루터와 카타리나는 대학으로부터 은 술잔을 선물로 받았고, 비텐베르크(Wittemberg) 시로부터는 20굴덴(Gulden)의 축의금과 맥주 한 통을, 결혼 선물로 선제후인 요한(Kurfuerst Johannes) 역시도 축의금으로 20굴덴을 내어놓았다.

일 년 후에는 이들 부부 사이에서 첫아들이 태어났고 연이어 5명의 자식이 태어났다. 1546년 루터가 죽었다. 카타리나 폰 보라는 경제적으로 위태로운 상황에 놓였다. 그녀는 1546년에 전쟁을 피해서 아이들과 함께 마그데부르크로 갔다가, 1547년에 다시 이들의 삶의 터전인 비텐베르크로 돌아왔다. 그들이 소유했던 건물과 땅은 황폐해졌지만 파괴되지는 않았다. 이 또한 재건축하자니 재정적 부담이 되었다. 하지만 주위 지인들의 지원 덕분에 그들의 상황은 안정되어 갔다. 하지만 1552년에 그녀는 전염병과 흉작 때문에 다시 비텐베르크를 떠나야만 했다. 그녀가 도망간 곳은 토르가우(Torgau)였다. 하지만 성문 바로 밖에서 마차가 추락하는 사고가 일어났다. 그녀의 골반뼈가 부러졌고 3주 후인 1552년 12월 20일 토르가우에서 사망했다.

지금 독일에서는 그녀에 대해서 새로운 해석을 하면서 많은 연구를 하고 있다. 오늘날 독일에서는 그녀를 여성운동가로 간주한다. 그녀에 대한 새로운 조명을 하고, 그녀를 기리는 기념행사도 연다. 샤드 박사가 〈그리스 로마부터 17세기까지의 세계사에서 가장 유명한 여인들〉에 대한 저서를 출간했는데(17세기 이후의 여성들도 제2권으로 출간) 이 저서에 카타리나를 포함한 것을 보면 역사적인 맥락 속에서도 그녀가 남긴 의미가 어떠한지를 잘 알 수 있겠다.

나라마다 시대마다 결혼풍속이 다 다르다 보니, 같은 중세기 일지라도 지역마다 시대마다 자료마다 결혼 얘기도 조금씩 다르다. 누차 강조하지만, 그 이유는 아무래도 유럽이란 땅덩어리가 무지 크다는 사실과, 시기적으로도 1000년 이상의 세월이었다 보니 그 안에 녹아있는 문화사들이 얼마나 광범위하고 또 서로 다른점들이 있기 때문이다. 이 비유를 작은 땅덩어리인 우리네도 전라도 풍습이 다르고 경상도 풍습이 다르다는 사실에서 출발해 보면, 하물며 몇십 배나 더 큰 땅덩어리인 유럽 같은 곳은 어쩌면 당연한 일인지도 모른다.

중세의 '여성의 집'

- 주당 49페니히 벌었던 중세 매춘녀들. 매춘녀들의 특이한 복장규정은? 300명이 모이는 시회의에 800명이 넘는 매춘녀가 출석!

중세에는 시에서 경영하는 공창이 있었다. 이 공창으로 벌어들인 수입은 각 시의 재정에 큰 도움이 되었다. 이 중세 공창제도에 관한 연구가 활발하다 보니 독일에서는 박사학위까지도 나와 있을 정도다. 이런 공창이 시에서 경영하기까지는 당시의 상황에 상응하는 정치적, 사회적 사건도 포함되겠지만 다 서술하기에는 너무 광범위하니 생략하고 당시의 공창이 어떠했는지만을 살피기로 한다.

당시의 이런 공창을 '창부의 집'이라 칭하지 않고 '여성의 집'(Frauenhaus)으로 칭했다. 이 단어의 뜻을 언뜻 생각하면 오늘날의 '여성 쉼터'라는 용어와 유사하다. 이름이 '여성의 집'이면 대체로 오늘날처럼 성차별을 받은 여성들이 모이거나, 폭력적인 남편으로부터 자신과 자녀를 안전하게 보호하려는 여성을 위한 피난처로 생각하기 쉽다는 거다. 하지만 중세에는 그런 의미가 아니었다. 이는 중세의 거의 모든 대도시에는 존재했던 허가된 공창의 명칭이었다.

이런 여인들을 우리는 쉽게 창녀/창부라 일컫는다. 당시 중세의 자료에는 이들에게 '자유로운 딸들', '아름다운 여자들' 등등으로 고상한 이름을 붙여 주기도 했다. '공공의 딸들'로 붙이기도 했는데 공적인 의미로 모든 이들이 쉽게 매수할 수 있는 여인들 이란 의미다. 이들 여성들의 삶을 들여다보면 이런 용어를 함부로 쓰기가 좀 민망해 피하고 싶은 심정이다. 중세에도 보면 다들 어찌할 수 없는 환경 때문에 이런 직업군을 전전했다는 사실을 알았기 때문이다. 하지만 대치할 다른 단어를 찾을 수가 없기에 이 매춘녀라는 용어를 그대로 사용한다.

그런데 의문이 들지 않는가? 성 문제에 관해서 그리 민감하던 중세 시대에 왜 이런 공창이 대도시마다 생겼을까? 어찌해서 이런 '여성의 집'이 중세에 합법화되었을까? '여성의 집' 등장과 그 용인은 "더 큰 악을 피하고자"서였다. 그러면 '여성의 집' 존재 이유인 더 큰 악을 피하기 위한 사회질서가 과연 무엇일까?

인간이 지닌 신체의 4성 체액이 고갈될 기회를 주기 위해서는 성적 활동이 필요하다고 보는 아우구스티누스(Augustinus: 354-430)의 견해와 13세기의 토마스 아퀴나스(Thomas Aqinas : +1274) 신학자의 이론에 기초하고 있다; 그는 인간의 몸 안에 존재하는 이 4성 체질의 체액이 정체되면 결국 인간은 약하게 되고, 병이 든다고 보았다. 이 사성체질이란? 인간은 4가지 공기(심장-봄에 해당-청소년), 불(간-여름에 해당-청년), 흙(비장-가을에 해당-중년) 그리고 물(뇌-겨울에 해당-노년)의 요소를 가지고 태어난다는 거다.

매춘을 허용한 이유는 이 사성체질에 근거하여 남성의 성적인 욕망이 체내에 축적되어서는 안 된다! 반드시 배출구가 필요하다! 적어도 아직 미혼인 남성에게는 성행위를 할 수 있는 환경을 줘야 한다! 그렇기 때문에 이렇게 사고파는 성관계의 장소가 있어야 한다! 이런 이유로 이 '여성의 집'을 피할 수 없는 사회적인 한 요소로 보았다. 더불어 궁전과 하수구의 비유로 풀어나갔다. 요약하면; 웅장한 궁전의 일부에는 하수구도 존재한다. 매춘은 이런 궁전의 하수구와 같다. 만약에 궁전에 있는 하수구를 다른 장소로 옮겨버리면? 그 궁궐은 곧장 부정하고 악취 나는 곳이 된다.

결혼하지 않은 젊은 남자들이 지나친 정욕이 분출될 때면 이런 '여성의 집'에서 해소할 수 있게하라! 그렇게 되면 금수저인 여염집의 아내와 딸들이 더럽혀지지 않고 순수함을 유지할 수 있다는 거다. 그러면 거기서 일하며 희생되는 소위 흙수저 여성들은? 상황의 양면성을 무시하고 오직 금수저 한쪽만을 지지하는 의미가 아닌가? 그러므로 이건 순전히 억지 사고방식으로 여겨진다는 개인적인 견해로 참 어리둥절하지 않을 수가 없다. 잠깐 언급하자면, 중세에는 이렇게 '여성의 집'에서 정착해 공적으로 성을 파는 이들이 있었는가하면 또 다른 부류도 있었다. 바로 '이동하는 딸들' 내지는 '아름다운 여인들'로 불리면서 이리저리 다니면서 길거리에서 성을 파는 여인들이다.

다른 한편으로는 '여성의 집' 경영자들은 '이웃사랑'이란 명목으로 많은 여인들을 옛 독일 제국회의나 종교회의나 연 시장에 대동하고 다니기도 했다. 페터 슈스터 박사에 의하면, 1414-1418년간의 콘스탄츠(Konstanz) 종교회의 때는 450-1,500명의 매춘부들이 출석했다고 한다. 1394/95년 프랑크푸르트 의회 때도 마찬가지였다. 300명의 대표자

가 모이는 회의에 800명이 넘는 매춘부가 이 도시에 출석했다는 기록
이다. 이 엄청난 수의 여성들이 주요 행사에 참석하기 위해 함께 여행
했다는데 과연 가능한가? 슈스터 박사의 저서에 1300-1500년 사이에
독일어권에서만도 104개의 여성의 집이 존속했다고 하니 충분히 가능
성이 있겠다. 이런 여성들을 데리고 다니면서 춤, 음악 그리고 오락을
제공받았던 거다. 이들의 해석이 더 재미있다. 이런 행위를 '이웃사랑'
의 표징으로 간주했다고 하니 말이다.

　이 여성들은 도대체 어떤 삶을 살았는지에 대해서 구체적으로 보자.
먼저 이 여성들이 매춘부가 된 이유는? 대다수의 소녀나 여성, 과부들
이 스스로 먹고 살기 위한 방편으로 이런 집에 들어갔다. 다 중세의
"불명예스러운"(중세의 고유명사)직업에 속하는 이들이다. 주로 하인
이었거나 목욕 도우미 또는 린넨 직공 등등으로 일했던 흙수저 계층들
이다. 이들의 선택 여지는 오직 거지로 온 나라를 돌아다니거나, 일용
직 노동자나 매춘부로 생계를 꾸릴 수 있었다. 가난, 불운 또는 기타 상
황으로 인해 처음에는 임시 매춘으로, 그다음에는 직업적 매춘으로 이
어졌다.

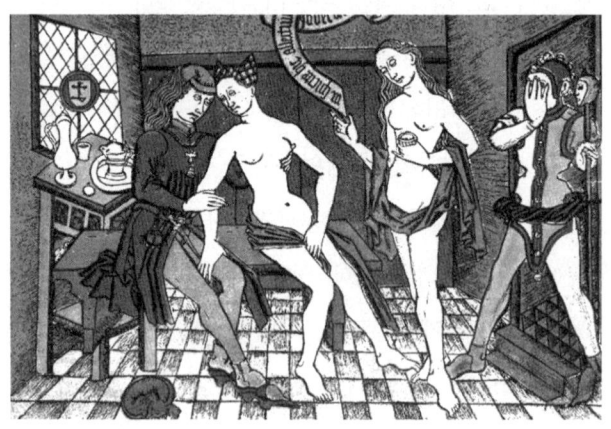

도시에 존속한 '여성의 집'은 사실 여성 인신매매의 중심지이기도 했다. 1437년 슐레슈타트와 1446년 뇌르트링겐에서는 여성들을 이 '여성의 집'에 집어넣은 남자들이 처벌받았다. 프랑크푸르트에서는 1459년과 1463년에 아내를 판 두 건의 사례가 기록되어 있다. 16세기 초가일러 폰 카이저스베르크(Geiler von Kaysersberg)조차도 이런 설교를 남겼다. 만약에 기근이 들었다면 아버지가 아들을 팔 수 있도록 허용했지만, 아내는 팔 수 없도록 했다는 방침이다.

1597년 뮌헨의 한 직조공이 그의 아내를 팔겠다고 제안했다는 기록도 있다. 예를 들어 튀링겐주의 뮐하우젠에서는 한 주민이 딸을 '여성의 집'에 보냈다가 처벌받았다는 기록도 있다. 사실 딸을 매음굴에 파는 것은 금지되어 있음에도 불구하고 일어난 일이다. 이런 곳에서 생활하다가 도망치는 경우도 있었다. 1532년 뮌헨에서는 '여성의 집' 탈출한 두 명의 가난한 매춘부가 감옥에 갇혔다. 이런 '여성의 집'을 찾았던 남성들이 여인들의 하소연을 듣고서 탈출을 도와준 경우도 있다. 1461년에는 매춘부와 함께 탈출하다가 붙잡힌 뮌헨의 한 직공이 처형당했던 경우도 있었다. 1521년에 취리히 한 포주는 매춘부를 납치한 혐의로 한 남자를 고소했다. 콘스탄츠의 한 포주도 5명의 하인이 이런 탈출을 돕고 방조했다고 의심했기 때문에 법정에 출두했다.

1470년 하인리히 라이닝거 폰 위베를링엔(Heinrich Raininger von Überlingen)은 자신이 직접 여성 보호소에 숨겨두었던 매춘부를 밤에 납치해 그녀와 함께 탈출하려 했다는 이유로 콘스탄츠에서 사형선고를 받았다. '여성의 집'에서 일하는 매춘부가 탈출하는 것은 포주들에게는 자동으로 심각한 재정적 손실을 줬다. 1470년에 콘스탄츠의 한 포주는 14fl(플: 당시 돈 단위)의 미지급 부채에 대해 소송을 제기했고, 1473년에는 약 10fl(플)의 소송이 있었는가 하면, 취리히의 한 포주는 1507년 4fl(플)의 부채를 진술했다는 기록이 남아 있다. 의회가 여성의 집에 근무하는 여성들에게 설교를 듣도록 강요하기도 했다. 포주는 두 명의 하인을 대동해서 이 여인들을 교회에 데리고 갔다. 그러함에도 불구하고 이렇게 교회에 참석했던 두 명의 여성이 기묘한 방법으로 탈출한 때도 있었다.

이들의 화대를 보자. 매춘 여성의 수수료는 주당 49페니히로 나온다. 당 시대의 일용 근로자의 일일 소득이 8-9페니히이고, 직공의 소득은 16-20페니히라고 하니 비교 가능하다. 포주도 여성 화대의 3분의 1을 받을 자격이 있었다. 이는 남자 고객이 '여성의 집'을 방문하면, 하루의 화대는 2페니히-5페니히 사이다. 밤에 성을 파는 금액은 3페니히 및 9페니히이지만 한 남자 고객이 이 '여성의 집'에 밤새도록 머물렀다. 그러면 화대는 10페니히-15페니히로 뛰어오른다.

이 '여성의 집'에 출입하는 이들의 제한은 있었다. 사제나 종교적인 일에 봉헌된 사람들이 이런 이들이 '여성의 집'을 찾거나 머무는 것을 금지했다. 하지만 프랑크 마이어 교수는 '여성의 집' 수입의 약 20퍼센트는 수도자들에게서 나왔다고 한다. 수도자들의 은밀한 출입이 많았기 때문이라고! 특히 흥미로운 점은 결혼한 남성의 방문 금지를 시켰다. 오스트리아 빈에서는 1450년까지 이런 방문으로 붙잡힌 남성에게 1년에 500굴덴에 달하는 벌금이 부과된 기록이다. 그나마 다행인 것은 이런 매춘부의 생명도 법의 보호를 받았다는 사실이다. 한 포주 부부 얘기가 법정 자료로 남아있다. 포주인 한스 볼프(Hans Wolf)와 그의 아내는 1468년 11월 살인 혐의로 유죄 판결을 받았다. 이들은 그들이 경영하는 '여성의 집'에서 매춘부인 아델하이트 폰 추리히(Adelheid von Zurich)를 구타하여 죽게 했다. 그 결과로 이들은 상당히 처절한 죽임을 당했다. 울프는 바퀴에 달린 채 사형을 당했고, 그의 아내는 처참할 수 있는 생매장을 당했다. 이들의 구체적인 범죄가 어떠했길래 생매장까지 당했을까? 더 이상의 진술이 없기에 궁금하다.

이들에게도 통금 시간은 있었는데, '여성의 집' 통행금지 시간은 오후 11시였다. 대체로 화재위험에 대한 예방조치라고 한다. 이 시간 이후로는 이 집을 방문할 수 없고 이 시간이 되면 숙박 손님 이외는 다 이 '여성의 집'을 떠나야만 했다. 만약 '여성의 집'의 이런 규정을 어길시에는 포주는 5푼트 9헬러의 벌금을 물을 정도였다니 규제가 상당히 엄격한 듯하다. 당시의 돈단위도 오늘날 1달러 2센트라고 칭하는 것처럼 이중 구조다. 독일의 옛 마르크에서는 1마르크 2페닉히가 지금은 1유로(독일에선 '오이로'로 발음) 2센트로 칭하듯이, 중세의 많은 다른 자료에서도 이런 이중 구조의 돈 단위들이 나온다. 예를 들어 당시 사형집행인들이 받은 돈은 253굴덴 12 바첸, 1 플로린 30크로네, 9탈러 6크로쎈 등등으로 나오는 것을 보면 더 정확히 알 수 있다.

포주들은 '여성의 집'에 머무는 모든 매춘부의 수입에서 재정적 지분을 갖고 있었기 때문에 자기집에 가능한 한 많은 여성을 두는 데 관심이 있었다. 포주들은 혈안이 되어 직접 매춘 여성을 구하고자 많은 시도를 하였다. 중개인을 제거하면 이윤이 더욱 커지기 때문이다. 1501년 울름의 한 포주는 주변 지역에 사는 여자들을 20-30플에 샀다는 자료가 있다. 이 일 때문에 이 포주는 그 지역 신부로부터 질책을 받았다고 한다. 부유하게 된 이들 중 일부는 200굴덴 이상의 자산을 보유하고 있었을 정도였다. 20억? 200억쯤 될까? '여성의 집' 포주는 재산이 많다 보니 적당하게 꾸미면 외적으로는 귀족처럼 보일 수 있었다. 즉 외부에서 보면 그들이 실제로 어떤 직업 층인지 잘 알 수 없었다는 거다. 페터 슈스터 박사의 저서에는 1417년 바젤의 포주들이 노란 고깔모자를 쓰게 만들었던 것도 이들이 돈이 있다고 함부로 귀족 흉내를 내지 말라는 의미로 해석된다. 더 나아가 다른 자료들을 보면 중세 문화 중에 나오는 것을 보면; 부를 축적 한 평민들이 귀족 흉내를 내자 관청에서 이것을 제재하는 자료도 남아있는가 하면, 돈 좀 있다고 귀족 흉내는 잔치를 벌이자 또한 관청에서 제재하는 자료들까지도 남아있다.

이들의 복장 규정은 어떠했을까? 1482년에는 바젤의 모든 매춘부들이 짧은 코트를 입어야 한다는 결정이 내려졌다. 매춘부의 망토는 허리띠 아래로 한 뼘 이상 길어서는 안 되었다. 매춘부가 긴 코트를 입으면 시 하인은 의무적으로 그 코트를 벗겨서 압수했다 등등이 나온다. 각 도시마다 각각 다른 매춘 옷의 특징이 나온다.

1389년-쾰른-붉은 머릿수건을 반드시 착용해야만 했다.
1388년-슈투라스부르크-흑백 모자를 반드시,
1399년-뤼네베르크-보석 착용을 금지했다.
1403년-마인츠-허리띠 착용 금지와 머릿수건 불허,
중세엔 여인들이 머릿수건을 쓰는 것이 일반적인 문화였다. 그런 환경이었다 보니 여기서는 '너는 창부이니 머릿수건을 쓰지 말라'는 의미다. 1430년-비스마르-귀족 여인들의 옷차림 따라 하지 말아라 그리고 보석 착용 금지, 1435년-함부르크-귀족 여인들의 옷을 흉내 내거나 귀금속을 착용해서는 안 된다.

10년 후인 1445년-함부르크-노란 줄무늬 옷 착용하라,

5년 후인 1450년-함부르크-장신구 착용 불허,

1438년-아우그스부르크-비단옷 착용 금지와 반드시 녹색 머릿수건을 쓰라.

1440년-힐데스하임-하인들을 대동하고 다니지 말아라! 산호 목걸와 금반지 착용도 하지 마라.

위에 이미 언급된 1482년의 바젤은 짧은 외투만 착용,

1483년-함부르크-장식용 반지 착용 불허,

1488년-프랑크푸르트-특별한 옷차림으로 나오는데, 이들이 입는 이 따로 있다는 뜻이다.

1489년-뷔르츠부르크-비싼 고급옷 착용을 하지 마라,

1500년 함부르크-장신구와 비단 착용 불허,

1501년-뤼벡-모자에다 검은 끈이나 리본을 반드시 붙여라,

1576년-란츠후트-비단옷 착용 금지,

1598년-단치히-특별한 머릿수건을 의무적으로 착용,

15세기의 빈-노란 천을 어깨에 띠로 둘러라!

페터 슈스터 박사의 저서에 7쪽에 달하는 이들의 옷 입는 규정을 통해서 알 수 있는 것은 여인들이 시로부터 간섭을 받았다는 의미도 된다. 아무튼 이 모든 규정들은 이 여인들이 거리에 나섰을 때 사람들에게 자신들이 창부라는 사실을 공공연하게 알리는 징표이기도 하다.

바젤에서는 전쟁이 발생할 경우 의회는 매춘부를 소집했다. 이 여인들은 군대와 함께 전쟁 현장에 투입되었다. 남성들의 성적인 요구를

충족시켜 주기 위해서다. 16세기 초의 바젤문서다. 1513년 디욘(Dijon)으로 가는 출정에 참여할 때 총전쟁 비용이 남아 있는데 여기에는 함께 참여한 두 명의 매춘부에게 치마를 준비해 주면서 들어간 굴덴과 실링이 포함되었다는 것을 기록해 두었다. 바젤의 매춘부들은 군 복무를 위해서 시에서 특별히 제작한 옷을 제공받았다. 1515/16년은 장화 4켤레의 가격인 1굴덴과 12실링의 항목기록도 남아있는데, 바젤 군대와 함께 롬바르디아로 갔던 매춘부를 위한 것이었다.

이들이 다쳤을 때의 비용기록도 있다. 1513년 노바라 전투에서 손가락을 잃은 클라우젠 루딘에 대한 보상금이 있는가 하면, 공식적으로 임명된 한 매춘부는 1513년 디욘(Dijon) 원정 중에 매독에 걸렸다. 그 후 시는 그녀에게 2.5굴덴의 보상금을 지급했을 정도다. 이 말은 이런 곳에 참여했다가 건강을 해치거나 다치게 되면 전쟁 부상자처럼 대우받았다는 의미다.

중세 시대에 매춘부는 죄인으로 간주하였다. 하지만 이런 여인들이 선한 생활로 돌아가고자 하면 의회도 이런 여인들에게 자비로운 태도를 보였다. 예를 들어 뉘른베르크에서는 이런 여성들과 결혼한 모든 남성들이 시민권을 받았다는 자료도 있다. 매춘부들이 결혼할 수도 있었지만 그렇다고 그런 경우가 자주 있었던 것은 아니었다. 이렇게 천한 직업군으로 살아갔던 한 매춘부가 시민권을 받았다는 예가 남아있는데, 그녀의 이름은 에이스페텐(Eispethen)이다. 그녀는 비록 매춘 출신이지만 시민권을 선물로 받았다. 이런 매춘부에게 완전한 시민권을 부여한 사례는 단 하나뿐이었다고 한다. 그 외에도 그녀는 오랫동안 한 병원에서 일했고 결혼과 더불어 이 직업군에서 완전히 벗어났다.

이런 기록들도 남아있다. 1474년에는 '여성의 집' 매춘부 중 7명이 형편이 그리 좋지 않았다. 이 여인들이 포주들에게 빚을 지고 있었던 거다. 이 빚에는 큰 금액에 속하는 300굴덴과 옷값까지 포함되었다. 큰 고민에 빠진 이 여인들은 시 당국에 특별한 요청을 했는데, 바로 경건한 삶으로 돌아가고 싶다는 소망을 표현했다. 드디어 이 일곱 명의 매춘부들의 요청이 받아들여졌기에 이들은 드디어 매춘에서 벗어날 수 있는 길을 닦았다. 동시에 이 여인들의 빚이 탕감되었다는 의미다.

우리는 신학자인 아우구스티누스(Augustinus: 354-430)이나 토마스 아퀴나스(Thomas Aqinas: +1274)의 부추김 때문에 이런 '여성의 집'이 중세에 존속할 수 있었다는 사실을 앞에서 보았다. 이젠 그들과는 반대의 견해를 가진 이들이 등장한다. 특히 13세기의 성직자인 루돌프 폰 보름스(Rudolf von Worms)는 거리 매춘부의 운명에 관해서 관심을 기울였다. 힐데스하임(Hildesheim)에 있는 성 마우리투스(St. Mauritius)의 참사회원이기도 했던 그는 다른 도시에서 설교를 하면서 매춘부들이 이런 생활을 탈피할 수 있도록 많은 노력을 보였다. 그는 막대기까지 들고서 이런 여인들을 위협했다. 이런 상황이 닥치자, 이 여인들도 자신들이 처한 삶에 대한 곤경을 하소연했다. 우리는 성의 쾌락을 찾아서가 아니라 단순히 생계의 위협에서 이런 일을 시작하게 되었다고! 만약에 누군가가 우리들에게 머물 수 있는 진짜 쉼터와 목에 넘어갈 음식만을 제공해 준다면 기꺼이 이런 매춘 일을 그만두겠다고! 이미 1215년 성 도미니크(Dominikus: 약 1170-1221년)는 이런 여인들을 위하여 수녀원을 만들었다. 이름하여 '뉘우치는 여인들의 수녀원' 혹은 '회개하는 여인들의 수녀원'이다. 이 수녀원에 사는 매춘부들은 도미니크회 수녀들의 감독하에서 개심하고선 경건한 삶을 살고 있었다. 이 정신에 따라 루돌프 폰 보름스(Rudolf von Worms)는 '막달레나 수녀회'를 창설했고 이 수녀원은 1227년 6월 교황 그레고리오 9세의 축복을 받았다. 각 수도회마다 수호성인이 있었는데 이 수녀원은 신약성서에 나오는 회심한 죄인인 막달라 마리아였다.(이런 취지로 설립된 베네치아의 한 수녀원에서 일어난 한 사제의 악행과 비리를 이 책에서 소개했다). 그 이후 이런 수도원들이 곳곳에서 설립되었다. 1224년 보름스에서 창립된 후 1225년 슈트라스부르크에서도 설립되었다.

아우크스부르크에서는 1530년대에 의회는 개종한 매춘부들에게 옷을 주기 시작했고, 1595년 뮌헨의 한 공작은 '여성의 집'이 문을 닫게 되었을 때 결혼하기를 원하는 매춘부들에게 지참금을 주었고, 이름하여 '아름다운 여자들' 중 7명이 수도원에 받아들였다. 이것이 바로 위에 언급했던 '뉘우치는 여인들의 수녀원'이다.

루터의 종교개혁 그리고 전염병인 매독이 발발하자 이 여성의 집도 서서히 사양길로 접어들면서부터 방문객이 감소했다는 자료가 나온다. 반대자들과 종교개혁자들은 주로 성경을 근거로 주장을 펼쳤다. 구약성서의 신명기 23:17과 23:18; "이스라엘의 딸들은 아무도 성소에서 몸을 파는 여자가 되지 못하고 이스라엘의 아들들은 아무도 성소에서 몸을 파는 남자가 되지 못한다. 그 누구도 창녀로서 몸을 팔아 번 돈이나 수캐짓을 하여 번 돈을 어떤 서원제로든지 너희 하느님 야훼의 전에 가져올 수 없다. 이 두 가지 모두 너희 하느님 야훼께서 역겨워하시는 것이다."

다음은 신약 성서의 사도행전 15장 29절의 인용이다; 여러분은 우상에게 바쳤던 재물을 먹지 말고 피나 목 졸라 죽인 음식도 먹지 마시오. 그리고 음란한 행동을 하지 마시오. 여러분이 이런 몇 가지만 삼가면

다 잘될 것입니다." 이런 성서의 구절들을 들고나왔다. 종교 개혁이 시작된 이래로 '여성의 집'은 이렇게 설교자들의 폭력적인 공격에 노출되면서 정당성에 의문이 제기되었다.

지금까지의 언어 속에서도 잘 나타나 있다. 당시 이런 여인들을 '자유로운 딸들' 등등의 아름답게 포장되었던 호칭이 이젠 '후레'(Hure)로 넘어간다. 그야말로 오늘날 우리가 흔하게 쓰고 있는 명칭 '창부'다. 한 상황을 두고 그때는 맞고 지금은 틀린다로 되는 것인가? 당시의 토마스 아퀴나스는 이런 성서 구절을 무시했을까? 아무튼 글을 쓰면서 당시 희생당했던 여인들에 대한 연민의 정 때문에 끝없는 비판이 줄줄이 흘러나온다. 유명 신학자들의 이렇게 부추기는 설? 견해?는 거의 위선에 가까운 비상한 아이디어라고 여겨진다. 이런 여성들은 성의 희생물이 되어도 되고, 여염집의 아낙네들은 보호되어야 한다고?

전염병 얘기로 넘어가자; '여성의 집'을 폐쇄하기로 또 하나의 다른 요인은 전염병이 발생했을 때다. 바로 매독이다. 뷔르츠부르크에서는 '여성의 집'이 '프랑스 질병'으로 칭하는 매독의 출현으로 인해 1497년에 폐쇄되었다. 16세기 후반이 되자 매춘부가 도시에서 붙잡히면 대개 도시 밖으로 쫓겨났다. 1637년의 바젤 같은 경우는 매춘이 법으로 금지되었다는 것이 법률 문서에 남아있다. 매춘부는 도시나 시골, 여관이나 술집 등등 어떤 유형의 은신처에서도 용납되지 않았다. 이들 삶의 터전은 당시 비주류 인생들이 살던 장소와 동일했는데, 바로 같은 부류의 직업군들인 사형집행인이나 무덤 파는 사람 등등이 살던 곳이다. 당시의 매춘은 두 가지 유형이 있었다고 이미 언급했다. 하나는 이렇게 '여성의 집'에서 행하는 매춘, 다른 하나의 매춘 여성은 자유롭게 돌아다니면서 고객을 찾는 이들이다. '자유 매춘부'들이 일했던 지역은 도시 외곽이나 성문 근처였다고 하니, 당시 이 '여성의 집'에서 쫓겨 나간 이들도 이런 지역에서 기회가 주어지는 대로 다시 매춘을 계속하지 않았을까? 아무튼 그렇게 꽃을 피우던 '여성의 집'의 정당성이 의문시되자, '여성의 집' 매춘부들도 신도덕의 희생양이 되었다. 앞에서 보았듯이 루터가 매춘의 합법성을 부인하면서 매춘부를 사회에서 배제되기 시작한 거다. 이제 결혼이 성생활의 유일한 합법적 장소라고 선언하기 시작하면서부터 매춘이 점점 더 사회에서 자리 잡기가 힘들어졌다. 하지만 언제까지였을까? 그런데 오늘날 매춘이 여전히 살아있다.

얼마 전 독일 공영 방송에서 보았다. 지금 태국의 관광도시에서 여성들의 성을 파는 문제를 45분간 방송했다. 73세 된 한 독일인 남성이 45세 된 태국 여성과 사귀는 얘기를 인터뷰했다. 이 두 사람의 관계를 두고 과연 사랑이냐? 돈이냐라는 문제 제기도 했다. 후의 영상에는 태국의 어린 소녀들이 성파는 문제에 연루되는 것을 고발했는데, 태국 경찰까지 동원되어 이런 불합리성에 관해 계몽하는 것도 보여주었다. 이 어린이들이 나서게 된 동기가 대개는 가난 때문이었다. 그렇다면 중세 유럽과의 비교 관점이 보인다. 500여 년 전의 유럽/독일도 마찬가지로 지금의 태국처럼 어린아이까지 마누라까지 사창가에 팔았다 하지 않는가?

예전에 독일 체류 때 독일 친구들과 한국식당에서 밥을 먹고 난 후함께 프랑크푸르트 시내에 있는 아주 멋진 맥주집에 갔다. 그곳에서맥주를 마시다 보니 늦은 밤이 되었다. 우리 일행은 M시로 가는 기차를 타기 위해서 프랑크푸르트 시내에서 다시 역 쪽으로 걸어 나왔다.

세상에나! 늦은 밤의 역 부근은 해가 있을 때와는 완전히 상반된 분위기로 변해 있었다. 갖가지 기이하고 진기한 차림을 한 여성들이 나와서는 각자 자기구역에 서서 호객하고 있었다.

독일에 오래 체류했고 프랑크푸르트에도 자주 갔었지만, 이런 밤 광경은 처음 보았다 보니 참 놀랍고 신기하기까지 했다. 이 책의 '들어가는 말'에 썼던 이들의 사무실도 바로 이 거리에 있었다. 그때 인터뷰가 이루어졌더라면 오늘날 프랑크푸르트의 매춘에 대한 생생한 얘기를 들을 수 있었을 터인데… 아무리 생각해도 참 아쉽기만 하다.

결혼을 도와주는 남자

— 부인을 등에 업고 남의 집 담 아홉 개를 통과한 그 자리에 부인을 내려놓으면 남편이 무정자증임을 증명!

　중세에 이런저런 방법을 통해서 결혼한 부부들이 자식을 낳지 못하면 어떻게 되었을까? 여자가 아이를 낳지 못할 때는 이혼 당하는 경우가 대부분이었다. 그렇다면 여자는 생식 능력이 있는데 남자가 생식 능력이 없을 때는 어떻게 되었을까? 중세에는 이런 능력이 없는 남자의 피해를 막고자 나온 풍속이 있었다. 바로 '결혼을 도와주는 남자'라는 풍속이었다.

　좀 더 풀어서 얘기하자면; 중세에는 아이를 갖지 못하는 이유가 확실하게 남자에게 있다면 한 가정에 아이를 낳는 데 도움을 줄 남자를 찾아 나섰다. 이렇게 찾은 남자를 '결혼을 도와주는 남자'라고 칭했다. 즉 대를 이을 집안의 자손을 만들기 위해서 이웃 남자의 정자를 빌린다는 뜻이다.

　발하우스(Ballhaus)에 의하면 주로 이웃집의 친구에게 의존했다고 한다. 이때는 남편이 직접 '결혼을 도와주는 남자'를 찾아가서는 자기 부인과 잠자리에 들어 달라고 간절하게 청했다고 한다. 물론 목적은 단순히 아기를 갖기 위해서였다. 발하우스의 언급이 재미있다.

일단 자기 부인과 '결혼을 도와주는 남자' 사이에 '일'이 성사되고 나면 남편은 '수고한' 이들에게 직접 '신부 닭'이라고 칭하는 닭고기를 갖다주었다는 거다. 중세에는 신혼부부가 첫날밤을 치르고 나면 반드시 먹는 음식이 닭고기였다. 이런 '일일 부부'에게도 신혼부부처럼 닭을 갖다주었다니 놀랍기만 하다. 닭을 가지고 간 남편은 이들 '일일 부부'가 닭고기를 먹을 때 시중까지 들었다고 한다. 오늘날의 관점으로 본다면 이해할 수 없는 일이지만 중세에는 자손에 대한 염원이 깊은 시대였으니 이를 당연한 풍속으로 생각했던 모양이다.

이런 일을 치르고 난 뒤 도움을 준 부부나, 도움을 얻은 부부 사이에 신뢰나 관계가 깨졌다는 기록은 없다고 발하우스는 전한다. 아이를 갖지 못하는 이웃의 안타까운 사연이 들리면 이웃집 남자들은 기꺼이 '결혼을 도와주는 남자' 역할에 나섰다. 이때 어떠한 껄끄러움도 갖지 않았다고 한다. 이를 통해 이웃 사랑을 실천하는 것으로 생각했기 때문이다. 비유적으로 말하면, 밭에 쓸 호미가 없는 이웃에게 호미를 선선히 빌려주는 것처럼, 땅은 있으나 밭에 뿌릴 씨가 없는 사람을 도와주었다고 비유하면 될까? 발하우스는 이런 중세의 풍속이 "부족한 부분을 이웃끼리 서로 도와주는 건전한 이웃돕기의 일종이었다."라고 전한다. 하지만 세상에는 늘 예외 없는 일은 없는 법이다. 처음에는 좋은 의도로 시작했던 이런 풍습이 날이 갈수록 돈이 얽히고 성애가 얽히면서 이 풍속 역시도 변질되기 시작했다. 남아있는 법정 자료에 나오는 아이가 없는 어떤 부부의 이야기이다.

이들 부부는 처음부터 교묘하게 각본을 짰다. 그러곤 어느 날 부인이 이웃집 남자를 찾아가 사정을 했다. 그녀는 자기 남편이 유감스럽게도 아이를 낳을 수 없으니 이웃인 당신이 '결혼을 도와주는 남자' 역할을 해달라고 청했다. 측은심이 든 이웃 남자는 흔쾌히 이 여자의 청을 들어주기로 했다. 그렇게 일이 성사되어 부인이 '결혼을 도와주는 남자'와 잠을 자려 할 때 갑자기 남편이 나타나 으름장을 놓았다. 자신은 아무 문제가 없는데 둘이 무슨 짓을 하는 것이냐고? 오늘날의 단어로 치면 간통이라고 호통을 치며 남자에게 돈을 요구한 것이다. 다음에 무슨 일이 일어났는지 생략해도 충분히 우리는 짐작할 수 있다.

이 부부는 이웃 남자의 돈을 노리고 거짓으로 일을 벌인 것이다. 이런 일이 빈번하게 일어나자, 관청에서는 남자가 아이를 가질 수 없는 경우를 증빙하는 제도를 만들었다. 그 방법 또한 재미있다. 남편이 부인을 등에 업고서는 남의 집 담 아홉 개를 통과한 후 그 자리에 부인을 내려놓는 것이다. 이런 행위를 공개적으로 하면, 남편이 아이를 낳지 못하는 것이 가짜가 아니고 진짜라고 믿었다. 아무튼 마을에 공적으로 널리 알리기 위해서 좀 우스꽝스러운 방법을 동원한 것이다. 그러고 나서 남편은 당당하게 이웃집 남자들에게 청했다. 자기 부인과 잠을 자서 아이를 낳게 해달라고! 남자로서 자존심이 상하고, 조롱과 창피를 당했지만 어쩔 수 없었다. 이런 이야기들이 농민법안에도 나온다고 발하우스는 전한다. 그러나 이 풍속도 점차적으로 변화의 조짐이 일었다. 점점 이웃의 '결혼을 도와주는 남자'에게 부탁하는 것이 어려워졌고 '결혼을 도와주는 남자'로 즉각 나서겠다는 사람도 줄어든 것이다. 법정에까지 갔던 위의 불미스러운 예들로도 우리는 짐작할 수 있다.

　이런 문제에 대해서 발하우스는 여러 가지 이유를 밝힌다. 초기에는 아무 문제가 없었던 풍속이 자꾸 나쁘게 번져 가다 보니 순수한 의도가 사라졌다는 것이다. 또 하나 '결혼을 도와주는 남자'도 자기 부인에게 욕먹을까 봐 슬슬 눈치를 보게 되었다는 것이다. 그러면서 발하우스는 재미있는 말을 덧붙였다. '결혼을 도와주는 남자'가 이웃 부인을 도와줄 마음이 조금은 있었을지도 모른다. 하지만 잠을 자게 될 여자가 마음에 들지 않았던 게 아닐까. 그래도 의문이 남는 것은 사실이다. 나중에 아이가 태어나면 결혼을 도와주는 남자는 그 아이에게 자신이 친부라고 주장했을까? 이런 관계는 마을에서 어떻게 해결했을까? 이런 방법을 통해 아이를 낳은 가족들은 그 마을을 떠났을까? 우리나라에도 여자들의 씨받이 이야기는 전해지는데 이처럼 남자의 씨 내림도 있었는지 궁금하다.

중세의 '참회책자들'

- 참회 대리인들을 돈 주고 샀던 중세 부자들! 구강성교, 항문 성교, 자위행위, 낙태 때의 참회의 기간은? 사마귀나 주근깨를 가진 아이는 가톨릭 교회가 부부관계 금지한 날에 한 결과!

중세의 가톨릭교회가 신자들에게 내린 교리 내지 규정들을 들으면 픽 웃음이 나오는 부분이 상당하다. 그중 하나가 〈참회 책자들〉인데, 이름 그대로 초기 중세부터 신자들이 죄를 지었을 때 받게 될 벌의 강도를 기록한 것이다. 이런 참회 책자들은 아일랜드, 영국, 프랑스, 이탈리아 스페인 등에서 전해 내려오는데 지방마다 시대마다 내려진 벌은 약간씩 다르지만, 아무튼 발간된 책자의 숫자도 놀랍다. 오래된 책자들은 6세경에 만들어진 핀니안(Finnian), 쿰미안(Cummian), 테오도르(Theodor von Canterbury), 에그베르트(Egbert von York) 등등인데, 이런 참회 책자들을 아일랜드의 수도승인 콜룸반(Columban)이 유럽 본토의 교회에 전파했다.

오늘은 여성 신학자인 우타 랑케-하이네만(Uta Ranke-Heinemann) 교수의 저서를 통해서 보는데, 여러 내용들 중에서 주로 여성의 낙태와 피임에 관한 내용으로 제한하고, 이 낙태와 피임을 다른 죄목들과도 약간씩 비교하면서 들여다 보자.

체자리우스 (Caesarius: +542) 주교가 보는 피임과 낙태

중세의 체자리우스(Caesarius: +542) 주교는 교황 짐마쿠스(Symmachus: +514)로부터 종교적인 과제에 대한 명을 받자, 당시 갈리엔 지방과 스페인 지방의 모든 주교들과 사제들에게 이 명을 편지로 보냈다. 그 내용은 당시 인들의 생활 범절의 문제점을 지적하면서 그리스도교인이 지켜야 할 관습을 제발 좀 잘 지키라고 당부하는 것이다. 특히 이 주교는 여인들의 낙태를 일종의 살인으로 간주했고, 또 여인들이 임신을 피하고자, 피임에 도움이 되는 약초 물을 마시지 말라고 경고했다. 만약에 이런 여인들이 이런 일을 저지르고 여기에 상응하는 죗값을 치르지 않는다면, 죽어서 지옥 불에서 영원히 타게 될 것이라는 경고를 했다. 506년 체자리우스가 이끄는 종교회의에서 이런 여인들에게 죽은 후에 지옥을 가던지, 아니면 이생에서 속죄하던지 두 가지 중에서 하나를 택하라는 교령을 내렸다.

당시는 교회의 속죄 벌은 오늘날과는 아주 달랐다. 스페인의 주교였던 마르틴(Martin: +584) 역시 피임 하는 여인들에게 10년의 벌을 내렸는데, 그 이유는 그 역시 피임을 일종의 영아살해와 동일시 하였기 때문이다. 하지만 관용이 따르는 경우도 있었는데, 만약에 한 여인이 간음을 저지르고 임신 하게 된 경우에는 영아는 죽여도 될 뿐만 아니라, 본인이 원한다면 낙태도 가능하다는 것이다. 하지만 이런 결과로 생긴 생명이나 저런 결과 때문에 생겨난 태아의 생명은 다 고귀할진대, 특별한 이유 없이 같은 생명을 행위 자체에 중심을 두고 전연 다르게 취급하는 것은 너무나 속 보이는 종교적인 판단 같다는 개인적인 견해다.

가장 오래된 참회 책자는 아일랜드의 수도원에서 생겨났는데, 하필 왜 아일랜드인가? 사실 로마를 중심으로 가톨릭이 번성하였지만, 역사적이 관점에서 보면 아일랜드 수도자들이 유럽 본토의 선교에 많은 힘을 기울였기 때문이다. 이런 참회 책 중에서 가장 널리 퍼진 경우는 레기노 폰 푸룀(Regino von Pruem: +915)과 1010년에 출간된 부르카르트 폰 보름스(Burchard von Worums) 주교의 책자다. 당시 독일의 보름스시는 764년부터 1122년까지 17번의 종교회의가 열렸을 정도로 교회의 중심지 역할을 했던 곳이다. 후에 부르카르트 폰 보름스(Burchard von Worms)가 레기노(Regino von Pruem)의 참회 책자를 인용하기도 하는데, 수태 피임에 관한 레기노의 책자는 그리스도교 교회의 전 영역에서뿐만 아니라, 13세기에 교회법에도 수용될 될 정도로 큰 영향력을 가졌다.

이 텍스트에 나오는 질문들을 보면; 누군가가 자기의 쾌락을 만족하게 하려고 아니면 의도적으로 한 남자에게 아니면 한 여자에게 증오하는 마음을 품고 하는 성교 시에는, 그에 의해서 아니면 그녀가 아이들을 낳아서는 안 된다는 것이다. 혹은 만약에 누군가가 이들에게 약물을 주고선, 그 결과로 남자가 생식능력을 가지지 못하게 하거나, 여자가 수태를 못 하게 될 경우도, 온전히 살인으로 간주했다. 이것은 앞의 다른 책자와 유사한 경고인데, 그만큼 피임을 나쁜 죄로 여겼다는 사실이다. 랑케-하이네만 교수에 의하면 1917년까지 가톨릭교회가 이 교의를 따랐다고 한다.

구강성교, 항문 성교, 자위행위, 낙태시대의 참회 기간

여기엔 피임 약물에 관한 얘기뿐만 아니라 다른 영역에 대한 벌도 있는데, 바로 해서는 안될 짓으로 규정된 구강성교, 항문성교, 자위행위 등이다. 물론 책자마다 벌의 강도는 좀 다르나 교회의 참회 책을 보면, 구강성교, 항문 성교와 자위행위는 낙태보다도 더 강한 참회 벌이 주어졌고, 살인보다도 더 엄격한 벌을 내렸다. 참회의 책 저자들은 어떤 의미에서는 인간을 죽인 것보다도 성적인 문제를 더 사악한 벌로 본다고 랑케-하이네만 교수는 언급했다.

자 그러면 각 책자에서 참회 기간을 어떻게 내렸는지를 보겠지만, 사실은 거의 비슷비슷하니, 우리가 눈여겨 볼 것은 단지 벌의 강도를 비교하는 차원에서다. 690-710년에 걸쳐서 생겨난 영국의 테오도르(Theodor) 참회 책에서는 구강성교는 7년-15년, 어떤 경우에는 평생 참회하면서 살아야만 하는 예도 있었다. 고의적인 살인자에게는 7년을 속죄해야만 했다.

800년경에 생긴 푸소이도 에그베르트(Pseudo Egbert) 참회 책자에는 또 다른 규정들이 있었는데, 구강성교는 7년 또는 평생을 참회하는 삶을 살아야만 했다. 항문 성교는 10년, 낙태는 7년-10년, 살인자들에게는 7년의 벌을 내렸다. 다른 참회 책인 카노네스 그레고리(Canones Gregorii)는 690년-710년에 만들어졌는데, 항문성교는 15년, 고의적인 살인자에게는 7년의 죄벌을! 욕의 대주교 에그베르트(Egbert: +766)가 만든 책자에는 항문성교는 7년, 고의적인 살인에는 4년-5년을!

680-780년 사이에 만들어진 후베르트텐제(Hubertense)를 보면; 자위행위를 통한 성교는 10년을! 약초 물을 마시고 피임할 때도 10년을!

고의로 사람을 죽인 자에게도 같은 10년을! 여기서 보는 바와 같이 오늘날에는 살인자가 더 큰 죄이지만 당시는 오히려 피임과 낙태를 거의 살인자와 같은 죄목으로 다루었고, 비정상적인 성교에 대한 벌도 만만치 않음을 볼 수 있다.

아일랜드에서 출발한 이런 속죄의 형태가 후에는 대리 속죄까지 생긴다. 이것이 점차적으로 발전해 본토의 교황청이 떼돈 버는 계기가 되는 면죄부 판매와 연관성을 찾는다고 신학자인 임바흐 교수가 언급했다. 그는 저서 〈경건과 미신 사이의 성인 숭배〉에서 대리 보속이 결국은 면죄부 판매로 이어진다는 것을 아주 깊고 광범위하게 서술하였다.

구체적인 예시 하나를 보면; 이렇게 교회로부터 무거운 속죄의 벌을 받게되자 사람들은 꽤를 내기 시작한다. 다름아닌 교회로 부터 받은 엄청난 벌의 보속을 왜 나 혼자서 무겁게 짊어져야 하는지? 옳다! 그러지 말고 다른 대리인을 내 세우자는 것이다. 임바흐 교수가 언급한 당시 10세기의 기록문서에서 나온 한 예다; 당시의 한 금수저가 교회로부터 받은 죄의 보속으로 7년간 빵과 물만을 먹는 단식을 해야만 했다. 하지만 그는 죄의 보속인 이 단식을 단 며칠 만에 끝낼 수 있는 방법을 찾았다. 바로 대리 보속자들을 내 세웠다. 먼저 12명의 남자를 고용해 이 남자들이 이 부자를 대신해 3일을 물과 빵만을 먹는 단식을 하게했다. 그 후 그는 120명의 남자를 7번 임명했다. 그들 모두가 그를 대신해서 3일 동안 단식을 했다. 말하자면 그가 벌로 받은 7년간의 단식을 그의 도우미들이 단번에 끝내 준것이다. 물론 이런 죄사함은 엄청난 돈이 들어갔다 보니, 금수저들만 할 수 있는 속죄의 길이었다. 이렇게 출발해 11세기에 다다르자 오늘날 우리가 언급하는 실제 "가톨릭 면죄부"가 탄생했던 동인이 되었다고 임바흐 교수가 밝혔다. 개인이 사람을 사서 대리 보속을 시키는 것을 보고 아예 중세의 가톨릭 교회가 나선다. 바로 그 유명한 '면죄부'를 직접 팔았던 거다. 즉 '면죄부 판매'! 후에는 더 나아가 성지 순례에도 이런 방편들이 생겨난다. 성지를 대신 순례해 주는 거다. 순례를 대신해 주는 이들이 일반인이 아닌 성직자 일 경우는 더 큰 금액 보상을 받았다는 기록이 남아있다.

부부생활의 체위까지 감시하다

여기에 아주 약한 벌도 있다. 만약에 부부가 성교 시 교회에서 제시한 규정을 어기거나 벗어나는 성교 때나, 남자가 아래에 그리고 여자가 위에서 부부생활을 하였을 경우는, 며칠이나 아니면 한 주정도 걸리는 벌을 내렸다. 우리는 이런 부부생활에 내리는 벌 자체가 오늘의 시각으로 보면 그냥 의아할 뿐이다. 왜 그랬을까? 이런 행위는 아기 생산하는 성이 아니라, 단지 쾌락을 위한 행위로 해석했기 때문인 데다가, 이런 체위는 수태하기 어려운 행위로 보았다.

그러나 벌이 엄했던 경우는 부부생활 중에 피임하였을 경우다. 책자마다 다른 벌을 내렸지만 들여다보면; 에그베르트(Egbert)의 책자에서는 3년을, 프소이도-테오도르(Pseudo-Theodor) 책자에서는 최고 3년의 벌을 내렸다. 하지만 의문이 간다. 교회가 어떻게 이들의 사생활인 부부생활까지 간섭했단 말인가? 그리고 어떻게 이들의 침실까지 엿볼수 있단 말인가? 지금의 관점으로는 해석이 전연 안 된다. 하지만 타당한 이유가 있다. 당시 인들은 교회가 내린 이런 책자들을 교과서처럼 의존하면서 살아갔다는 거다. 당시는 교회에서의 이탈한다는 것은 바로 공동체에서의 낙오자요, 더 나아가 더 중요한 사실은 죽어서 천국행이 막히고, 영원히 지옥 불에서 고통을 받아야 한다는데! 이런 교리를 지키지 않을 수 없는 환경이었다. 이렇게 양심에 맡기던 죄벌의 일부는 고해 신부들에게로 그 컨트롤이 넘어가기도 했다. 지금 현 가톨릭에 아직도 남아있는 바로 그 '고백성사'다.

고해 신부에게 컨트롤 당하는 중세인들의 모습

랑케-하이네만 교수가 언급한 다음 예들을 통해서 8세기 이래로 이젠 고해 신부들에게 컨트롤 당하는(?) 모습을 보자. 피임에 대한 질문을 했다. 부르카르트(Burchard von Worms)의 교령에 나오는 이 질문서는 당시에 많은 영역으로 퍼져 나갔는데, 부르카르트는 다른 고해신부들에게 교시하였다. 많은 질문 중에서도 특별히 부부생활 그리고 여인들과 관계되는 많은 질문들이다. 질문의 핵심은 피임과 낙태에 관한 문제이고, 주로 결혼한 남자들에게 던졌다.

"너는 너의 부인이나 다른 이들과 함께 동물처럼 뒤에서[항문] 하는
   성관계를 하였느냐?"
"예 그랬습니다."라고 대답했을 경우는, "보속으로 단지 빵과 물을
   10일 동안 먹어라."
이 말은 다른 음식을 섭취해서는 안된다는 의미다.
"너는 부인이 생리 중인데 부부관계를 하였더냐?" 그러면 "10일간
   과 빵만 먹으면서 보속을 하거라", "네 아내가 아기를 낳고 정화
   정[40일]을 끝내기도 전에 교회에 갔더냐?"
"예"라고 하면, "오랜 기간 동안 보속을 하거라." 유감스럽게도 그

속 기간이 따로 언급이 없다.

랑케-하이네만 교수의 참회 책자에 대한 계속된 언급을 보자. 사실 위의 내용들과 비슷비슷한 것 같지만 다른 내용들이다. 예를 들어보면 같은 '40일'을 언급했지만 위의 내용에는 교회(성당: Kirche)에 갔느냐 이지만, 다음 내용은 부부관계에 대한 질문이다. 이처럼 이들은 아주 세분화된 죄 목록들을 만들었는데 계속해서 보자; 만약에 한 남자가 부인의 정화 과정 기간임에도 불구하고, 성교하였다면, 그 남자는 20일을 속죄의 대가로 빵과 물만 먹어야만 한다. 만약에 뱃속에 든 태아가 움직이고 있거나, 아기 낳기 40일 전에 남자가 부인과 성교하였다면, 역시 20일간 물과 빵을 먹으면서 속죄를, 남편이 부인의 임신을 했다는 사실을 확실히 알고 있었음에도 불구하고 부부관계를 하였다면, 남편은 4일간 물과 빵만을 먹는 속죄를. 만약에 남편이 주일날 부인과 성관계를 하였다면, 4일간 물과 빵만을 먹을지어다. 남자가 금욕 기간 중에 부부생활을 하였다, 그러면 40일간 물과 빵만을 먹으면서 속죄를 하여라. 만약에 남자가 거나하게 취한 상태에서 부부관계를 하였다면, 20일간 빵과 물을! 크리스마스 전 20일간을, 모든 주일날을, 교회가 지정한 금욕기간 동안에, 사도들의 축제일 그리고 교회력에 따른 모든 축제일 동안 정결을 지녀야만 한다. 근데 이 기간에도 부부생활을 하였다면 정결을 지키지 못한 대가로 40일간 물과 빵을 먹으면서 죄 보속을 해야만 했다. 참회 책자에 보면 임신한 여인이나, 불임부부나 나이든 부부들의 부부생활을 금지했다.

우리의 관점으로 생각하면 적당히 속이면 되지! 라고 생각할 수 있겠지만, 그렇지 않다. 위에서도 여러번 언급 했듯이 당시는 모든 이들이 종교 교리에 얽매여 살았고, 거기서 벗어나면 죽은 후에 평생을 지옥 불에서 훨훨 타게 된다고 하니, 이런 종교적인 교리에서 도저히 벗어날 수가 없는 환경이었다. 한마디로 완전히 종교 교리에 세뇌되어 살아가고 있었던 당시인들이었다. 주위를 가만히 살펴보면 오늘날에도 이런 종교 교리에 세뇌되어 살아가는 이들이 더러 있는 것을 볼 수 있기에 중세인들에 대한 충분한 이해가 갈 수 있을 것 같다.

다음은 참 이해가 안 가는 부분이지만 옮겨보는데, 남자가 불임일 경우에는 임신한 여성과 관계를 맺어도 벌을 내리지 않았다는 거다. 왜냐면 아우구스티누스(Augustinus: 354-430)가 성교는 임신을 전제로 한다고 보는 견해 때문이라고 랑케-하이네만 교수가 덧붙였다.

유명한 신학자의 말이기에 우리는 다 추종 해야만 하는 걸까? 라는 강한 의문이 든다. 〈중세 여성의 집〉에서 언급했듯이 토마스 아퀴나스(Thomas Aqinas: 1225-1274)도 귀족층 여성들, 즉 금수저 여인들을 구제(?)하기 위해서는 사창가가 존재해야 한다고 주장한 것도 보면 마찬가지다. 이 이론에 힘입어 중세에는 시에서 경영하는 사창가가 존재했다. 이것은 시의 튼튼한 재정 수입의 근원이었다. 이 책의 〈여성의 집〉에 대한 얘기에서 상세하게 나온다.

11세기의 에첼레시아룸 게르마니에(Ecclesiarum Germaniae)의 책자를 보면, 너희들이 임신이란 사실을 알고 나서 부부생활을 하였다면, 10일간의 빵과 물로 살면서 보속을 하라, 태아의 배에서 첫 움직임을 느꼈음에도 불구하고 성교하였을 경우는 20일! 벌 책자의 많은 곳에서 성교 금지를 제한시켰는데, 바로 출산 마지막 3달 동안의 임신부와 성교 금지를 했는데, 이런 결정은 임신기간 동안 태아를 보호하는 의미 때문이었다고 한다.

여기에 관한 설은 그리스와 로마 시대의 의사인 조라누스 폰 에페소스(Soranus von Ephesus: 기원 후 2세기)가 이미 성교의 금지를 제한시켰던 바가 있었다. 왜냐면 그는 말하길; 만약 위가 뒤흔들리면, 음식물을 올라오듯이, 자궁도 태아를 그렇게 밀어낸다는 의미다. 하지만 같은 의사였던 갈레노스 폰 페르가몬(Galenos von Pergamon: 기원후 2세기)는 또 다른 견해다. 적당한 부부관계는 아무렇지도 않다고 위의 조라누스 와는 대조적인 발언을 했다.

아무튼 교부 학자들은 임산부들의 성관계를 대부분 금지 했는데, 그 이유는 더 이상의 임신이 불가능하다는 사실과, 태아의 건강을 염려 한다는 의미로서다. 신학자인 알베르투스 마그누스(Albertus Magnus: +1280)의 견해는 쾌락을 위한 성교는 위험이 따른다고, 그 이유는 자궁이 열리고, 태아가 빠질 수 있다는 이유 때문인데, 임신 첫 4달 동안 가장 위험 한 시기로 보았다. 앞에 이미 언급된 신학자 토마스 아퀴나스(Thomas Aqinas: 1225-1274)도 빠질 수 없다. 만약에 임산부와의 성교하여 낙태가 될 경우엔, 영혼을 구제받지 못할 악으로 규정했다.

역시 여성의 생리 때도 마찬가지로 부부생활을 금지했는데, 이런 경우 영국의 베다(Beda: +735)와 카노네스(Canones)의 책자에는 40일간의 벌책을 내렸고, 푸소이도-테오도르(Pseudo-Theodor)는 30일을, 780년경에 출간된 옛 아일랜드 책자에서는 20일을, 이시도르 폰 세빌리아(Isidor von Sevilla: +616)에서는 장애자가 태어난다는 언급까지 했다. 결과적으로 이 모든 설들을 우리 현대인의 눈으로 평하면, 비유적으로 다 코끼리를 만진 소경들이 표현하는 것들과 너무 유사하게 보인다. 최고로 발달한 현대의학과는 상당히 좀 떨어진 견해들이기 때문이다. 이런 유사한 견해들이 다가 아니고 또 있다. 다음을 보자.

참회 책자 외의 이야기와 슈미츠의 저서 〈참회 책자들〉

참회 책자에는 나오진 않지만, 예외적인 얘기를 언급해 보면; 서유럽에서는 오랫동안 수태가 생리 동안에도 가능하다고 믿었다고 사학자인 겔리스 교수가 언급했고, 그는 모반, 사마귀나 주근깨를 가진 아이가 태어났다면, 이것은 아이 엄마가 생리 기간에 부부관계를 가져서 임신했다는 증거로 간주했다. 당시에 얼굴에 사마귀나 주근깨를 가졌던 이들은 얼마나 고통스러웠을까? 미의 차원에서가 아니라 종교적인 차원에서! 특히 빨강 머리털의 가진 아이들은 늘 부정적인 대우를 받았다. 그 이유는 이들 부모가 부부생활 금지 날을 염두에 두지 않고 부부관계를 가져서 빨간 머리를 가진 아이가 태어났다고 보았기 때문이라고 겔리스 교수가 언급했다. 앞에서 이미 보았듯이 당시의 중세 교회에서는 주일 날, 축일 날 등등, 부부생활 금지를 교회에서 하달하던 시대였다 보니, 이렇게 어긴 규정 때문에 빨간 머리털을 가지게 되었다고 아예 못을 박아 버린 경우다. 이런 연유로 빨간 머리로 태어난 아이들은 아이들 사이에서도 늘 조롱의 대상이 되었다. 여기도 참 많은 설들이 있지만 지면 관계로 이 정도로 하고 접는다.

자 지금까지 좀 지겨울 정도로 비슷비슷한 내용의 참회 책자들을 들여다보았다. 사실 랑케-하이네만 교수가 언급 부분도 상당한데, 하지만 이것이 다가 아니다. 1883년에 슈미츠(H. J. Schmitz)의 〈참회 책자들)에 관한 박사학위 논문을 보았더니, 자그마치 227쪽에서 832쪽까지 여러 종류의 벌 내지는 속죄의 방편을 소개하였다. 그만큼 당시엔 이런 책자들이 수두룩했다는 뜻이다. 이 논문에는 중간중간에 약간씩 독어로 주석을 달았을 뿐 유감스럽게도 거의 다 라틴어이다 보니 해독이 안 되기에 랑케-하이네만 교수가 풀어 놓은 해석으로 제한한다.

글을 마치면서 의문을 던져본다

다시 글의 마무리 단계에서 정리하는 의미에서 몇 가지의 의문을 던져본다. 당시는 어찌해서 교회에서 개인적인 부부관계까지 간섭했단 말인가? 위에 이미 여러번 언급했었지만, 당시의 사회구조에서는 중세인들이 그물의 한 올처럼 가톨릭이라는 울타리에 묶여 있을 때였기 때문이고, 교회가 던진 이런 교리에 얽혀서 같이 살지 못한다는 의미는 오늘날의 언어로 표현한다면, '왕따'가 되어 순전히 외톨이로 죄인처럼 살아야만 했기 때문이다. 거기다 죽으면 일단 천당에 못 가고 지옥 불구덩이에서 영원히 살아야만 된다는 사실을 의식 속에 깊이 각인되어 있었다 보니 철저하게 지킬 수밖에 없었던 그들이었다.

빠른 이해를 돕기 위해 비교차원으로 우리네의 문화로 한번 들여다보자; 어떤 이가 한 무당으로부터 "지금 당장 굿을 하지 않는다면, 당신 집안에 누군가가 곧 죽는다거나, 곧 사업이 쫄딱 망할 것이다." 라는 말을 들었을 때 우리의 반응은 어떠할지? 이런 이미지를 대비시키면 조금은 이해가 가지 않을까? 당시는 부부의 침실까지도 종교의 교리로 지배했으니 얼마나 불행한 일인가? 오늘날도 매스컴의 보도를 보면, 위에서 던진 종교 교리를 철저하게 믿고선 지구에서 살아야 할 자기

고유한 권리를 포기하고선, 맹목적으로 종교 교주를 추종하는 이들이 더러 있는데, 그리스도 종교라는 그물의 한 올로 엉겨 있던 중세인들은 오죽하겠는가?

또 다른 물음을 던져보자; 만약에 이런 책자들이 신이 부여한 진짜 진리였다면, 시대가 변한 지금도 여전히 이런 교리의 룰을 반드시 지켜야 했을 것이다. 하지만 일찍이 이런 제도는 그리스도교 문화사의 한 편에 자취만을 남기고 다 사라졌다. 후세인들에게는 문화사의 연구 거리로만 존재하는 것을 보면, 절대화되고 관념화된 교리의 독단을 가지고 중세인들의 목을 조른 어리석은 짓으로 밖에는 보이지 않는다고 평해도 별 무리는 없을 듯하다. 또 당시 인간들의 머리에서 풀려져 나온 생각을 언어의 틀에 넣고선 사람들을 옭아맨 한 시대적인 종교적인 현상으로 여겨지기도 하고. 결국 인간은 주어진 문화와 종교 속에 살고, 사람의 생각도 감정도 모두 문화나 종교의 지배를 받는다는 사실을 다시 한번 이런 〈참회의 책자들〉들을 통해서 바라본다. 마지막으로 비판을 하나 언급하고 끝내자; 이런 벌 책자들까지 발행하면서 인간의 행위를 옹 매듭으로 옭아맸고 타인의 부부 잠자리까지 컨트롤했던 중세 이래의 그리스도교를, 오늘날 매스컴에 오르내리는 일부 가톨릭 사제들이나 주교들의 성추행(개신교 역시)에 대비시켜 보면 참으로 씁쓸해진다. 이런 경우 독일은 참 독일답다는 생각이 개인적으로 들면서 부럽기까지 했는데, 그 이유는 세계적으로 권위 있는 독일의 슈피겔(Spiegel)지는 이런 문제를 한두 번이 아닌, 일어나는 사건마다 수없이 적나라하게 다 파헤쳤다. 여기에 연루되었던 어떤 사제는 자살까지 한 사례들을 상세하게 보도했던 것을 한 기사에서 읽었다. 이런 음지의 기사를 파헤쳐 바깥으로 알린다는 자체는, 한 종교가 정화의 과정을 거칠 수 있는 계기가 아닐지 라고 생각한다. 바로 중세의 그리스도교가 그러하지 않았던가? 현재 유럽의 텅텅 비어가는 교회를 보아도 알 수 있다. 종교는 보호받으면 받을수록 죽어 갈 것이다. 반드시 자기 성찰이 동반되어야 하고 외부에서 더러 늘 신선한 수혈도 받아야 한다. 위에서 내린 참회의 벌들을 움켜쥐고 마치 진리인 양 실행하면서 살아갔던 중세인들의 삶이 너무나 불쌍하게 보였기에, 비교 차원에서 오늘날 같은 종교에서 일어나는 성 문제들도 한번 언급해 보았다. (스펠링은 다 독일어식 발음으로 하였습니다)

찾아가는 밤의 풍속

- 마을의 가톨릭 사제들이 딸을 가진 아버지를 통해 이런 구혼
풍속을 염탐하다!

'일반적'인 중세 문화사는 우리에게도 잘 알려져 있다. 오늘 소개하고자 하는 내용은 어쩌면 독일인들에게 조차도 잘 알려지지 않은 내용인지도 모른다. 독일 체류 때 1780년에 출간된 자그마한 고서적 한 권을 구입하게 되었는데 이 책에 나오는 내용이 바로 오늘의 '찾아가는 밤' 이다. 어떤 내용일까? 바로 각 지방의 특수한 연애 내지는 구혼풍속을 연구한 것이다. 필자 스스로도 이런 자료를 접하면서 처음에는 의아함을 감출 수가 없었다. 중세 유럽인들이 남녀 간의 성애를 두고 학자마다 이렇게 차이 나는 해석과 잣대를 갖다 대고 있는 것이 놀라웠기 때문이다. 여기서 필자가 내린 결론은 대개 우리가 알고 있는 '일반적'인 중세 문화사가 있다. 그러나 좀 더 깊이 들어가 보면 시대마다 나라마다 지역마다 다른 풍속들이 중세 유럽에 존재했다는 것을 알 수 있다.

중세 유럽은 첫째, 1000년이라는 긴 세월이라는 것, 둘째, 영토가 매

우 넓다는 것, 셋째, 시대마다 나라마다 지방마다 다른 풍속이 전해져 왔다는 것, 이 세 가지의 전제를 염두에 이들의 풍속 문화를 바라보아야 한다는 것을 깨달았다. 우리네의 조선시대도 다양한 지역에서 매우 다양한 풍속들이 발전, 계승되지 않았는가? 유럽의 영토는 조선보다 몇십 배 더 큰 지역인 데다 1000년의 세월이 녹아 있으니 그 다양성은 말할 나위 없을 것이다.

여기에 서술할 이야기들은 이미 밝혔듯이 사학자 피셔(Fischer) 교수의 1780년의 기록은 물론이고, 더 나아가 막스 바우어의 1860년의 기록, 그리고 1900년대의 다른 여러 학자들이 남긴 연구물을 토대로 엮었다. 이들은 수 세기 전 중세 유럽 처녀. 총각들의 구혼, 결혼 풍속도를 남겨 놓았는데 여기서 가장 주목할 것은 '시험의 밤'이라는 풍속이다. 여기에는 '찾아가는 밤'과 '증빙의 밤'이 포함된다. '찾아가는 밤'과 '증빙의 밤'이라니 도대체 어떤 이야기인가? 사실 얼른 들으면 꼭 소설의 제목 같지만, 이 풍속은 스위스 및 독일의 슈바벤 지방, 바이에른 지방, 프랑켄 지방(프랑켄 지방의 프랑크 왕국은 게르만족의 이동 때 고古 게르만인인 서西 게르만계의 프랑크족이 세운 왕국이다. 카롤링거 및 메로빙거 왕조가 여기서 탄생했다)에서 전해 내려오는 남녀의 구혼 방식이다. 그럼, 이 '시험의 밤'에 젊은 청춘 남녀들은 도대체 무슨 시험을 한 것일까? 그러면 이제 '찾아가는 밤, 또는 '찾아오는 밤'이라는 풍속을 살펴보기로 하자.

'찾아가는 밤'은 구애를 의미한다. 특이한 점이라면 대낮에 구애를 않고 밤에 구애 했다는 점이다. 그것도 한밤중에 총각이 처녀를 찾아가다 보니 이름도 '밤에 찾아가다'라는 뜻인 '찾아가는 밤'이라고 붙여졌다. 사실 좀 기이하긴 하다. 한밤중에 총각이 처녀의 방을 찾아가는 것도 요상한데, 거기다 문을 두드려서 열어주면 들어가는 것도 아니다. 기기묘묘한 방법으로 처녀의 방에 들어갔으니 말이다. 마을 총각들이 찾아가는 모습을 보면; 때로는 젊은 여자가 사는 집의 지붕을 통해서, 아니면 처녀의 방이 다락방 곁에 있을 경우는 다락방 창문을 통해서 그녀의 방에 들어갔다. '찾아가는 밤'의 총각들은 늘 고심하는 것도 있었다. 그들의 고심은 어떻게 하면 다른 이들보다도 더 위험한 방법으로 처녀의 방을 찾아갈 수 있을지다. 이들이 되도록 모험에 찬 밤의 방문을 하고자 한 이유가 따로 있다. 중세의 늠름한 기사를 흉내 내고 싶은 마음 때문이었다.

처녀의 방을 어렵게 찾아가면 갈수록 처녀에 대한 사랑의 크기 또한 크다고 생각했다. 그러니 가급적이면 기이한 방법을 택해서 들어가고자 무지 애를 썼다. 후에 이런 방법을 통해서 결혼하게 된 부부는 세월이 흐른 후 자식이나 손주들에게 그들의 결혼 과정을 영웅담처럼 들려주었다고 피서는 밝혔다. 그러면 창문을 타거나, 지붕을 뚫는 비정상적인 방법으로 한밤중에 처녀의 방을 찾은 총각은 그곳에서 무엇을 했을까? 남녀 간의 불장난이라도 했을까? 이 풍속에도 서면으로 정한 법은 없었다. 하지만 암묵적인 마을 법이라는 것은 있었다. 영웅적인 방법으로 처녀의 방을 찾은 총각은 첫 방문 때 처녀와 섹스하거나 에로틱한 짓을 해서는 절대 안 되었다. 그럼, 무엇을 했을까? 밤에 불한당처럼 사랑을 품고 쳐들어간 총각은 처녀의 침대에까지는 들어갈 수 있었다. 하지만 더는 아니었다. 함께 옷을 입은 채 침대에 누워서는 몇 시간 동안 단지 이런저런 대화를 나눌 수만 있었다. 당시에는 텔레비

전도 없고 라디오는 상상 밖의 세상이었다 보니 이들의 대화는 제한적이었다. 주로 마을에서 일어난 여러 가지 사건들이나 소문을 나누는 게 고작이었다. 주로 낮은 층, 흙수저들 이었다 보니 그들이 하는 일들이 대화의 소재였다. 올 농사가 어떻게 풍년이 될 것인지, 가축들은 병 없이 잘 크고 있는지, 누구네 집은 송아지가 몇 마리로 불어났다더라 등등. 더 나아가 사람 사는 세상이니 마을 돌아가는 이야기도 빠질 수 없다. 마을 사람 누구를 꼭 집어서는 그는 성격이 이렇고 저렇고, 지금 이런 소문이 마을에 돌던데 진짜일까? 등등. 한참 서로 도란도란 이야기를 나누다가 처녀가 잠이 들었다. 그러면 총각은 처녀의 방을 떠나야만 했다. 이런 상황은 초창기의 모습이라고 피셔는 밝혔다. 갈수록 이 틀이 점점 더 깨진다는 의미다.

만약 이런 마을의 암묵적인 법인 이런 절차를 무시한 채 처녀의 방에서 밤을 지새우거나 함부로 하겠다고 난동을 피우는 총각은 마을 사람들로부터 호된 처벌을 받았다. 하지만 항상 예외 없는 곳은 없는 법! 피셔가 전하는 예외적인 곳이 있는데 바로 스위스의 한 지방뿐이다. 이곳은 다른 마을의 풍속과는 달랐다. 처녀의 방을 찾은 총각이 처녀와 함께 밤새 있을 수 있었다는 거다. 다음 날 아침이 되면 처녀의 엄마는 이 둘에게 빵과 마실 것을 가져다주었다. 그리곤 그냥 돌아가는 것이 아니고 이들과 함께 침대맡에 앉아서 아침 빵을 먹었다. 그렇지만 총각이 간밤에 딸에게 의심 가는 짓을 했다는 낌새를 알아차리면 당장 내쫓기도 했다. 아니 그냥 살짝 속이면 되지 않는가? 아니다. 중세 문화는 가톨릭의 교리에 얽매여 살아갔던 이들이다. 나중에 거짓말이 들통이라도 나게 되면 사회의 구성원 내지는 마을의 구성원으로서의 자기 자리를 당장 잃게 된다. 이런 문화사적인 맥락에서 이런 사실을 바라보아야만 그 이해가 가능할 것이다.

그러면 총각들은 아무 날이나 이런 '찾아가는 밤'을 할 수 있는가? 아니다 그럴 수는 없었다. 일요일과 축제일 그리고 축제일의 전날 밤만이 허락된 날이기에 찾아가는 밤 실행이 가능했다. 하지만 처녀와 총각이 서로 간에 마음이 통하고 사랑이 싹트는 감정이 생기게 될 경우는 총각은 밤에 몇 번 더 처녀를 방문하였다. 피셔는 "이들의 대화가 깊어질수록 처녀가 입은 옷의 두께가 얇아졌다."라는 표현을 했다. 이 표현에서 우리는 무슨 의미인지를 짐작할 수 있겠다. 즉 처녀가 총각에게 마음의 문을 크게 열기 시작했다는 거다. 이렇게 둘이 서로 마음의 문을 전부 열었을 경우는 처녀가 총각과 함께 잘 수도 있었다. 다음 단계는 자동으로 두 사람의 결혼으로 이어졌다. 물론 그 전에 임신하는 수도 있었다. 그러면 결혼은 더 빨리 이루어졌다. '찾아가는 밤'의 절차를 끝내고 잘 이루어진 밤을 위에서 잠시 언급했던 '증빙의 밤'이라고 불렀다. 그러나 모두가 이렇게 긍정적으로 끝나는 것은 아니었고 그 반대의 경우도 더러 있었다. 어느 한 처녀가 밤에 찾아온 총각의 방문을 거부했다. 그러자 밤에 찾아온 총각이 처녀에게 폭력을 사용했던 경우다. 이런 '찾아가는 밤'이 아무리 지방의 구혼부터 시작해 결혼까지 이르는 풍속으로 정착되었다지만 아무래도 남자보다는 여자가 불리한 것이라는 생각을 지울 수 없다.

마을의 한 처녀가 한 총각과 여러 번의 밤을 보내고 난 뒤에 불발로 끝나는 경우는 어떻게 했을까? 사가들에 따르면 별일은 없었다고 한다. 이런 경우는 마을 주민들이 합세하여 그녀의 이름을 감추고 서로 보호해 주었다는 것이다. '찾아가는 밤'을 단지 남녀 간의 짝짓기를 위한 지방 풍속으로 여겼기에 이들은 처녀를 나쁘게 평하거나 손가락질하지 않았다. 무엇보다도 서면으로 규정되어 있지는 않다고 하더라도 나름의 암묵적인 질서가 존재했다. 하지만 역시 예외 없는 규정이 없다고, 모든 게 철저하게 다 완벽하지는 않았다. 이 풍속을 나쁘게 이용한 총각들이 있었던 것이다. '찾아가는 밤'을 함께 보내고 난 뒤 처녀가 임신했다. 이때 처녀는 결혼하고자 했으나 총각이 외면했을 때다. 그러면 무책임한 짓을 한 총각은 마을 사람들에게 손가락질의 대상이 되었을뿐 만 아니라, 어떤 경우에는 그 마을에서 쫓겨나 다시는 발붙이지 못했다. 암묵적인 마을 법이 이런 풍속이 잘못 되어갈 때는 제어 했다는 뜻이다. 또한 이런 구혼 풍속의 속뜻을 완전하게 망각하고 즐기려고만 한 총각은 벌을 받았다. 1553년 에어라쓰(Erlass)에서 이런 짓을 했던 한 남자는 벌로서 물과 빵만 먹고 8일간 성에 갇혔다. 또 아주 드문 경우지만 처녀가 그런 짓을 했을 경우도 있었는데, 그녀는 물과 빵만 먹고 4일간의 벌을 받았다는 기록이 있다.

피셔의 보고에 따르면 이런 풍속이 살아 있는 지방의 한 교회에서는 이런 '찾아가는 밤'을 인정했다고 한다. 마을의 가톨릭 사제들이 나서서는 딸을 가진 아버지를 통해 이런 구혼 풍속을 넌지시 염탐하기도 했다. 사제가 처녀의 아버지에게 "딸이 잘 지내느냐?"고 근황을 물으면 이 인사의 의미를 즉시 알아차린 아버지가 "요즘 딸이 '밤의 방문'을 잘하고 있다."고 숨김없이 토로하면서 자랑까지 했다. 당시 지방의 가톨릭교회에서는 이런 '밤의 방문'을 규제하거나 교리로 가로막지 않고 마을 풍속으로 인정했다는 것을 알 수 있다.

게르만족의 풍속이 오래 남아 있는 지역일수록 연애가 개방적이었다. 독일의 작센 지방에서는 1200년경부터 이런 풍속이 크게 유행했다. 추기경 하인리히 폰 제구지오(Heinrich von Segusio)가 남긴 글에도 이런 맥락이 잘 녹아있다; "작센인들에게는 추하지만, 합법적이고 정당한 풍속이 있다. 이것은 총각이 신부와 하룻밤을 지낸 뒤 후에 둘이 결혼할 것인지 하지 않을 것인지 결정하는 풍속이다." 추기경이 당시 이런 얘기를 남겼다는 것은 사람들 속에 깊게 뿌리내린 게르만족의 풍속을 인정했다는 의미로도 해석할 수 있다.

당시는 딸을 가진 아버지가 총각에게 지참금을 주면서까지 딸의 '밤의 방문'과 거기서 연결되는 '실증·실험의 밤'을 청한 사례도 있다고 피셔는 언급했다. 물론 이들의 결혼이 성사되지 않으면 받은 지참금은 돌려주어야만 했다. 수백 년 전통의 맥을 이어 온 '이런 풍속이 있는 마을'에서는 처녀들이 결혼 전 남자들과 암묵적으로 동침할 수 있었다는 거다. 1611년에 독일 밤베르크의 교구에 남은 문서를 보자. 당시 신부

가 될 처녀들은 사제의 축성을 받기 위해 결혼 전 교회에 모이는 풍속이 있었다. 이때 나타난 신부들이 대부분 임신한 채였다고 한다. 이 마을에도 '찾아가는 밤'이 전통적인 풍습으로 성행했다는 뜻이다.

이 풍속은 제자리걸음 하지 않고 진화를 거듭했다. 이젠 무작정 '찾아가는 밤'을 기다리는 것이 아니었다. 친구들끼리 서로의 정보를 주고받으며 밤의 방문을 미리 대비하게 된 것이다. 독일 북해 근방의 페만(Fehmann) 섬에 사는 마을 처녀들은 그날 밤 누가 자신에게 올 것인지 친구를 통해 미리 통고받았다. 한 총각이 창문을 타고 올라가기 전 미리 처녀에게 "작은 소녀!"라고 부른다. 그러면 이 목소리를 알아챈 처녀는 두 가지 반응으로 자신의 마음을 표현할 수 있었다. 별로 마음이 끌리지 않는 총각이 처녀를 불렀을 때는 즉시 대답하였다. "돌아가요. 난 당신을 좋아하지 않아요"라고! 한편 마음에 드는 총각이 오는 날은 달랐다. 미리 몸치장 하고 있던 처녀는 총각이 "작은 소녀!"라고 부르면 "창문으로 즉각 올라오세요."라고 신호를 보냈다.

시간이 흐름에 따라 이젠 주로 논촌 마을 서민층 사이에서 유행했던 이 구혼 풍속이 점차적으로 귀족층으로까지 파급되었다. 1378년 합스부르크가의 요한 4세(Graf Johann)도 이 '찾아가는 밤'을 시도했다. 공작이 마음에 둔 처녀의 이름은 헤르츠란트 폰 라폴슈타인(Herzland von Rappolstein)이였다. 하지만 그녀는 이런 방법으로 밤에 찾아오는 공작을 매우 못마땅하게 여겼다. 심지어 그녀는 매일 밤 찾아오는 그가 문을 열 수 없도록 문 앞에 의자를 갖다 두기까지도 했다. 그는 헤르츠란트에게 여섯 번이나 구애했지만 '찾아가는 밤'은 늘 불발의 밤이 되어 버렸다. 결과적으로는 그는 헤르츠란트에게 완전 퇴짜를 맞았는데, 거절의 이유는 그가 "남자답지 못하다"라는 것이었다.

또 막스 바우어는 "모든 게르만족의 처녀들은 결혼하기 전에 남자들과 자는 것을 당연하게 여겼다."고 보았다. 피셔의 견해도 이와 유사하다. 중세 게르만족의 처녀들은 결혼하기 전에 이런 방법을 통해서 남자를 먼저 알고 결혼하는 풍속이 유행했다는 것이다. 하지만 시간이 흐를수록 이 풍속은 약간 퇴폐적으로 변질되기 시작했다. 영웅처럼 밤에 창문을 타고 들어와 옷 입은 채 누워서 소곤소곤 이야기를 나누던 이런 사랑은 옛일이 되어 버렸고, '찾아가는 밤'을 지키는 풍속 경찰이 동원될 정도로 문란해졌다.

성애로 문란해지자 교회에서는 이 풍속을 규제하기 시작했다. 특히 귀족들이 문제였다. 귀족들이 자신의 힘을 이용해 마을 처녀들을 농락하는 일이 잦아졌던 거다. 이런 교회의 규제에도 불구하고 이 풍속은 점점 더 번져 나갔다는 피셔의 주장이다. 그러자 교회는 더욱더 엄하게 규제를 하기 시작했고, 마침내 이 풍속을 없애자는 제안을 하기에 이르렀다. 하지만 마을 주민들이 나서서 적극적으로 반대했다는 기록이다. 1700년경의 기록이다. 하루는 교회에서 마을 주민들을 소집했는데 이 '찾아가는 밤'의 풍속을 없애기 위해서였다. 그때 한 노인이 일어나서 극구 반대 의사를 밝히면서 말했다; "나의 증조할아버지도, 할아버지도 그리고 마찬가지로 나의 아버지도 이 '찾아가는 밤'을 통해서, 나 역시도 이 방법으로 신붓감을 찾았소. 그러니 이 풍속을 당연히 존속시켜 자식을 낳고 집안을 번성시켜야 하오."라고! 1800년 스위스에서도 이런 풍속을 없애려고 시도했지만 절대 나쁜 풍속이 아니니 없앨수 없다는 반대 의견이 나왔다. 여기서 1800년이란 구체적인 연대를 보면 이런 구혼방식이 상당히 오래된 전통 구혼방식이었다는 것을 다시 한번 확인할 수 있다.

이 풍속이 시골 마을에서 도시로 번져 나갔다. 이 일은 뉘른베르크의 한 사형집행인이 남긴 일기를 통해서도 확인할 수 있다. 1579년 10월 6일의 기록이다. 농부의 종인 슈테판 겝하르스(Steffan Gebhars)가 사형당하기 전 '찾아가는 밤'을 회상하자, 이것을 들은 사형집행인이 기록으로 남겼다. 울리히라는 남자도 사형당하기 전, 오래전에 그가 행했던 '찾아가는 밤'을 회상하면서 혼잣말을 한 것이 기록으로 남아 있다; "아! 매주 밤마다 창문을 통해서 그녀를 방문하곤 했었지. 그때의 시간이 바로 1분 전에 일어난 것 같은데 지금으로부터 벌써 6년 전의 일이구나."라고!

이런 기록을 보면 시골 풍속이 도시로 퍼져도 나가고, 시골에서 살던 이들이 도시로 이주하면서 퍼뜨렸다고도 볼 수 있다. 앞의 글에서도 약간 언급했지만, 필자는 사실 이런 기록들이 몹시 의아하기만 하다. 중세의 다른 자료를 보면 처녀가 임신하면 수치스러운 나머지 낙태약을 먹거나, 불발로 끝나면 억지로 아이를 낳은 뒤 몰래 아이를 죽이는 바람에 극형에 처했다는 기록이 곳곳에 남아 있기 때문이다. 그런데 어떻게 위의 내용은 당시 처녀들에게 이토록 윤리적인 관용을 베푼 것일까? 그것도 가톨릭이 지배하던 사회에서? 뾰족한 답을 찾기 위해 다른 자료들을 뒤적거리다가 막스 바우어의 저서에서 해답을 찾을 수 있었다.

1924년에 내놓은 그의 연구서에는 '같은 책', '같은 목차' 안에 두 가지 내용이 동시에 소개되었다. 좀 더 상세하게 언급해 보면; 250-284쪽에는 결혼하지 않은 여자들이 성애를 즐기다 교회의 엄중한 잣대로 벌을 받았다는 기록이고, 반면에 64-88쪽에는 처녀가 임신하여도 관용이 철철 넘치는 '실증의 밤'을 서술하고 있었던 것이다. 이런 바우어의 저서를 통해서 우리는 잘 알 수 있다. 중세 유럽의 풍속은 시대마다 나라마다 지방마다 매우 다양한 모습으로 존재했다는 거다.

독일의 뫼렌(Maehren) 지방의 속담을 소개하면서 이글을 마친다; "결혼은 창문을 통해서 이루어진다."라는 말이 지금도 전해지고 있다. 수 세기 간의 마을 총각.처녀들의 구혼방식인 '찾아가는 밤'의 풍속을 빗댄 말일 것이다.

중세의 교황선출

– 그릇 밑바닥에 새긴 암호로 비밀을 전달, 가방 아닌 장화로
편지 전달, 중세 교황들의 식탐은?

1: 콘크라베는 닫힌 공간에서 바깥의 압박이나 영향력 없이 새 교황을 선출하는 제도로 알려져 있다. 하지만 역사를 거슬러 올라가 보면 이 콘크라베는 단지 교황 선출에만 국한된 것이 아니라, 이미 그리스시대부터 이 방법을 사용했기 때문에, 교황 선출용의 전문 용어 아니라고 호르스트 퓌르만 교수는 말한다. 가장 오래된 '일반'의 콘크라베는 1172년 베네치아에서 열린 것으로 본다. 그리고 북이태리 같은 여러 곳에서도 시장을 뽑는데 이 제도가 많이 사용되었다.

이 콘크라베가 가톨릭에 완전히 정착하기 전의 교황 선출에 대한 얽힌 얘기 중의 하나를 보면; '기이한' 오스트고텐의 아탈아리히(Ostgotten Athalarich: +534) 왕은, 만약에 왕에게 소속된 한 관리가 다툼이 있는 교황 선출의 결정을 해야 할 경우가 생겼을 때다. 이때 이런 시끄러운 선거의 다툼을 잠재우고 한 교황을 확정 지워주는데, 자그마치 3,000 졸리데(Solide: 당시 돈단위)를 합법적으로 요구했다고 사학자 퓌르만 교수가 언급했다. 이 돈의 오늘날의 가치로는 자그마치 2분의 1 밀리

오넨/밀리언 DM(현 EURO의 2분의 1)이란다. 이 왕은 10살에 왕 자리에 올랐다 보니, 엄마가 섭정을 했고, 평생을 알코올에 찌들어 살다 일찍 죽었다는데, 어떤 역사적인 맥락이 엮였는지는 모르지만, 아무튼 당시대에도 교황 선출에 문제점을 더러 일으켰다는 사실을 짐작할 수 있겠다. 시간과 더불어 교황 선출의 방법이 점점 더 틀을 잡아가기 시작하는데; 1207년과 1216년도는 콘크라베를 통해서 교황 선출을 했다지만, 가장 완전한 형태의 콘크라베는 1241년부터로 본다. 1059년부터는 추기경들에 의해서 교황이 선출 방식이 정착되었고 1179년부터는 새 교황의 당선에는 참석한 이들 중에 반드시 3분의 2 이상이 찬성을 해야만 당선으로 보는 규정이 확정된다. 이 정족수에 못 미치면 교황 자리는 늘 빈 채 있었다. 이런 공위(空位) 기간은 일주일에서부터 한 달, 어떤 때는 몇 년까지 갈 때도 있었다.

2: 콘크라베가 열린다는 자체는 전임 교황이 죽었다는 뜻이다. 이때 바티칸의 담당 시종이 죽은 교황의 이름을 부르며, 죽음 확인차 은 망치로 머리를 살짝 건드리면서 두들겨서 반응이 없을 경우는 일단 죽은 걸로 간주한다. 가장 먼저 하는 일은 교황이 끼고 있는 반지를 빼서는 부숴 버리는 것이고, 그다음 교황의 서거 소식을 온 로마에 종으로 알리고, 추기경들은 죽은 교황의 발에 입맞춤한다. 장례식이 끝나면 다음은 당연히 교황 선출이다. 만약 당시의 교황 선출이 오늘날처럼 평화롭게 성사되었다면 더 이상의 얘깃거리가 문화사에 남아 있지도 않았을 것이다. 말하자면 정상에서 벗어난 콘크라베도 더러 있었다는 거고, 이런 얘기들이 결국은 후세인들의 호기심을 자극하게 만든다.

1241년 8월 20일 그레고르 9세 (Gregor: 1227-1241)가 14년간의 재위 기간을 채우고 죽었으니, 이젠 추기경들이 당연히 새 교황을 뽑아야만 했다. 당시 콘크라베의 맥락을 더 눈여겨보면; 당시의 교황권은 로마의 원로원 손아귀에 있었다. 근데 그 반대파인 당시 득세하던 오르시니(Orsini) 귀족 가문이 특히 날뛰었다. 이 오르시니가 새 교황을 뽑기 위해 10명의 추기경들을 소집했다. 당시의 상황을 묘사한 피셔 박사의 자료를 보면: 그는 한 추기경의 머리채를 잡고선 바닥에 내치는가 하면, 어떤 추기경들은 그에게 얻어 맞기까지 했다. 그 이유가 따로 적혀 있지 않으니 유감이다. 짐작하건대 아마도 추기경들이 오르시니에게 순종하지 않았기 때문이 아닐는지?

오늘날에 비기면 정말 상상이 안 가는 전경들이다. 투표 하기 위해 추기경들을 모았던 곳은 세프티초니움(Septizonium)인데, 203년경에 지은 허름하게 기울어져 가는 건물로 한 때는 감옥으로 사용하다가 다시 수녀원의 일부로 흡수되었던 곳이다. 오르시니(Orsini)는 투표권이

있는 추기경들을 이 장소에 감금시키고 갖은 푸대접을 일삼는다. 당시 그들은 손과 발의 묶인 채, 마치 도둑질을 한 도둑이 감옥소(?)로 향하는 것처럼 붙들려 갔다고! 거기다가 일부러 지붕을 뚫어 빗물이 아래로 떨어지게 만들기도 했다. 공정한 콘크라베를 치루기 위해서 이 건물 지붕위에는 사람들이 지키고 있었다. 지붕 위의 이 지킴이들이 소변볼 장소를 미처 찾지 못해 급하게 쏟아 내는 날은, 지린내 풍기는 빗물을 고스란히 아래에서 맞아야만 했다. 또 뜨거운 태양이 내리쬐는 날씨에는 쉽게 전염병이 돌았다 보니, 특히 나이 많은 추기경들이 더위 속에서 병이 들기도 했다. 이럴 땐 일단 옆방으로 옮긴다지만 문제는 치료 목적이 아니다. 이들의 생사를 오직 운명에 맡긴다면서 그냥 모퉁이 방에 그냥 모셔(?) 버린다.

톨레도(Toledo) 출신의 요한이라는 추기경은 이런 처사에 대해 한 마디 던지길 "이럴 바에야 차라리 성령이 지붕을 타고 내려와 교황을 선택함이 나으리라."는 말까지 했다고 하니 어떤 분위기였는지 짐작이 간다. 어느 날 이들 중 한 명이 거의 죽음 문턱에 다다랐다. 감시인들이 작은 공간으로 이 추기경을 끌고 가서는 침까지 탁 뱉고선 석궁으로 된 곤봉으로 때리기까지 했다고 피서 박사는 밝혔다. 더 심한 짓은 이들이 죽을 때 성사 받는 것까지도 허용 하지 않고 그냥 외면해 버렸다고 하니, 가슴 밑바닥의 존재했을 기본적인 양심을 버리고 그자리에 대체 무엇을 채우고 살았을까?

2개월 지난 후인, 1241년 10월 말에 드디어 교황이 뽑혔다, 바로 쾰레스틴 4세(Cloelestin: 1241 10.25-11.10)다. 열악한 환경에서 귀족들로부터 갖은 무시를 당하면서 선거를 치렀던 추기경들은, 새 교황이 선출되자마자 만세를 부르며 이곳을 떠나버렸다. 근데 또 무슨 운명의 장난인지? 새 교황 쾰레스틴 4세가 그만 죽어버렸다. 그것도 17일 만에! 이번에도 오르시니(Orsini)가 새 교황 선출을 위해 추기경들에게 다시 소집장을 보냈지만, 추기경들은 그곳에 다시 들어가기를 무지 꺼렸다. 몇몇 추기경들이 아예 콘크라베 참여 자체를 단호히 거부했다 보니 거의 2년간 교황이 없이 지내는 시기가 도래했다. 그 다음 교황인 이노첸츠 4세(Innozenz)가 1243년 6월 25일 선출되었던 것을 보면 공위(空位) 기간이 2년이었다는 것이 확인된다.

다시 세월이 흘러 글레멘스 4세(Clemens: 1265-1268)가 죽은 후의 상황이다. 1268년 11월 29일 18명의 추기경들이 콘크라베에 참석했다. 이때는 11명의 이태리인 추기경들, 5명의 프랑스인, 1명의 영국인, 1명의 헝가리인 추기경들이었다. 이들은 민족끼리 서로 그룹을 지웠다 보니, 이번엔 3분의 2 이상의 정족수 도달에 미치지 못했다. 다음 해로 넘어가자, 협의회는 추기경들이 투표를 위해 모인 궁정을 아예 잠가 버리고, 문은 아예 벽으로 막아버리고선, 추기경들에게 음식으로 단지 물과 빵만을 주었다. 하지만 추기경들은 이런 처사와 조건을 불쾌해하면서 건물 자체를 원상 복귀하라고 거세게 반발했다. 다시 3년간 교황 없이 지냈던 공위시대를 지나서 1271년 9월 1일 드디어 한 이태리인이 교황에 당선된다. 그는 사제 서품을 받은 이도 아니었다 보니, 후에 1272년 4월 6일에서야 부랴부랴 신품을 받는다. 그가 바로 그레고르 10세(Gregor: 1271-1276)다. 이런 콘크라베의 문제점에 직면했던 그레고르 10세는 1274년 6월 7일 엄격한 제도를 반포했다. 콘크라베는 외부의 영향을 전연 받지 않고, 오직 각자의 소신대로, 새 교황을 뽑는다는 의미를 포함했다. 그가 내린 규정을 자세히 볼라치면; 일단 교황이 죽으면 10일 후에는, 그것도 교황이 죽었던 그 장소의 닫힌 공간에서 교황 선출을 해야만 한다. 이 공간에서 들어선 이는 교황 선출이 확정될 때까지 어느 누구도 떠날 수도 없고, 다른 이들이 들어올 수도 없다는 규칙이다. 이를 어긴 자는 당장 파문당하게 되고, 또 여기 모인 추기경들이 5일 이내에 새 교황 뽑지 못할 경우는 단지 두 끼 음식만을 공급받는다. 만약에 8일이 지났는데도 새 교황 결정을 못 내리면 추기경들은 '물과 빵'만 공급받는 신세가 된다는 거다. 사실 중세에서 '물과 빵'으로만 먹는다는 것은, 죄인들을 참회의 길로 이끄는 보속의 상징이었다. 추기경들은 죄를 지은 자들이 아니었음에도 불구하고 갖은 수모(?)와 더불어 음식까지도 제지당했다. 하지만 이런 제도도 엄밀히 보면 평소에도 잘 먹지 못하는 농부들이나 낮은 층들에게는 별 해당 사항이 없었고, 단지 수도승들을 위한 보속이었다. 왜냐면 수도자들은 평소에도 늘 잘 먹었으니, 죄를 지은 경우 그 죗값으로 금식을 좀 하라는 메시지였다고 에리히 카우퍼 교수와 더불어 다른 이들도 밝혔다. 그 사이 인노첸츠 5세(Innozenz: 1276. 1. 21-6.22), 하드리안 5세(Hadrian: 1276. 7.11-8.18), 요하네스 21세(Johannes: 1276. 9.8-1277-5.20), 니콜라우스 3세(Nikolaus: 1277. 11-25-1280. 8.22), 마르틴 4세(Martin: 1281. 2.22-1285.3.28), 호노리우스 4세(Honorius: 1285. 4.2-1287.4.3)들이 거쳐 간 것을 보면 그중에는 몇 달만 자리를 지킨 이들도 있을 정도로 교황 자리가 자주 바뀌었다.

다음의 한 예는 니콜라우스 4세(Nikolaus: 1288-1292)가 죽고 나서 새 교황을 뽑는데 이때도 두 가문이 싸움질만 하다가 2년 만에 새 교황 쾰레스틴 5세(Cloelestin: 1294.7-1294.12)가 1294년에 뽑혔다. 하지만 그는 딱 6개월 재직하고선 죽었다. 이들은 다시 각자 자기 가문이 원하는 교황을 뽑기 위해서 싸움질에 들어가고, 지붕을 뜯어내는 처사나, 추기경들에 대한 모독의 의미는 다름 아닌 각자의 "가문이 원하는 교황을 뽑아라! 그리고 빨리 뽑아라!"라는 암묵적인 지시가 내포된 거다. 오늘날에는 상상도 할 수도 없는 이런 일들이 어찌해서 당시는 일어날 수 있었을까? 13세기의 교황권은 바닥에서 기는 시기였고, 거의 모든 권한은 로마 귀족들이 장악했다. 정치적이고 종교적으로 얽혔던 당시의 문화사는 너무 길기에 생략한다. 다만 서로 적대관계에 있는 귀족 가문들이 서로들 자기편의 교황을 뽑기 위해 발버둥을 치는 시기였다는 사실만 기억하자. 당시 오르시니(Orsini)와 적대 관계에 놓인 가문은 콜론나(Colonna)였는데 이 두 가문이 자기들이 원하는 교황을 배출하겠다고 권력 싸움을 일삼았다.

1353년에 이르러서는 콘크라베 규정이 더 보완된다. 교황을 뽑기 위해 집결한 추기경들의 시종도 들어올 수 있게 정했는데, 단 3명으로 허락했다. 이들이 머무는 공간엔 온통 검붉은색과 초록으로 치장되었는데 그 의미는 죽은 교황의 은덕을 입고 있다는 표징으로서, 이들이 사용하는 침대, 방석, 수건, 등, 심지어 요강까지도 이 색으로 덮였다. 시종들도 바티칸 직원들도 마찬가지로 같은 색을 입고 다녔다. 누군가가 우연히 들여다보았다면 혹 젊은이들의 방이 아닐까 연상이 될 정도였다고 신학자인 임바흐(Imbach)교수는 말한다.

3: 새 교황을 뽑을 때까지 물과 빵으로 견뎌야만 하는 시기도 있었다는 것을 앞에서도 보았다. 세월이 흘러 콘크라베에 참석한 추기경들이 때론 '물과 빵'으로 견디던 시기는 이젠 저 멀리 사라지고, 정상적인 음식을 허락하자 새로운 진기한 모습들이 나타난다; 일단 추기경들은 음

식에 대한 조심을 상당히 하였다 보니 자기 소속의 종들이 가져온 음식만을 먹었다. 혹시나 음식에 독이 들어 있을까 봐서다. 아주 엄중한 컨트롤이 진행되었다. 4명의 주교가 문 앞에 턱 버티어 서서 들고 온 음식에 독이 들었는지? 검사했을 뿐만 아니라 혹은 음식에 비밀스러운 소식이라도 넣었는지를 철저히 검사했다. 특히 투명하지 않은 병이나 단지 사용은 절대 금물이었고, 특별히 금지된 음식은 닭요리였다. 왜일까? 우리네의 닭요리 안에 대추 인삼 등등을 많이 넣을 수 있다는 것을 상상하면 되겠다. 유추해 보면 당시도 닭 안에 어떤 비밀스러운 연락망 같은 것을 넣지는 않았을까 하는 우려가 있었나 보다. 그러함에도 불구하고 이들은 갖가지의 비상한 아이디어를 짜내었다.

그 한 예로는 그릇 가장 밑바닥에 뾰족한 것으로 암호를 새기고 나서 그 위에 음식을 넣어 들여보내기도 했다. 음식을 다 먹고 나면 그릇 밑바닥에 새긴 글씨를 당연히 볼 수 있었기 때문이다. 무슨 비밀들이 그리 많은지 모르겠지만, 아무튼 그들만의 비밀스러운 요건들을 충분히 전달할 수 있었다. 이런 엄한 규정들은 세월이 흐르면서 점차 더 물렁물렁해져 버린다. 추기경들은 아예 규정을 어기고 세 사람의 수행원보다 더 많이 데리고 들어왔는가 하면, 이젠 각 귀족들이 보낸 첩자들과 감시인들까지 버젓이 등장했다. 호기심을 가진 귀족들도 은근슬쩍 이런 대열에 끼어들었다. 이런저런 이유로 추기경들이 동행한 인원이 많아지다 보니, 콘크라베 장소에 400명의 인원이 모인 적도 있었다고 한다. 더 기이한 것은, 규정 같은 것은 아예 내동댕이치고선, 벽에다가 구멍까지 내어 바깥과 교통했다고! 편지를 이리저리 서로 전달해 주기도 했는데, 이때 편지 전달용으로 사용한 것은 가방이 아니라 장화였다. 그러다 보니 전해 줄 편지를 장화에 가득 넣은 채 뒤뚱거리며 걷기도 했다니! 이렇게 산만하고 어수선한 콘크라베를 마치 잔칫집 분위기로 표현한 기록도 있다.

추기경들이 교황을 선출하러 들어가고 나면, 바깥에선 무성한 소문이 난무했다. 후에 율리우스 3세(Julius: 1550-1555)로 선출되었던 조반 마리아 델 몬테(Giovan Maria del Monte)라는 추기경의 얘기다. 그는 교황이 되자마자, 바로 그가 애지중지 키우는 원숭이의 트레이너인 17살 먹은 지미아(Simia)를 추기경으로 임명했는데, 사실 그는 읽고 쓰지도 못하는 자였다고! (비교 차원에서 여기 원문을 제시한다: "… wurde er[Julius 3] zum Papst gewaehlt und machte als erstes den 17 jahrigen Simia, der weder lesen noch schreiben koennte, zum Kardinal.") 젊었을 때 그는 많은 여인들과의 사이에서 수많은 아이들을 낳았다는 자료도 남아 있다는데! 임종을 앞둔 그의 어머니가 이 아들에게 제발 좀 착하게 좀 살라는 유언을 남겼다. 그러자 그는 죽어가는 엄마 앞에 무릎을 꿇고 앞으로 바르게 살겠노라고 맹세했다. 그 맹세는 바로 여성들과 연애하지 않고 소년(Knabe)들과만 연애(?)하겠다는 거다. 그 후 추기경이 된 그는 이 약속을 철저하게 잘 지켰다고 한다. 더 이상 여자들과 사귀지 않고 소년 애인들(?)을 수두룩하게 데리고 살았다고 하니 말이다.

4: 콘크라베를 거쳐 교황이 된 중세 교황들의 식탐 얘기도 마저 보자. 이들이 잘 먹었던 음식의 기록을 보면, 과자와 빵은 기본이고, 공작새 요리, 꿩고기, 메추라기 요리, 두루미 요리, 와인에 절인 삶은 소 혀 요리, 와인에 절인 삶은 돼지 궁둥이 요리, 거세한 수탉 요리, 비둘기

요리, 돼지배 요리, 토끼 튀긴 요리, 염소 간 요리, 송아지 발 요리, 개구리 요리, 심지어 곰 고기까지!

부엌 일꾼들을 11명을 두었던 이는 니콜라우스 3세(Nikolaus: 1277-1280)인데, 그는 주방장을 중심으로 수프 요리사들과 소스 요리사들을 따로 두었고, 일반 빵 굽는 이 따로, 달콤한 빵 굽는 시종 따로, 교황이 먹을 음식을 먼저 시식해 보는 자들도! 보니파티우스 8세(Bonifatius: 1294-1303)의 얘기다. 그는 1303년 9월에 3일간 감옥에 갇혀 지냈는데, 이때 그는 밖에서 제공되었던 음식은 다 거부하고 오직 받아먹었던 음식이 하나 있었는데 바로 계란이다. 그 이유를 우리는 언급하지 않아도 쉽게 짐작이 간다. 바로 일반 음식을 받아먹다가는 독살될까 봐서다. 파울 2세(Paul: 1464-1471)는 일상적으로 세 끼 먹는 방식이 좀 별났다. 그는 해가 지고 난 뒤 점심을 먹었는가 하면, 새벽이 되어야 저녁을 먹는 버릇을 가졌다고 한다. 레오 10세(Leo: 1513-1521)는 바티칸의 재산을 탕진할 정도로 많은 연회를 열었다. 1518년 4월 30일에 연 한 연회에선 자그마치 1인당 80조이디(Seudi) 넘었다고 신학자인 임바흐 교수가 언급했다. 옛 화폐인 조이디의 가치를 잘 모른다. 하지만 적어도 교황이 연 잔치이니 째째하게 일 인당 8만 원은 분명 아닐 것이다. 80만 원의 짜리 가치로, 아니면 800만 원 가치로 상상해 볼까? 이렇게 흥청망청 누렸던 이 교황은 전임자 교황이 남긴 재산은 물론 후임자 교황에게 물려줄 바티칸 재산까지 다 바닥내 버렸다.

중세 교황의 음식 얘기가 나온김에, 비교차원에서 같은 금수저인 중세 귀족들의 잔치에서 차려지는 식탁음식도 어느정도 였는지 잠시 들여다 보자; 이들 역시도 축제가 열리면 몇 시간은 물론이요 때론 2-3일간 계속되는 경우도 있었다. 많은 예 중에서 하나를 보자면; 30명을 초대해, 3일간 열린 파티다. 이 파티엔 4마리의 암소, 40마리의 돼지, 80마리의 닭고기, 10마리의 새끼 염소, 25개의 치즈 덩어리! 얇게 저민 치즈가 아니다. 우리가 영상 등등에서 보면 누런 호박 크기의 치즈 덩어리를 납작하게 해서 둥글게 만든 치즈 덩어리를 말한다. 그리고 빠질 수 없는 것이 술이다. 자그마치 450리터의 와인을 소비했다는 기록도 나온다. 더 나아가 밀가루로 만든 210개의 각종 빵과 여러 종류의 케익, 1,800개의 프라리넨-브랜디 등이다. 이것은 초콜릿 안에 브랜디를 넣어 만든 것으로 오늘날도 유럽에서 판매하는 것을 보았다. 이 초콜릿을 입에 넣어 깨물면 브랜디가 톡 튀어나온다. 아마도 한국에도 지금은 수입되었을 거로 생각한다. 아무튼 그 맛이 일품이었다.

하지만 사실 이런 양은 중세의 다른 저서에서 나오는 잔칫집의 음식들과 비교를 해보면 그저 평범한 소비일지도 모른다. 스피쓰 교수의 저서에 나오는 그 하나의 예를 소개해 보자면; 이런 잔치에 동원된 말 숫자가 자그마치 4,280! 물론 여기에서의 말은 식용은 아니었고 금수저들이 타고온 교통수단이다. 오늘날로 치면 자가용이 되겠다. 자가용은 그냥 기름만 넣으면 굴러간다. 하지만 말은? 늘 먹이를 챙겨야한다. 4,280마리의 말에게 그 말 먹이를 챙기는 하층민들의 숫자도 대단했을 것이다. 이 말들은 관리했을 흙수저들의 얘기도 상당하지만, 음식 범주에서 벗어나기에 여기서는 생략한다.

잔치에 나오는 음식을 보자; 3일 잔치에 16만 5천 개의 빵 소비, 와인은 4만 8,000리터를 소비했다고 나온다. 또 다른 귀족의 잔치에서는 위의 4,280 보다 더 많은 5,945마리의 말을 대동하였는가 하면, 4만 마리의 닭, 19만 4,345개의 계란, 323마리의 암소, 490마리의 송아지, 3,295마리의 양과 염소를 잡았다는 기록이 남아있다. 여기에 자세히 관찰하면 음식의 양도 대단하지만, 이들의 숫자 기록이 좀 특이하지 않은가? 아니 말의 숫자가 4,300도 아니고 4,280마리, 약 6,000이라고 언급하지 않고 아주 정확하게 5,945마리의 말! 그 외도 마찬가지다. 4,400도 아니고 4,345개의 계란 숫자, 적당히 330도 아니고 323마리의 암소, 500도 아닌 490마리의 송아지, 양과 염소는 3,300도 아니고 3,295 마리! 독일인들의 이런 철저한 기록에 개인적으로 자주 놀란다.

다시 교황얘기로 돌아와 글을 마무리하자; 늘 해골을 그려 넣은 은 컵만을 사용했다는 알렉산더 7세(Alexander: 1655-1667)가 있는가 하면, 피우스 6세(Pius: 1775-1799)는 그의 유언장에 요리사들을 언급할 정도로 요리사들에게 많은 혜택을 베풀었다. 당시는 요리사가 꽤 높은 관직이 아니었을까 하고 후세의 학자들은 유추한다. 지금까지 우리는 콘크라베에서 이들이 당한 수모들, 종교계 수장들이 권력 다툼과 싸움질, 심지어 이들이 즐겨 먹었던 음식 등등까지를 살펴보았는데, 이런 세세한 부분까지의 자료들이 남아 있다는 것도 사실 좀 놀랍고, 이것을 바탕으로 신학자들이 더 많은 연구를 한 것 또한 높이 살만하다는 개인적인 견해다. 더불어 우리가 한번 짚고 넘어가야 할 부분은 아마도 가톨릭의 추기경에서부터 콘크라베를 거쳐 교황이 된 이들이 살아갔던 모습에 대한 비판도 한몫해야 하지 않을까? 사실 사랑을 실천하고, 가난한 이웃을 돌보라는 예수의 정신에서 한참 이탈된 이런 변질된 모습들을 통해서 오늘날의 구교 신교에서도 한 번쯤은 자기가 선 자리에서 성찰과 반성의 의미를 가져 볼 수 있다면 좋겠다는 개인적인 견해를 덧붙여본다.

연이어 다음 꼭지에서는 '기이한' 삶을 살다간 중세 교황들을 소개한다.

중세 교황의 기이한 삶

- 졸도 발작 때문에 4일간 재위한 교황! 우어반(Urban) 7세 재위 12일! 가장 젊은 중세 교황은 12살의 베네딕트(Benedikt) 9세

'기이한' 삶을 살다 간 중세 교황들의 삶을 한번 모아 보았다.

*먼저 재판에 선 교황은 그 유명한 포르모수스(Formosus: 891-896)인데, 그의 후계자인 스테판 6세(Stephan: 896-897)가 포르모수스를 법정에 세웠다. 물론 교황도 법정에 설 수도 있다. 문제는 이미 포르모수스 교황은 죽어 이미 땅에 묻혀 반쯤 썩어가는 시신이었다는 거다. 후임자인 스테판 교황이 포르모수스 교황의 시신을 무덤에서 꺼내선, 이 시체에다 다시 교황 옷을 입혀 법정에 세웠다는 좀 기이한 사실이다. 이렇게 자리 탐내는 자들에게는 앞뒤가 안 보였나 보다. 여기는 교황의 권력을 등에 업고 있었던 이태리 가문끼리의 싸움에서 시작되었다고 한다.

*살해당한 교황은 누구였던가? 요하네스 8세(Johannes: 872-882)는 재직 기간 중에 882년 12월 16일 한 친척에 의해 독살당한 첫 교황이다. 그가 마신 독배가 너무 천천히 몸에 퍼지자, 이 친척은 망치로 머리

를 때려서 죽였다고 한다. (" … sagen, dass er von Verwandten vergiftet und- als das Gift zu langsam wirkte-mit Hammerschlaegen auf den Kopf umgebraucht worden sei"). 이렇게 그를 첫째라고 붙이는 것은 후에도 8명의 교황이 더 살해당했기 때문으로 본다.

*그럼, 가장 짧은 재위는? 752년에 교황에 당선된 지 4일 만에 졸도 발작을 일으켰기 때문에 죽은 이도 있었지만, 일단 그는 사제 서품을 받지 않는 교황인지라 교황 리스트에서 제외되었다. 합법적으로 보면 교황 우어반(Urban)7세로 볼 수 있는데, 그는 1590년 9월 15일부터 1590년 9월 27일까지 단지 12일간 재위했는데, 그는 이미 교황 선출 기간에 말라리아에 걸려 병이 든 상태였다. 그 외에도 쾰레스틴 4세 (Cloelestin; 1241. 10.25-11.10), 교황 피우스 3세(Pius: 1503. 9.22-10.18), 그 외에도 교황 이노첸츠 5세(Innozenz: 1276. 1.21-6.22), 교황 하드리안 5세(Hadrian: 1276. 7.11-8.18). 마지막으로 중세는 아니고 현대의 교황인 요하네스 파울(Johannes Paul: 1978. 8.26-9.28)인데 단지 33일 간의 교황이었다.

*가장 젊은 교황은 1033년에 12살에 교황이 된 베네딕트 9세(Benedikt: 1033-1045)다. 친척이 뿌린 돈 때문에 교황으로 되었다고! 요하네스 12세(Johannes: 955-964)도 마찬가지로 16-18살 사이에 교황으로 등극했다고 한다.

*거기다 요하네스 12세(Johannes: 955-964)는 간통 사건뿐만 아니라 지나치게 오락에 빠졌던 이로써 교황 자질에 한참 미달하였다고 한다.

결국에 그는 품위 없는 교황으로 찍혀서 964년에 쫓겨났고, 어느 날 간통한 여인의 남편에게 맞아 죽었다고 한다.

*사제가 아닌 일반인이 교황이 된 경우다. 바로 레오 8세(Leo: 963-965)다. 한 종교회의에서 오토 황제가 악평이 난 요하네스 12세를 쫓아내고, 그를 바로 교황으로 임명했다. 아무튼 그는 교황직을 위임받을 때 일반인 신분이었다가 부랴부랴 주교로 임명되었다. 하지만 얼마 지나지 않아 다시 돌아온 요하네스 12세 교황에게 자리를 다시 빼앗겼다고.

*교황 레오 3세(Leo: 795-816)도 간통 사건에 휘말렸다. 이런 사건들 때문에 그는 자기 전임자인 하드리안 1세(Hadrian: 772-795)의 추종자들에게 박해당했다. 그를 반대하는 자들이 레오 3세의 눈을 찌르고 혀 자르기 시도까지 했다는 사실이 문서에 남아있다. 다행스럽게도 칼 대제의 비호 아래 그는 구출되었고, 그것에 대한 감사 표시로 그는 800년 칼을 황제로 임명했다고!

*교황 레오 4세(Leo: 847-855) 후임으로 교황으로 선출된 '전설적'인 여 교황 요한나는 요하네스 안길리쿠스(Johannes Anglicus)란 이름으로 교황으로 당선되었다. 결국 그녀는 임신하였다는데, 그 사실을 숨기고 지내다가 어느 날 베드로 성당 앞에서 종교적인 행렬 중에 출산을 하게 되었다는 전설적인 얘기다. 여 교황 요한나 얘기는 영화로도 나왔을 정도로 너무나 잘 알려진 인물이고 그녀에 관한 중세사 학자들의 많은 연구서가 유럽에 나와 있다.

*또 다른 '전설적' 교황은 공의회 중 잠시 휴식을 취하는 중에 변소에 갔다가 그만 거기서 죽었는데, 바로 교황 레오 1세(Leo: 440-461)다.

*첩을 가졌던 교황은 잘 알려진 그 유명한 루크레치아의 아버지 보르기아가 출신인 알렌산더 6세(Alexander: 1492-1503)다. 그는 첩들 사이에서 9명의 자식을 낳았는데, 그의 이야기 역시 영화로도 나왔다. 당시 그의 측근인 브루카르두스가 남겨 놓은 교황청 일기에 보면; 그의 딸 루크레치아가 바티칸에서 치른 너무나 사치스럽고 호화스러운 결혼식 장면을 남겨두었다. 특히 1501년 그의 딸 루크레치아를 시집 보낼 지참금으로 8000 두카텐(Dukaten: 당시 돈 단위)를 주었단다. 당시 마르틴 루터가 대학 교수로서 일 년 치 월급이 8두카텐 이라는데, 그러면 우리는 이 금액이 얼마나 되는지를 충분히 상상할 수 있겠다.

*교황 선출을 통한 교황이 아닌 아버지 덕에 교황이 된 이도 있는데, 바로 인노첸츠 1세(Innozenz: 402-417)다. 그의 父는 아나스타시우스 1세(Anastasius: 399-401)인데 당시는 사제 독신제가 도입되기 전이라 가능했다고!

*마지막으로 폰티아누스(Pontianus: 230-235)는 자리를 박차고 나간 첫 번째 교황이다. 그 외에도 요하네스 18세(Johannes: 1009-1009)와 그레고르 12세 (Gregor: 1406-1415)도 압박감 때문에 교황자리를 털털 털고 나갔다고 한다. 베네딕도 수도승이었던 피에트로 안겔라리(Pietro Angelari)는 은수자로 살다가 1294년 쾰레스틴 5세(1294. 7.5-12.31)교황으로 당선되었지만, 그는 교황 자리가 싫다고 교황직을 박차 버리고

자유롭게 다시 은수자로 돌아간 이다. 자리를 박차고 나간 교황들이 다른 이들에 비해서 왠지 아름답게 느껴진다. 교황으로서 누리게 될 당시의 권력과 부귀영화를 단칼에 끊고 떠났으니 어쩜 진정한 예수의 정신을 본받고자 했던 분들이 아니었을까?

글을 마무리하면서; 교황의 출발점은 마태오 복음 16, 19f에서 출발했다는 것과 또 교황은 처음부터 교황이 아니었고, 로마에 있는 주교를 지칭하는 말에서 출발했다는 것은 너무나 잘 알려진 사실이다. 아무튼 역대 교황들은 어떤 자료에서는 269명, 또 다른 자료에서는 266명이라고 하는데, 당시 2명의 교황이 동시에 나올 때도 있었기 때문이다. 중세 교황들의 얘기는 무궁무진한 사료들이 남아있다. 좀 특이한 분들을 모아서 올려 보았는데, 언젠가 기회 닿는 대로 내가 가진 자료들을 가지고 여기에 아직 싣지 않은 중세의 교황과 추기경들에 대한 아주 재미있고 '기이한' 얘기들을 책으로 한번 엮어 낼 예정이다. 중세 가톨릭 교회 안에서 일어난 사건들이 더러 바깥세상으로 새어 나올 수 있었던 것은, 바로 세속의 법정에서 이들의 문제들을 다루었기 때문인 듯하고, 그렇게 남은 법정 자료들을 바탕으로 많은 독일 학자들이 연구물로 내놓았다. 예를 들어 어떤 독일 교수는 중세 수도자들의 동성애를 집중적으로 연구하는 이들이 있을 정도로. 법정 자료에서 나온 중세 수도자들의 동성애 얘기는 이 책에 실었다.

3부

오늘날에도 천국/지옥과 연옥의 교리는 여전히 살아 있는데,

왜 중세인들만큼의 그런 간절함은 사라져 버렸을까?

귀부인과 유니콘 (La Dame à la licorne) 15세기 후반의 태피스트리

힐데가르트 빙엔 수녀의 수태 지침서

- 중세인들에게 성(性)에 관한 조언, 아들딸 낳는 방법 제시한 수녀. 당나귀의 발굽이나 분뇨, 보라매 분뇨, 비둘기 분뇨를 태우면서 나오는 연기 이용하는 중세 낙태법

중세의 힐데가르트 수녀의 수태 지침서·낙태법·피임법

오늘은 먼저 초기 중세인(500-1250)들의 성 개념을 언급하고, 그 다음 중기 중세(1050-1250)에 살았던 독일의 힐데가르트 빙엔 수녀의 부부애 지침서를 소개 하기로 한다. 당시 여인들의 상황을 신학자인 에디트 엔넨 교수의 저서를 통해서 잠시 보자. 중세 초기(500-1050)는 아주 엄격하고 보수적인 (성) 윤리가 지배했다. 몇몇 예들을 통해서 보면 확연하게 드러난다; 한 남자가 한 소녀를 유괴했을 때는, 의무적으로 주어진 신붓값의 9배를 지급해야만 한다. 한 노예 여자에게 폭력을 가한 자유인 남자가, 강간까지 했을 경우에는, 이 남자는 노예의 주인에게 12실링(Schilling)을 지불해야 했다. 만약에 한 노예가 그러했을 때는 150대의 매를 맞는다.

한 노예가 자유인 여성에게 폭력을 가했고, 만약에 이 여자가 법정에 고소했지만, 무죄가 증명되었다. 그러면 둘 다 죽임을 당한다. 만약

에 한 자유인 소녀가 한 노예 남자와 자유롭게 교제할 경우는 이 둘은 죽임을 당한다. 한 여인이 법적인 남편과 결별했을 때는 늪에 빠뜨려 익사시켰다. 한 남자가 그 부인을 '근거 없이' 이혼할 경우는, 그가 결혼하기 위해 지불했던 신붓값을 다시 한번 지불해야만 했고, 동시에 12실링(Schilling)의 벌금을 물어야 했다. 임신 가능한 여자를 죽게 하면, 600실링(Schilling)의 벌금을! 임신한 여자에게 상해를 입혀 낙태를 시키면 700실링(Schilling)의 벌금을 물었다. 누군가가 주교를 때려 죽이거나 살해했다면 900실링(Schilling)을 물었다. 당시의 돈 단위인 실링이 나오는데, 어느 정도였는가 하면, 당시 1실링이면 수소 한 마리를 사고, 2실링으로는 암소 한 마리를 살 수 있었다 하니, 단지 12실링 일지라도 어느 정도의 돈인지 쉽게 가늠이 간다.

이처럼 초기 중세의 성 윤리를 통해서 그 사회를 들여다보면 여인들이 암묵적인 법으로 꽤 보호받은 것 같기도 하면서도 자세히 보면 동시에 여인들이 억압받았던 사회임을 볼 수 있다. 여기서 유추할 수 있는 것은 그래도 이 시대도 여전히 남성 위주의 사회라는 것과 철저한 신분사회라는 사실을 부정할 수는 없겠다. 이런 초기 중세적인 문화바탕을 가지고 다음은 중기 중세의 한 수녀의 얘기로 넘어간다. 〈베네치아의 결혼 지참금과 수녀원 지참금〉에서 약간 언급했듯이, 당시의 비극적인 베네치아 수녀들에 비해서 이 수녀는 수녀원에 들어가 성공한(?) 경우다. 이 수녀는 겨우 8살 때 부모의 손에 이끌려 수녀원에 들어갔지만 수녀원 생활에 잘 순응하면서 살았던 바로 힐데가르트 빙엔(Hildergart Bingen: 1098-1179)이다. 그녀가 살았던 시기는 500-1050년의 초기 중세는 아니고, 이미 1050-1250년에 속하는 중기 중세이다.

이런 그녀는 12세기의 최고의 여인인 동시에 독일의 첫 신비주의자로 간주한다. 그녀에 관한 얘기의 자료는 참 많다. 다 생략하고 오늘은 그녀가 부부들에게 권유했던 性에 관한 얘기만 조명 하기로 한다. 자! 이 힐데가르트 빙엔 수녀가 당시 중세인들에게 남긴 性에 관한 조언에 들어가 보자;

1: 적절히 성숙한 나이가 아닐 때 남성이 정자를 사용해서는 안 된다. 이런 정자에서 태어난 아이들을 병에 잘 걸린다.

2: 그러기에 남성들은 성숙한 나이에 다다를 때만 아이를 생산해야 한다.

3: 아직 수염이 생기지 않은 남성은 여성과 성관계를 해서는 안 되고, 남성의 수염이 자라나야만 성관계를 할 수 있다. 이것은 자손을 생산해도 좋다는 성숙의 표징으로 판단했기 때문이다.

그녀는 수녀로서 위의 성 문제에 대해 언급했을 뿐만 아니라 부적 처방까지 제시했다. 왼쪽 손목에 보석으로 만든 부적을 차고 있으면 산모가 위험 없이 아이를 낳을 수 있다는 것이다. 당시는 애를 낳다가 많은 산모들이 죽어간 시대였다. 그것을 고려해 힐데가르트 수녀가 이런 방편까지 산모에게 제공해 주었다. 힐데가르트 수녀가 이렇게 교회의 믿음과는 다른 부적에 대해서 더 나아가 부부간의 성애에 대해서 발언하자 당시 사람들도 매우 놀랐다. 그래서 혹 힐데가르트(Hildegart)가 수녀로서 환시 체험 속에서 떠들어대는 말이 아닌지 의심할 정도로 대단한 반향을 불러일으켰다. 하지만 그녀는 이런 세속인들의 의심에는 아랑곳하지 않았다. 그녀의 주장은 부부간의 성애 문제는 신의 선물이라는 생각에서 출발했기 때문이다. 물론 힐데가르트 수녀의 이런 수태

이론이 오늘날에도 수용될 수 있는지는 전문가의 영역에 맡긴다. 다만 한 수녀가 이런 부부간의 수태에 관한 글까지 남겼다는 것이 놀라울 뿐이다.

낙태와 피임에는 어떤 약초들이 있는가? 중세에 약초를 다루는 여인들이 나 조산원들은 마법적인 부적이나 마법 주문을 외우는 것은 그들의 일상사였을 뿐만 아니라, 엄밀히 따지면 당시의 의사들과도 별반 다를 바가 없었다. 당시는 의사라고 칭했지만, 오늘날 같은 전문교육을 받은 이들이 드물었기 때문에 이들 역시도 마법적인 미신 등등을 이용했다. 당시에 목욕탕에서 상처를 치료해 주던 이들이 후에 외과의사의 전신이 된다는 사실을 보면 알 수 있다. 먼저 낙태법을 보자; 토끼의 응결 유를 몸에 착용하거나, 아니면 수양버들 잎이나 열매를 질 속에 넣으면 낙태가 된다고 믿었다. 또는 불타는 당나귀의 발굽이나 당나귀 분뇨, 보라매 분뇨, 비둘기 분뇨를 태우면서 나오는 자극적인 연기를 질 속으로 불어 넣으면 된다고! 이것뿐만이 아니다. 양의 오줌을 마시

면 낙태의 효능을 가져온다고 중세의 약초 책자에 기록 되어있다. 또 다른 낙태 방법은 수양버들의 잎을 양모와 함께 반죽하고선, 이것을 질 안쪽에 자리 잡게 하면 되고, 이 양모를 수양버들 수액에 담그게 되면 더 큰 효과를 높일 수도 있다고! 또한 마법과 관련하여서는 물약이나 연고가 자주 사용되었다. 석류나무의 열매를 명반과 혼합해서 낙태의 효능을 볼 수 있다고 했다. 보석류에는 피임 효과도 있다고 하였는데, 하지만 이런 방법들이 낙태와 피임에 대한 효과를 보기도 했지만, 때로는 그 임산부를 죽음에 이르게 하는 경우도 더러 있었다.

보석류에 관한 얘기가 나온 김에 산호에 관한 얘기를 좀 하고 다시 힐데가르트 수녀의 얘기로 돌아오자. 산호에 얽힌 얘기들은 어떤 것이 있을까? 먼저 산호는 주로 붉은 색만을 떠올리기 쉬운데, 사실은 흰색 빛을 띠는 것, 오렌지색 더 나아가 흑갈색도 있다고 한다. 이집트 때부터 붉은 산호는 액운을 막고 행운을 가져오는 물질로 사용했고, 그리스인들은 이것을 의료용으로도 사용했다. 중세인들은 이런 산호에 묘한 신비적인 힘을 가졌다고 보았기 때문에, 이들은 마귀의 힘에 홀린 힘을 벗겨내는 부적으로 사용했다. 한 수도승은 이런 비유를 들면서 보석을 몸에 지니는 것은 신비적인 힘을 지니는 것과도 같다고 설교했다. 그러기에 아이들도 이런 보석을 목에 걸고 다니면 건강 치료에 효력.효능을 준다는 거다.

여기에 그림을 싣지는 못하지만, 15세기의 한 화가가 그린 그림을 보면 젖먹이 몸에 아름다운 진주가 묶여 있는데, 이 진주로부터 나오는 에너지 덕택에 이 아이가 잘 성장할 수 있다는 의미로 해석한다고 중세 사학자 프루고니(C. Frugoni)교수가 덧붙였다. 산호 진주 에덜스타인 글라스 등으로 묵주도 만들었다. 이런 것은 14세기에 대 유행이었는데 이것은 믿음의 표징이라기보다는 진짜 보석을 지닌다는 의미로 해석했다. 이 묵주기도의 기원은 15세기의 도미니카 수도승 알라누스 델라 루페(Alanus della Rupe: 1428-1475)가 성 도미니코에게 바치는 기도로 시작했다. 이 말을 다시 풀어 보면; 사실 이미 13세기부터 치스터치엔처(Zisterziener) 수도승들이 바친 묵주기도가 있었다. 하지만 14세기엔 주로 몸에 지닌 보석으로 간주했다가, 15세기부터 가톨릭 기도의 상징이 된 것이다. 산호로 된 묵주로 기도하면 신비적인 힘이 발동해 신이 더 잘 들어 주었다는 의미로 보았다.

이런 잔재가 지금도 대다수의 아프리카인에게는 남아있는 것은 아닐까? 이들을 보면 장신구 등등 몸에 많이 걸치고 다니는데 이것도 에너지 보충 차원이라는 것을 어디서 들은 적이 있다. 이 말은 우리가 신호등의 색깔을 정한 것과도 연관 지어 볼 수도 있겠다. 빨강, 노랑, 녹색인데 왜 빨강은 위험, 금지를, 녹색은 허락, 평화를, 노랑은 중간 영역을 제시할까? 인간이 정했기에 그렇게 답습하는 것일까? 아니면 인간의 유전자 안의 색에 대한 해석이 원래 그렇게 박혀 있었단 말인가? 이 논제는 인류학자인 클로드 레비-슈트라우쓰(Claude Levi-Strauss)로부터 나온 것이다.

과학이 최상으로 발달했다는 오늘날도 인간은 행복과 안녕을 위해선 그것이 미신이든 아니든지 간에 수단과 방법을 가리지 않는다는 것을 부정할 수 없다. 우리가 자주 볼 수 있는 것들 중에는 굿, 부적, 산기도 등등을 들 수 있다. 그리스도교가 지배적이었던 중세의 유럽인들도 이런 상황에서 예외일 수가 없었다. 이들 역시도 두려움, 피할 수 없는 공포, 좌절과 난치병이 걸리면 액막이 부적 등등을 사용했다. 이런 분야에 관한 연구는 여러 권의 책으로 나와 있으니 당시 인들이 어느 정도로 이런 미신에 빠졌는지를 잘 알 수 있다.

얘기가 좀 길었다. 다시 힐데가르트 수녀 얘기로 돌아오자: 힐데가르트 수녀가 언급한 피임 방법으로는; 사정되는 순간에 몸을 빼는 것을 여인들에게 권고했다. 그렇게 되면 정자가 몸에 들어갈 수 없다는 거다. 그리고 나서 무릎을 꿇고 앉아서 7번 세찬 기침을 하면 여성의 몸에 들어온 정자를 여자의 몸 밖으로 밀어낸다는 것이다. 특히 창부들은 성관계 후에 뛰고 내리는 동작을 하면 정자가 바깥으로 사출된다고도 했다.

다른 피임 레시피도 보자. 부부관계 때 두 사람이 동시에 오르가즘 느끼는 것을 피하라는 것이다. 이것을 통해서도 태아 착상을 저지할 수 있다고! 약초 피임법을 보자; 때로는 마법을 동반한 음료나 연고를 동원한 레시피도 있었고, 약초를 보면 알라우나 뿌리, 양배추 잎, 양배추 씨앗을 삼나무 기름으로 섞어서 작고 동그랗게 만들어 자궁에 넣고, 반면에 남자는 그곳에다가 백연년(Bleiwei β)과 히말라야 삼나무과 나무의 기름을 바르라는 거다. 여자는 그 외에도 1.5리터의 바실리쿰을 태운 물을 마시거나, 성관계 후 여성은 즙에 적신 수양버들잎으로 만든 페서리를 질에 삽입하라고 조언했다. 사실 이런 방편들을 오늘날의 눈으로 보면 아주 번잡하고 허식적으로 보이기는 한다. 사실 이런 방편들은 꼭 성공을 약속하는 보증이라기보다는, 인간이 물에 빠지면 지푸라기라도 잡는다 듯이 당시는 의술이 발달 하지 않았다 보니 인간의 애달픈 심정으로도 표현된다.

중세의 시대상을 보면; 1348-1352년까지 유럽 전역에 페스트 병으로 유럽 인구의 4분의 1이 죽어갔다. 페스트가 특별히 더 휩쓸고 간 곳에는 인구 격감이 심했다. 거기다 페스트가 발발하기 전인 1315-1318년 사이에는 추운 날씨와 심한 홍수 때문에 흉작이 되었고, 그 결과로 기근이 들었다. 그리고 몇 세기가 지난 1618-1648년 사이에는 30년 전쟁을 치렀다. 인구 감소는 물론이요 시골에서는 아예 노동자들이 없었다보니, 큰 농토를 소유한 귀족들과 교회는 커다란 문제점에 봉착했다. 이런 환경들 속에서는 인구 증가가 무엇보다도 큰 과제였다. 이런 문제 속에서 조산원들이 나서서, 전통적으로 내려오는 낙태와 피임법을 널리 알리는 것이 교회의 눈에는 가시로 보였고, 아주 엄하게 비판을 가했고, 금지는 물론이요 속죄와 벌을 내렸다. 이런 연장이 중세 후기에 이르러 마녀사냥의 근원이 되기도 했다.

힐데가르트 빙엔(Hildegart Bingen: 1098-1176) 수녀는 약 900년 전에 살았던 수녀로, 성에 대한 다양한 지침서를 남겼는데, 그녀가 남겨놓은 또 다른 부부 성애를 언급해 보면;

1) 부부가 사랑이 충만한 상태에서 성애를 나눈 후 태어나는 아이는 남아다. 이 남아는 매우 현명하고 덕스럽고 똘똘한 성격의 소유자로 성장한다는 것이다. 부부간에 사랑이 무르익을 때는 신이 개입하는 순간이기 때문에, 가장 강력하고 힘센 남자의 정자로 부인에게 수태시킨다는 것이다. 정자가 힘이 셀 수밖에 없는 이유는 하느님이 심어준 진실한 사랑을 품고 성애를 나누었기 때문이라고 주장했다.

2) 남자가 힘이 센 정자를 가지고, 충만한 사랑과 욕망을 가지고 여

자에게 다가가지만, 부인이 남편에 대한 시들한 사랑을 가지고 결합할 때도 남아가 태어난다. 왜냐면 남자의 사랑이 우위를 차지하기 때문이다. 하지만 이 남아는 약한 성격의 소유자인 데다가 덕스럽지도 못하다고 주장했다. 이유는 부인이 남편에 대한 사랑 결핍 때문이었다.

3) 남자가 여자를 향한 갈망이 넘치는데, 여자는 그런 갈망을 느끼지 못할 경우는 남자의 정자가 약해진다. 이런 약한 힘 때문에 여아가 태어난다.

4) 남자의 정자가 완벽한 힘을 가진 일 경우일지라도, 남자가 여자에게, 여자가 남자에게 서로 간에 사랑과 애정이 없을 경우다. 이때는 남아를 만든다. 왜냐면 이러할지라도 남자의 정자가 힘이 세기 때문이다. 그러나 문제는 후에 이 남아는 뻔뻔스러운 인간이 될 것이라고! 부모가 서로 간의 애정이 아닌 혐오감에서 출발했기 때문이다.

5) 남자의 정자가 약할 경우다. 하지만 남자가 여자에게, 여자가 남자에게 서로 간에 사랑과 애정이 남아 있을 경우는, 현숙한 여아가 태어날 것이라고! 그러나 남자의 정액이 묽고 둘 중 어느 누구도 상대방에 대한 사랑과 애정을 동시에 느끼지 못한다면 현숙하지 못한 성격의 여아가 태어날 것이라고!

6) 선천적으로 비만인 여자의 체온이 남자의 정액을 압도한다. 그런 연유로 태어날 아이의 얼굴도 여자를 닮는 경우가 많다고! 그러나 천성적으로 가냘픈 여자는 대개는 아버지와 닮은 얼굴을 가진 아이들을 출산한다고!

7) 그녀는 또 달 모양과 부부간의 성애에 얽힌 이야기도 기술했다. 만월 때는 인간의 몸도 피가 가득해지는 시기라는 것이다. 이때는 남자의 정자도 강하지만, 반대로 달이 기울 때는 몸의 피가 줄어들고 정

자가 약해지는 시기로 보았다. 이 시기에 임신을 하면 성의 구별 없이 연약하고 열등한 딸이나 아들을 두게 된다는 것이다. 그녀는 신비주의자, 시인, 작곡가, 학자, 종교, 의학, 음악, 윤리학, 우주학 등등 그녀의 분야는 이렇게 다양했을 뿐만 아니라 결혼도 하지 않은 수녀가 이런 부부관계를 묘사한다는 것은 더욱더 놀랍다. 그녀의 얘기는 영화로도 나왔다. 당시는 남녀 수도원이 더러 앞집 뒷집으로 함께 공동으로 살았던 시대였기도 했다. 이 영화에서 힐데가르트 수도원도 마찬가지였다. 그리고 이들의 인사법도 특이했다. 이들 남녀 수도자들이 만나면 볼맞춤이 아니라 서로 입맞춤을 했다. 오늘날로 치면 터부 중의 터부에 속한다. 그것도 남녀 수도자끼리! 이렇게 그 시대를 지배하는 문화는 그 시대만의 산물임이 틀림없겠다는 생각이 든다.

이 힐데가르트 수녀를 기리는 수녀원이 라인강 언덕바지에 우뚝 솟아있다. 예전에 독일에서 공부할 때 노트북을 들고 일주일간 이 수녀원에 머물면서 논문 썼던 기억이 아름다운 기억으로 생생하게 떠오른다. 독일 라인강가의 관광 도시인 뤼데스하임(Ruedesheim)을 가게 될 경우, 마음만 먹으면 이 수녀원의 방문이 가능하다. 뤼데스하임에서 자동차로 언덕바지를 조금 올라가면 이 힐데가르트 수녀원이 나오기 때문이다. 독일 여행 중에 관심이 간다면 한번 가 보는 것도 좋을 듯하다. 그리고 한 수녀가 부부관계에 관한 쓴 글인데 조금은 요상한지라(?) 아무래도 이 글의 출처는 뒤장의 〈참고서적〉에 남길게요.

사후세계를 관리하는 중세인들

- 천국행 때문에 장례식 동안 1,500명-3,500명의 거지 대접! 한 수녀의 기도 덕택에 4,000명, 1만명, 2만명, 3만명의 영혼이 연옥에서 구제되었다고!

　지난번 글에서는 살아생전의 중세인들이 천국에 가기 위해 교리에 따른 속죄를 치르는 형태를 보았다면, 이 글에서는 죽은 후의 영혼을 관리하는 모습이다. 이런 영혼 관리를 위한 기도처는 정신적인 영역과 동시에 물질적인 역할까지도 맡았던 수도원이었다. 당시 수도원은 잘 알려진 대로 맥주를 만들어 팔거나 소금 장사 등등인데, 예를 들어 1098년에 세워진 중세의 한 치스터치엔저(Zisterzienser) 수도원에서 하던 소금 사업에 관해서 쓴 연구서가 나와 있을 정도다. 중세 수도원이 이렇게 물질적인 영역에서도 빠지지 않았던 이유는 당시의 소금값이 금값처럼 귀한 시기였다 보니 수도원들이 돈벌이로 나섰던 거다.

　정신적인 영역에서의 수도원들 역할이란 무엇이었을까? 바로 그리스도 정신의 전파와 산 자의 영혼은 물론 사후의 하늘나라에 대한 신앙심을 북돋우면서 기도를 대신해 주는 곳이다. 천국에 대한 열망 때문에 살아갔다 해도 과언이 아닐 정도의 중세인들은 살아생전의 참회도 모자라, 사후의 자기 영혼을 빌어달라는 유언까지 남겼을 정도다. 여기엔 낮은 층들이 물론 아니었고, 주로 귀족층들과 부자들이었는데, 수도원과 수도승들이 이런 유언을 받아서 그 역할과 과제를 도맡았다. 먼저 카롤링거 시대의 수도원끼리의 기도 연합을 보고 그다음은 개인 이 남긴 유언장들을 들여다보자.

여러 수도원에서 결성된 연합은 구체적으로 어떻게 기도하였던가?

신학자 페터 하벨 박사가 언급한 카롤링거 시대(751-987)의 수도원들을 보자. 760년 22명의 대주교들, 그리고 5명의 주교들, 17명의 수도원 원장들이 프랑스의 아티그니에 모여서 종교 회의를 개최하였다. 이회의에서는 수도원에 소속된 동료들이 함께 기도나 시편 낭송 기도를 해주는 연합을 구성하였고, 이 계약은 공식적으로 서류화하여 서명하였다. 주된 내용을 보면, 이들은 죽은 이들의 영혼을 필히 기억해 주고, 100번의 미사 그리고 '100번의 푸잘터'(Psalter:=성서의 시편 150편을 읽으면서 기도하는 것을 100번)를 기도해야만 하는 의무를 지웠다. 공동 번역 성서의 836쪽부터 1,019쪽까지가 시편인데, 이 기도를 100번이나! 엄청난 기도가 아닌가? 그 외에도 주교들과 수도원 원장들은 30번의 미사를 올리게 했다.

다른 지역에서도 마찬가지다. 772년 딘골핑 수도원을 중심으로 결성한 밴드를 보면, 6명의 주교, 13명의 수도원장들이 포함되었고, 위의 사례와 비슷하게 서로 100번의 미사, '100 번의 푸잘터'(Psalter=성서의 시편 150편을 읽으면서 기도하는 것을 100번)를 의무적으로 행해야만 했다. 그외에도 당시의 유사한 기도 연합체가 생겼는데, 바로 8세기의 바이쎈부르크(Weissnburg)의 수도원에서다. 특히 724년에 세워지고

2003년에 유네스코에 등재된 라이헨아우(Reichenau) 수도원은 더 큰 결성이 이루어졌다. 이곳은 수도승뿐만 아니라 일반인들, 낮은 직급의 수도자 그리고 심지어 수도원에서 일하는 농노들도 참여했다. 835년 에는 50개의 수도원이 참여했고, 10세기 말에는 100개가 넘는 공동체로 불어났는데, 이 수도원은 각 공동체 회원들은 직위, 헌금, 죽은 날짜 등등을 아주 정확하게 기록하였다. 이 책에는 자그마치 40,000명의 이름이 등록되어 있고, 각 수도원은 의무적으로 총 밴드에 소속된 망자 회원들을 위한 다음과 같은 것을 의무적으로 행해야 했다.

1) 매해 11월 14일에 이 망자 회원들을 위해서 3번의 미사를 바치라. 그리고 성서의 시편 836쪽부터 1,019쪽까지(=1푸잘터) 노래를 불러라!
2) 첫 달의 시작일에는 위의 1과 동일한 기도를! 가장 최근에 죽은 이들에게는 예외적으로 봉헌미사와 50번의 푸잘터를!(=시편 150 장을 50번을 기도한다는 뜻)
3) 누군가의 사망 소식을 들었을 때 사람들은 즉시 3번의 미사를 올리고, 푸잘터 기도를! 사후 7일째 되는 날 다시금 30번의 시편을 기도한다. 30일 째는 죽은 이를 위한 미사와 50 시편으로 망자를 기억해야만 했다.

다음은 프랑크푸르트 바로 옆에 있는 도시 풀다(Fulda)도 보자. 이곳 수도승들은 863년 결성했다. 수도원 내부의 연합을 결성하고 나서 다음과 같은 일들을 의무화시켰는데; 모든 수도승은 일 년에 한 번 살아 있는 동료들을 위해서 150장의 시편을 10번 번복해서 기도(=10 푸잘터)를 하고 아니면 10번의 미사를 바친다. 여기서 구분을 두는 이유는 아무래도 수도승 중에 미사를 지낼 권한이 없는 수사들에게는 '푸잘터'를 권한 것 같다. 정시 기도 시간에 참여하지 못하는 아픈 수도승들은 매일 5번의 시편을, 한 동료가 죽으면 사람들은 30일 이내로 3번의 '푸잘터' 3번의 미사, 12번의 밤기도, 12번의 저녁기도로 그의 사후 영혼을 도와야만 했다. 돌아가신 부모와 형제들을 위해서는 각자가 50편의 시편을 바치고, 더 나아가 밤기도, 저녁기도를 이행하는 의무를 지웠다. 세속에 사는 친척들을 위해서도 마찬가지로 30편의 시편을 바쳤다. 이들이 사후의 영혼들에 대한 지대한 관심을 가졌다는 것을 알았다. 시편 기도를 한 번만 바치는 것도 버거울 터인데, 30번씩, 50번씩의 기도는 왠지 좀 힘들게 느껴진다. 아무튼 당시 이들의 기도 소리가 하늘에 잘 닿아서 죽은 이들의 영혼 구제가 잘 되었는지도 상당히 궁금하다.

고인의 혼을 구하기 위한 자선 헌금, 왜 가난한 자들에게 베풀었던가?

먼저 유언장에 자주 등장하는 가난한 자들에 대해 언급하고 나서 개별적인 사후세계를 챙기는 유언장을 보자. 가난한 자들에 대한 자선은 음식뿐만이 아니라, 당시에는 옷도 속했는데, 그만큼 귀했다는 거다. 이런 자선을 하지 않을 경우엔 대개는 천국행이 막힌다는 두려움에 떨었다 보니, 가난한 자들을 일단 천국의 문지기로 생각할 정도였다는 페터 하벨 박사의 언급이다. 예를 들어 12세기 중반의 크루니 수도원에는 약 300명의 수도승들이 살았는데, 이들은 매해 약 10,000명 정도를 위한 기도와 동시에 가난한 이들을 위한 음식 제공도 잊지 않았다. 수도승들은 축제일에도 먹지 말아야 하는 음식임에도 불구하고, 가난한 이들에게는 고기와 포도주를 제공했는가 하면, 매일 50명 일 년에 약

18,000명 정도에 음식을 나누었다고. 또 다른 라이헨나우(Reichenau) 수도원에서도 마찬가지로 한 형제가 죽으면서 남긴 돈으로 30일 계속 가난한 이들에게 음식 제공을 제공했다. 이처럼 당시의 가진 자들은 가난한 이들을 천국의 계단쯤으로 여긴 것 같다. 다음의 예들은 재물을 가지고 영혼을 구제하는 방편들이다. 귀족과 왕족들은 수도원에 많은 돈을 기부하고 사후 영혼을 맡겼다. 잊지 않았던 것은 흙수저들에 대한 언급인데, 다 사후에 지옥과 연옥에서 시달리는 기간을 줄이려는 의도 때문이다.

몇몇의 유언장을 보자; 616년 주교인 베트람 폰 레만(Bertram von Le Man)의 유언장에 고인의 혼을 구하기 위한 헌금이 명시되어 있을 뿐만 아니라, 자기가 데리고 있었던 노예들을 자유롭게 풀어주라는 언급까지도 있다.

1054년에 죽은 수녀원장이었던 테오파누(Theophanu)의 유언장이다; 그녀의 사후 30일 동안 12명의 사제가 그녀를 위한 미사를 올려달라! 거기에 대한 대가는 30 졸리디(Solidi: 당시의 돈 단위)를 지불하라! 가난한 이들에게는 5 졸리디(Solidi: 당시의 돈 단위)를 나누어 주고, 그 다음 날 다시 2 졸리디(Solidi) 선사하라. 그뿐만 아니라 그녀의 장례식 날은 5 졸리디를 더 주라고! 그리고 나서 연이은 4일간은 2 졸리디를 나누어 주라고! 한꺼번에 다 나누어 주지 않고 이렇게 날마다 다른 액수를 주었는데, 왜 그랬는지가 상당히 궁금하다. 가난한 이들이 그녀의 장례식 주위를 떠나지 않게 하기 위함은 아니었을까? 그녀는 몹시 어려운 환경에 처한 외국인들에게는 5 데나레(Denare)를 나누어

주라고까지 명시했다.

다음은 사제들에 대한 그녀의 유언이다; 30명의 사제들은 그녀가 죽고 난 30일 동안 의무적으로 매일 미사를 올려 달라. 그 대가로 5 데나레의 보수를 주어라. 그 외에도 수녀원장의 유언장에는 많은 기록들이 있지만 두 가지만 더 언급하자면; 수도원이 그녀의 죽은 날을 기념하는 날에는 30대의 미사를 올리라! 그러면 거기에 대한 대가로 30 데나레를 주어라. 이날 100명의 가난한 이들에게 5 데나레를 나누어 주어라. 돈 가치는 잘 알 수 없지만 5 데나레를 가지고 100명이 나누어 가진다고 하니 상당한 금액으로 추측이 된다. 다른 언급은; 3개의 수도원이 각각 30일간 그녀의 무덤에서 한 푸잘터(=성서의 시편 150편을 읽으면서 기도하는 것을 100번)를 기도하고 그 대가로 3 졸리디를 지불(지급?)하라고! 한 수녀원장이 사후세계에 대한 믿음이 너무 철저해 오히려 처절하게만 느껴진다. 이런 많은 금액을 조달할 수 있다는 것은 그녀가 금수저 출신임을 암시한다.

이번에는 1447년에 죽은 바이에른 지방의 금수저 루드빅히의 경우다

그는 수도자들의 성가대에 16개의 의자를 갖추고, 거기서 사제들이 4그룹을 지어 6시간 내내 영원히 타는 촛불 앞에서 푸잘터(=성서의 시편 150편을 읽으면서 기도하는 것을 100번')를 기도하거나 노래하라는 거다. 그 외에도 그를 위해서 기도하는 15명의 사제들을, 또 35명의 가난한 이들을 위한 배려도 아끼지 않았는데, 물론 그를 위해서 기도해야 한다는 조건이었다. 사실 그가 명시한 것 중에서 그대로 행하지 못한 것도 있었다. 그것은 장장 100명도 아닌 1,000명이나 되는 가난한 이들을 위한 자선 시설을 세워서, 이들을 한곳에 모아 그를 위해서 시편 기도를 바치게 했지만 이뤄 지지 못했다. 왜냐면 1,000명이 들어가 기도할 장소가 없었기 때문이다. 결국은 여러 마을과 도시로 분산되어 수용했다고 한다.

또 다른 자료들을 통해서 본 금수저들이 수도원과 연관된 사후세계 관리

알브레히트의 장례식 때는 3일 동안 1,500명의 거지를 대접했다. 음식뿐만 아니라 맥주까지 제공했고, 그들이 돌아갈 때는 손에 용돈까지 일일이 쥐여주었다. 귀족 울리히의 장지에서는 거지 3,500명에게 대접을 했다는 기록이 남아 있다고 사학자 스피쓰 교수가 밝혔다.

천국이 아닌 지옥과 연옥에 대한 공포 분위기는 중세 초기에서 중기에서 후기로 넘어가도 여전했다. 한 예로 집을 팔아서 그 값의 반을 가난한 이들을 위해, 나머지는 비엔나의 스테판 교회에 희사한 뒤, 그의 영혼을 위한 미사를 올려달라고 한 유언도 있다. 무역업으로 많은 부를 축적한 오토 바이쓰(Otto Weiss: 1427년)가 죽으면서 친척과 친구에게 남긴 유언 내용이 있는가 하면, 루트비히 7세의 경우는 자신의 장례식 때 1,000명의 가난한 이들을 매일 불러 음식을 제공하라고 유언을 남겼다. 1517년 당시의 대부호였던 푸거(Fugger)家에서는 자그마치 1,000굴덴을 아우구스부르크의 카타리나 수도원에 기증했다. 돈 단위를 잘 모를지라도 일단 0이 3개이니 큰 액수라는 것이 짐작된다.

1410년 비엔나에 살았던 사람이 남긴 유언도 보자. 그는 자신의 사후 영혼을 위해 성지순례의 장소와 그 회수도 정했는데, 로마, 아헨에 각각 한 번, 성모 성지에는 다섯 번, 그리고 다른 성지에는 서른 번 가서 자신의 영혼을 위해 빌어 달라고 했다. 자식들에게 유언을 남기지만, 후손들이 어길 경우는? 거의 없었다고 한다. 후손들 역시 지옥에 대한 두려움에 떨었던 것은 마찬가지였고, 또 조상이 잘 되면, 자식이 잘되고, 나중의 후손들도 잘되는 것이라고 믿었기 때문이다.

1482년 빌헬름 3세가 죽으면서 한 수도원에 부탁했던 서류가 마그데부르크에 남아 있다. 기도 부탁을 받은 수도원이 만약 이런저런 이유로 망자의 기도와 미사를 어길 경우, 수도원 원장은 28페니히와 그에 따르는 이자를 죽은 빌헬름 3세의 후손들에게 지불(지급?)해야 한다는 조건을 붙였다. 당시의 28페니히는 어마어마한 돈 일 듯하다. 물론 유언장을 떠나서라도, 일단 귀족들이 죽으면 온 교구와 수도원에서는 30일간의 기도를, 민중 역시 죽은 제후를 위해 의무적으로 기도를 바쳐야 했던 때도 있었다. 1482년 튀링겐 방백 빌헬름 3세가 죽자, 과부 카타리나는 죽은 빌헬름을 위한 30일간의 기도를 민중에게 공포했다는 기록을 통해서다. 그러자 이젠 지옥의 영혼을 보았다는 수녀들까지 등장한다: 수녀들의 입에서 현시 체험 이야기가 나오자, 사람들의 사후세계에 대한 불안감은 더욱 증폭되었다. 1357년에 죽은 아델하이드 랑만(Adelheid Langmann)은 죽은 사람을 위해 기도한 수녀였다. 한번은 그녀가 그리스도 현시 체험을 했다고 한다. 동시에 이 수녀는 자신의 기도 덕분에 연옥에서 구제된 영혼의 숫자를 발표했는데, 한번은 4,000명, 다음은 1만명, 그 다음은 2만명, 마지막엔 3만명이 구제되었다고! 이 수녀의 현시가 정말 진짜일까? 그리고 사람들이 이 수녀가 공표한것을 진짜라고 그냥 믿었을까?

또 다른 한 예는 13세기 중반의 멕히틸디스(Mechtildis)라는 수녀의 이야기이다. 그녀 역시도 처음에는 1,000명의 영혼을 구제했고, 그 다음에는 7만명! 아델하이드 랑만(Adelheid Langmann) 수녀처럼 멕히틸디스(Mechtildis) 수녀도 자신의 기도 덕분에 연옥에서 고통당하는 영혼들을 건져 올렸다고! 또 이 수녀는 현시 체험 중, 사람을 죽인 중세의 한 스콜라(Scholar)얘기도 언급했다; 스콜라(Scholar)는 떠돌아다니면서 여행하는 중세의 대학생 혹은 교육 받은 직위 없는 성직자 등을 일컫는데, 그가 지옥에서 30년간 속죄를 하는 것도 보았다고 얘기했다(혹은 들었다고 얘기했다). 거기다가 이 스콜라(Scholar)가 지상에서 분명 30년을 더 살 수 있었다. 하지만 죄를 짓는 바람에 30년을 덜 살았다는 거다. 신이 그녀에게 말했다고 한다; "지상에서 3만번의 미사를 봉헌해야만 이 스콜라(Scholar)의 영혼을 구제할 수 있다고!" 이런 내용은 당시의 종교 교리의 세뇌에서 뿜어나온 천국과 지옥에 관한 망상의 일종이 아닐까? 하고 언급한다면 지나친 표현일까? 진짜 신 또는 예수였다면 한 수녀 앞에서만 나타나는 것도 예외적이고, 더 나아가 돈으로 구걸한 영혼만을 천국으로 끌어 올리지는 않았을 것 같기 때문이다. 필자는 그녀가 수녀로서 현시 체험을 한 것이 아니라 수도원이 죽은 사람들의 미사를 올려주는 돈놀이 장사(?)에 이용된 경우가 아니었겠느냐는 대담한 의문도 가져본다.

흙수저들은 지상에 살았을 때도 암담한 인생이었을 터다. 그런데 죽은 뒤에도 돈이 없어 사후 영혼을 위한 기도 부탁을 수도원이나 교회에 하지 못했다. 그 결과로 상상하건대 거적 하나를 덮고 연옥에서 떨고 있어야 한다고? 그렇게 생각하니 수도원이나 교회에서 돈을 벌 목적으로 사후세계에 대한 공포를 더 부추긴 것이 아닌가 하는 것이 더욱더 의심스럽다. 아무튼 교회사에 남긴 자료들이니 이 자료 자체는 거짓이 아닐 것이다.

금수저들의 천국행을 위한 미사

이 꼭지는 앞의 〈사후세계를 관리하는 중세인들〉과 유사한 듯 하지만 다소 다른 내용도 포함 되기에 계속해서 연결해 본다. 좀 다른 얘기지만 귀족들은 태어날 때부터 분명 축제 분위기를 안고 태어났을 터인데 죽어서도 마찬가지였음을 독일 사학자 스피쓰 교수의 저서에서 볼 수 있다. 바로 천국행과도 연관 지은 참례인데 한 예를 보자. 1471년 프리드리히 2세가 한 귀족의 장지에 나타나는 모습이다; 4,500명의 사람과 1,902마리의 말을 동원했는가 하면 557명을 더 동행 했는데, 이들은 바로 망자를 위해 기도 해줄 수도자들이었다. 1476년 팔츠의 선제후 프리드리히 1세의 장례식 때의 모습이다; 8명의 제후, 17명의 수도원장, 600명의 수도자가 참여했는데, 당시의 자가용이었던 말은 말도 3,500마리까지 동원되었다. 오늘날로 치면 값나가는 많은 고급 세단을 끌고 왔다는 의미로 해석해도 낯설지는 않겠다. 다른 꼭지에서 이미 언급했듯이 말먹이 때문에 흙수저들은 얼마나 애를 먹었을까?

오늘날 우리네가 대리역할을 하는 사람을 공공연하게 구하기도 하던데, 당시 인들은 낯선 사람에게 일당을 지불하고 나서 장례 행렬 속에는 끼우기도 했다. 1509년 바이에른의 알브레히트 4세는 50명의 가난한 이들에게 일당을 지불하고 검은 옷을 입혔다. 그 후 손에 촛불을 들게 하고선 장례 행렬의 뒤에 세웠다. 이런 아이들은 장례 행렬을 그냥 따라가면 되었다. 이런 이 아이들은 그냥 배불리 먹을 수 있고 공짜로 옷을 받는다는 것 등등에 관심을 두었다.

그리고 사후세계와 연관 지우는 서양의 명당 자리는 어디일까? 바로 교회의 제대 자리다. 유럽 여행을 하다 보면 교회의 제대 아래에 지금도 많은 시신이 묻혀 있는 것을 종종 보는데, 다 이런 이유 때문이다. 또 이런 명당을 차지하려고 귀족들은 많은 돈을 교회에 희사하기도 했고, 어떤 이들은 이런 명당에서 1,000번의 조상 미사를 바치기도 했다. 특별히 유명한 성인이 이런 명당 자리에 묻혀있는 경우는 신자들이 몰려들어 기도하면서 많은 돈을 이 성당에 바쳤다. 바로 신 곁에서 살고 있을 이런 성인들이 인간이 바치는 기도를 신에게 가장 빠른 전달자로 여겼기 때문이다. 이뿐만 아니다. 이런 성인의 성물을 지니기 위한 경쟁도 빠지지 않았는데, 중세사가인 로베르트 올러 교수의 저서에 보면 한 수녀원에서 성녀처럼 살았던 수녀가 죽으면 동료들이 뛸 듯이 기뻐했다는데, 그 이유는 이 수녀의 성물을 손에 넣을 수 있기 때문이다. 성물로는 특히 성인의 손가락에서 잘라낸 손톱, 발톱, 아니면 몸에 붙은 털 등을 선호했다고 밝혔다.

마르쿠스 마이어 교수의 저서 〈돈, 권력 그리고 성물〉에 그 유명한 가톨릭의 성녀인 엘리자벳(1207-1237)의 경우가 나온다. 그녀가 죽자 그녀의 얼굴을 감았던 천, 손톱과 머리카락뿐만 아니라 그녀의 귀와 가슴까지 잘랐다고 한다. 또 다른 얘기는 로물라드 폰 라벤나 (Romulad von Ravenna: +1027)가 그가 세운 수도원을 떠나고자 할 때 사람들이 모여들었는데, 그 이유는 이 로물라드는 살아생전에 이미 성인처럼 공경받았다 보니, 이 사람이 떠나기 전에 때려죽이려고(erschlagen)했다고 마르쿠스 마이어 교수가 언급했다.

200년이 지난 후에 또 다른 비슷한 예로는, 바로 그 유명한 프란치스코 성인(Franz von Assisi: +1226)에 관한 얘기다. 그가 마지막 여행을 마치고 아씨시로 돌아오려고 할 때, 그는 페루지아를 통해서는 들어올 수가 없었고, 먼 길을 돌아서 간신히 아씨시(Assisi)로 들어올 수 있었다고 한다. 왜냐면 그곳에 사는 이들이 이 성인을 기다리고 있었는데, 이 성인이 죽고 나면 성물을 자기 도시에 영원히 간직하고 싶은 열망 때문이었다고 마이어 교수의 언급이다. 다 천국행을 위한 방편들이었다. 자기 도시에 이런 성물을 간직하고 있다는 소문이 나면 순례객들이 모여들 것이고! 많이 모여들면 들수록 돈 벌이가 될것이고! 순례객들은 이런 성물을 통해서 천국간다는 마음의 위안을 받을 것이고!

중세 유럽의 왕족/귀족들이 왜 이리 사후를 위해 안달했을까?

이미 앞에서 약간 언급했던 대로, 이런 사후관리의 근원은 당시의 지옥, 연옥 그리고 부활 교리 때문이었고, 또 "부자는 천국에 들어가기 어렵다. 약대가 바늘귀로 들어가는 것이 부자가 하늘나라에 들어가는 것보다 쉽다."라고 마태오복음 19장 23절 때문이기도 했다. 이런 성서 구절은 알고 있었지만 인간이다 보니 죄를 짓지 않는 삶은 있을 수가 없었고, 생전에 지은 죄를 본인이 가톨릭의 교리에 따라 직접 풀고자 노력했지만, 그것 또한 불가능했다는 것을 알았다. 이제는 죽고 난 후 남은 후손들이 끊임없이 신에게 기도 해주면 그 죄를 탕감받을 수 있고, 성서에 있는 대로 언젠가는 천국에 가는 데 문제가 없다고 여겼던 거다. 조상이 천국에 가는지 갈 수 없는지는 지상에 사는 후손들의 몫이 되어버렸고, 후손들도 교리에 따라서 열심히 기도하고 수도원 등에 물질을 많이 갖다 바쳐서 어찌하든지 간에 자기 조상들을 천국으로 인도해야만 했다. 지금으로서는 좀 이해할 수 없는 해석이지만, 당시는 그 교리를 한 치의 의심도 없이 믿었다는 사실이다. 여기서 당시 인들의 천국 가는 데 중요한 매체는 바로 돈이었다는 사실을 알 수가 있다.

그런데 의문이 든다. 오늘날에도 천국/지옥과 연옥의 교리는 여전히 살아 있는데, 왜 중세인들만큼의 그런 간절함은 사라져 버렸을까? 아무튼 사후 세계를 두려워하는 사람이 많이 줄어든 것은 분명한 듯한데, 사람들의 믿음이 약해서인가? 당시의 그런 교리가 진리였다면 오늘날에도 반드시 당시만큼 살아 있어야 하지 않겠는가? 동쪽에서 해가 뜨고 서쪽에서 해가 지는 자연의 이치는 그대로임에 비해서, 종교에서 주장하는 교리의 진리는 시시때때로 바뀔 수 있다는 뜻일까?

사진: 독일 카쎌(Kassel)박물관에 진열된 당시 귀족의 장례식 장면이다. 이들은 가족과 친인척뿐만 아니라 일당을 주고 고용한 가난한 이들에게 옷을 입혀서 장례 행렬 뒤를 따르게 했다. 일단 배불리 먹을 수도 있었고, 공짜 옷을 얻었다 보니 가난한 이들이 장례식 참례를 특히 선호했다.

성녀와 마녀의 애매한 판별

- 장장 5-6시간을 철철 잘 울어서 마녀혐의를 벗다. 눈물 흘림을 "신으로부터 부여받은 거룩한 은총"

철철 잘 울어서 마녀로 몰리지 않은 여성: 중세의 성녀와 마녀의 애매한 판별 기준;

중세 유럽에서는 신심 깊은 여성들이 종교적인 신비 체험이나 환시 체험에 많이 빠졌다. 이들을 마녀로 보아야 할까, 아니면 성녀로 보아야 할까? 중세엔 누가 어떻게 해석하느냐에 따라 그녀들의 삶은 천국과 지옥을 오갔다. 이런 분위기가 지배하던 중세 환경이었다 보니, 마녀로 몰렸다가 성녀로 추앙받은 사람이 있는가 하면, 성녀로 추앙받던 사람이 하루아침에 마녀로 몰려 형장의 이슬로 사라진 경우도 있었다.

마녀로 몰려 재판에 넘겨져 고문당하거나 사형을 선고받아 처형당했던 사람들도 있다. 하지만 이들은 사후에 새로운 해석을 받아 성녀로 추앙 받기도 했다. 만약에 사후에 새로운 평가가 따르지 않았더라면 이들은 가톨릭교회에서 영원히 마녀로 배척받았을 사람들이기도 하다. 그 예로는 비르기타 폰 슈베덴(Brigitta von Scgweden: 1303-1373:

시성1391), 콜롬바 폰 리에티(Colmba von Rieti: 1467-1503: 시성 1627), 그리고 도로테아 폰 몬타우(Dotothea von Montau: 1347-1394: 시성1976)도 빠질 수 없다. 마녀였다가 후에 성녀로 추앙받은 이로써 너무나도 잘 알려진 이는 잔 다르크(Jeanne d'Arc: 1421-1431: 시성 1920)도 이 부류에 속한다. 1431년 교회 법정은 그녀를 잔인한 방법으로 불에 태워 죽였다. 하지만 당시는 악녀였던 그녀가 사후에는 성녀가 되었다는 거다. 그것도 몇백 년이 흐른 후인 1920년에 와서야!

이와는 반대 상황으로 살아생전에 성녀에서 마녀로 몰린 경우도 있다. 만약에 이들의 비밀이 생전에 들통나지 않았더라면 이들은 교회에서 영원히 성녀로 추앙받았을 것이다. 성녀로 추앙 받다가 하루아침에 마녀로 몰려 죽임을 당했던 여인은 안나 라미니트(Anna Laminit: 16세기)다. 만약 그녀의 비밀스러운 행적들이 들키지 않았다면 그녀는 지금 가톨릭에서 분명 추앙받는 성녀로 남아 있었을 것이다. 그녀는 당시의 왕인 막시밀리안(Maximilian)까지 성녀로 경배했을 정도였다. 살아 생전에 마녀이자 동시에 성녀였던 자는 크리스티나 폰 스톰멜른(Christina von Stommeln: +1312), 오니스토 폰 파우다(Eusto von Padua: 1444-1469)이다. 또 마찬가지로 마녀로서 성녀로 전환된 자는 막달레나 폰 크로이츠(Magdalena vom Kreuz: 1487-1560)다.

딘첼바허 교수는 350쪽에 달하는 그의 저서에서 다양한 부류의 성녀 악녀들을 비교 연구하였다. 그는 연구에서 다양한 견해를 제시하면서 더 나아가는 이들의 환시 체험 등등의 여러 종교적인 현상까지도 분석하였다. 결론적으로 그가 이런 여러 증상들을 통해서 언급한 것을 보면; 성녀 악녀 이전에 혹 이런 여인들은 정신적으로 문제 있는 병자들은 아니었을까? 아니면 혹 속임수를 쓰는 자들은 아니었을까? 이렇게 그는 성녀와 악녀를 심도있게 비교연구 하였다. 왜냐면 당시는 성녀.악녀라는 종교적인 틀 속에서만 보았다면, 오늘날의 의학 관점으로 보면 온전하지 못한 이들도 더러 보였기 때문이다. 아무튼 아주 상세한 논증 없이 여기서 몇 마디로 언급한다는 것은 오해의 여지가 있겠다는 생각이 든다. 그래서 딘첼바허 교수의 책 내용에 대해서 간략하게 옮겨 보았다는 사실을 밝혀둔다.

딘첼바허 교수는 오늘 소개하게 될 머저리에 대해서는 그녀가 마녀일까? 성녀일까? 라는 의문을 붙였다. 그녀는 어디에 속하는지 판가름이 안 된다는 뜻이기도 하다. 이런 '마녀인가? 성녀인가?'를 판단하는 지점에는 당시 교회 수장들의 취향과 독선적인 판단이 큰 영향력을 미쳤다. 이것은 그리스도교적인 신학분석이 아니라 종교 현상학적인 연구물임을 미리 언급한다. 이 모든 것이 다 1900년경부터 신학에서 분리된 종교학 덕분에 이런 연구의 기틀이 마련된 것이다.

자! 오늘의 주인공 마저리 얘기로 들어가 보자. 14-15세기경 영국에 살았던 마저리 켐프(Margery Kempe: 1373-1438) 이야기다. 그녀는 무역업을 하는 남편과의 사이에 열네 명의 자식을 두었다. 그녀의 종교적인 체험은 당시에는 성녀인지 마녀인지 구분하기가 매우 모호했는데, 그녀의 생을 들여다본 후 판단해 보기로 하자.

어머니로서 아이들을 양육하는 것보다 종교에 더 정성을 쏟았던 마저리는 자신의 돌봄이 필요한 열네 명의 아이를 두고서는 자주 성지순례를 떠났다. 교통이 발달하지 않은 중세에 여자의 몸으로 영국에서 유럽대륙으로 건너간다는 것은 그리 쉬운 일이 아니었다. 그럼에도 그녀는 비교적 영국과 가까운 산티아고와 노르웨이 등은 물론이요, 당시에는 어마어마한 장거리 여행이었을 예루살렘으로까지 성지순례를 떠날 정도였다. 그만큼 그녀는 자식들보다는 종교적인 열성에 더 불타있었다. 14명의 자식과 집안일은 나 몰라라 하고 이렇게 성지순례만을 다니자, 이웃의 입방아가 담 너머로 오르내린 것은 당연한 일이다.

게다가 그녀가 입는 옷까지도 구설에 올랐다. 당시에는 결혼한 여자가 흰색 옷을 입는다는 것은 사회적인 상식에 어긋나는 일이었다. 흰색 옷은 '그리스도의 신부'라는 뜻을 내포하고 있었기 때문이다. 흰색 옷은 신비가들만 입을 뿐 그만큼 기혼 여성에게는 착용 금기의 색에 속했다. 당시의 사회적 통념에도 어긋나는 이런 생활을 하다 보니 이웃들이 그녀를 좋지 않은 시선으로 보았다. 하지만 마저리는 이랑곳하지 않았다. 보란 듯이 늘 흰색 옷을 입었고 자신은 신의 은혜를 입었기 때문에 아무 문제가 없다는 주장을 펼쳤다. 사람들은 그녀의 이런 오만방자한 태도에 혀를 내 두르었다. 급기야 사람들의 입방아에 오르면서 사람들은 그녀를 더욱더 의심하기에 이르렀다. 사실은 마저리가 신흥 종파의 추종자일지도 모른다고! 딘첼바허(Dinzelbacher) 교수에 의하면 영국에서는 1400년경 '이교도'라고 불린 사교 집단이 생겨났다고 언급했다. 이들은 당시 중세 바티칸의 비리와 부패에 역겨움을 느낀 나머지 새로운 그리스도교 정신을 부르짖으며 경건하던 원시 신앙으로 다시 돌아가자는 취지로 모인 종교단체다.

이들은 그리스도교의 본질은 부패한 구교의 교계 체계에 있는 것이 아니라 성서에 있다고 주장한다. 이들은 흰색 옷을 입고 다니면서 자신들을 스스로 거룩한 존재라고 표명했다. 특히 성서 공부에 특별히 매진하면서 구교의 치렁치렁한 교계 제도의 껍데기에 대항했다. 이런 좋은 정신에서 시작한 일종의 종교운동이었지만 이들은 당시 바티칸의 거대한 힘에 짓눌리기만 했다. 이교도로 갖은 핍박을 당하다가 결국은 많은 추종자가 붙잡혀 처형당했다.

마저리 역시 흰색 옷을 입었는가 하면 또한 성서 지식까지 풍부하였다. 사람들은 그녀 역시도 이런 신흥 종파에 속할 것이라고 판단하기 좋은 상황이었다. 하지만 그녀가 이들과 다른 점은 일종의 신비주의 현상을 표명하는 것이다. 그러다 보니 사람들이 그녀를 섣불리 이 종파의 추종자라고 단정할 수도 없는 처지였다. 그럼, 그녀의 신비주의 현상은 언제부터 시작되었는가? 그녀가 첫 아이를 낳은 뒤부터였는데, 그 동인은 이러하다. 하루는 그녀는 고해성사를 보러 갔다. 이때 고해신부가 그녀에게 지옥 세계의 무시무시함을 들려주었다. 그녀는 고해신부의 이런 지옥 이야기를 듣자마자 이성을 잃었고, 그 후부터는 영들로부터 괴롭힘을 당하기 시작했다고 한다. 그녀가 괴롭힘을 당한 기간도 문서에 나와 되어있는데 '6개월 더하기 8주 그리고 며칠 더'라는 기록이다. 그녀의 이런 괴롭힘에서 구제해 준 이는 바로 예수라고 했다.

그녀가 언급하길; "환상 속에서 예수가 나타나 그녀에게 다가왔다. 예수가 그녀의 침대 곁에 앉더니 그녀를 끝없이 위로해 주었다."는 것이다. 그 이후로도 그녀는 자주 현시에 빠지곤 했는데 이런 현시 때에는 중세의 다른 신비가들이 그런 것처럼 예언과 방언, 신비적인 합일 등등이 그녀의 입에서 쏟아져 나왔다.

그녀에게는 남들과는 다른 특이점이 하나 더 있었다. 바로 눈물이었다. 그녀는 엄청나게 많은 양의 눈물을 흘렸다. 그녀가 눈물을 흘릴 때는 알 수 없는 괴성까지 동반했다. 어느 그리스도 수난절에는 교회에서 장장 5-6시간을 내리 울기도 했다. 어떤 날은 십자가상 위에서 폭풍처럼 눈물을 쏟기도 했다. 어느 날은 거의 온종일 울었다. 그러다 어느 날은 아침에 한 번 저녁에 한 번 나누어 울었다. 가톨릭 신자들이 매주 일요일 미사참례와 가톨릭에서 예수의 몸으로 상징되는 얇은 밀떡인 영성체를 모시는 날이면 그녀는 성당 안에서 야단법석을 피웠다. 이때 그녀는 괴성을 지르며 울어댔다 보니 건장한 남자들이 그녀를 붙들고 있어야 할 정도였다.

이런 날들이 계속 이어지자, 방편을 찾았다. 그녀를 다른 신자들과 분리된 공간에서 그녀에게 영성체(성당에서 미사 중에 나누어 주는 하얀 밀떡)를 주어야 할 지경이 되었다. 마저리의 남편도 갖은 방법을 동원하여 자기 부인이 우는 것을 막으려고 무척 애를 먹었다. 부인에게 설득도 해보고 간절한 호소도 해보았지만, 그녀의 이런 눈물 흘림을 막을 방도가 없었다. 그러다 지친 나머지 그도 나중에는 부인을 피하려고 했다. 이것을 알아차린 사람들의 빗발치는 호통이 날아오자, 그는 울며 겨자 먹기로 남편의 책임을 다시 떠맡을 수밖에 없었다.

그녀의 이런 현상을 두고 갖가지 해석이 나오기 시작하였다. 그중 하나는 그녀가 눈물을 흘리는 것은 예수의 고통을 함께 체험하는 자비심에 나왔다는 것이다. 성서에 나오는 마리아 막달레나의 눈물과 비교하면서 그녀를 우러러보면서 추앙하는 무리들도 생겼다. 그들의 주장은; "그녀의 눈물이 죽은 영혼을 구제하니 얼마나 큰 축복인가!"라며 존경심까지 표했다.

잠시 마녀인지 성녀인지를 구분하는 눈물 시험, 바늘 시험, 불 시험,

물 시험 네 가지 중에서 시험 중 불 시험과 물 시험은 후에 한번 다루기로 하고, 오늘은 바늘 시험과 눈물 시험을 잠시 보자. 바늘 시험은 사마귀나 반점 같은 것을 바늘로 찔렀을 때 아프다고 하지 않는 사람을 마녀로 간주하는 시험이다. 그 순간 마녀가 아프지 않게 도와 주기 때문으로 보았다.

눈물 시험은 마녀로 의심받는 사람이 잡혀 왔을 때 그 자리에서 당장 눈물을 흘리지 못하면 마녀로 간주하는 시험이다. 중세 사람들은 예수와 마리아를 사랑하는 사람이라면 언제 어디서나 자연스럽게 눈물을 흘릴 수 있다고 생각했기 때문이기도 했다. 더 나아가 눈물 시험의 유래는 사막의 은수자들이 이런 눈물 흘림에 대해 높은 가치를 부여한 것에서 출발하였다. 중세에는 눈물 흘림을 기도 예식의 한 형태로 정하기도 했다. 이탈리아의 베네딕도회 수도사 페트루스 다미아니 (Petrus Damiani: 1007-1072)는 눈물 흘림을 "신으로부터 부여받은 거룩한 은총"이라고 표현했다.

이 주인공 마저리는 너무나 잘 운다는 것만으로 이미 마녀가 아니라고 주장할 수 있던 상황이었다. 설령 마녀로 몰려 재판에 넘겨진다고 하더라도 그녀는 눈물 때문에 언제든지 쉽게 혐의를 벗을 수 있었다. 일단 그녀는 철철 울 줄 아는 울음 덕분에 마녀로 고발당하지는 않았다. 하지만 시간이 갈수록 도를 넘는 그녀의 울음소리에 사람들의 신경은 점점 더 날카로워졌다. 그러다가 사람들은 다른 생각을 하기에 이른다. 그녀가 마녀는 아닐지는 모르나 그녀 안에 사는 마귀 때문에 저렇게 울 수 있다고!

그녀를 화형에 처해야 한다는 사람들의 요구가 거세지자, 그녀는 결국 마녀재판에 넘겨져 주교 앞에 서야 했다. 하지만 그녀는 법정에서 쉽게 풀려나왔다. 그녀의 아버지가 시장을 역임한 귀족 출신이다 보니 주교가 마음대로 할 수 없었다는 거다. 혐의없음으로 풀려나는 대신에 그녀는 주교에게 다음과 같은 경고를 받았다; "살고 싶으면 집에서 조용히 아이들을 돌보며 다른 여자들처럼 베나 짜고 살라!"고. 이렇게 바깥출입을 금지당했지만, 그녀는 아랑곳하지 않았다. 집안에서도 자신이 체험한 종교적인 환시의 내용을 창문 밖의 사람들에게 큰 소리로 알리며 종교활동을 이어나갔다.

그러다 몇 년 후, 정말 믿기 어려운 일이 그녀에게 일어났다. 어느 날부터인가 이 마저리가 평범하고 조용한 생활을 하기 시작한 것이다. 그렇지만 이제는 그녀가 울음을 멈춘 것에 대해서도 그녀에 관해 사람들의 입방아 찧기가 시작되었다. 신이 드디어 그녀의 울음을 그치게 했다는 사람들과 다른 한편으로는 그녀가 이제 눈물을 그칠 줄 아는 것을 보니 아무래도 과거에 속임수를 썼다는 거다. 이 사람들의 의견이 두 부류로 나누어져 서로 간에 팽팽하게 맞섰다. 몇몇 사람은 그녀에 대한 분노를 삭이지 못하고 그녀에게 물세례를 퍼붓기도 하였다. 그녀의 눈물이 그쳤으니 망정이지, 만약 그 눈물이 계속되었다면 어떤 일이 벌어졌을까?

앞에서 여러 번 언급했듯이 성녀로 추앙받았다면 다행이지만 그 반대로 마귀와 통한 마녀로 몰려 불에 타 죽는 극단적인 상황이 벌어졌을 수도 있다. 법정에서 눈물을 잘 흘리는 것이 과연 신의 은총일까? 반대로 눈물을 잘 흘리지 못하는 것은 과연 마귀의 장난일까? 그녀가 속임수를 써서 하루 종일울 수 있었다고 치자. 하지만 이런 표징으로 어떻게 성녀인지 마녀인지 판단할 수 있단 말인가? 이번 이야기만 놓고 보아도 성녀와 마녀의 구별은 참으로 애매모호하다는 것을 알 수 있다. 이렇게 중세 유럽은 당시 교회 수장이 어떤 잣대로 교리를 판가름하느냐에 따라 선악이 구별되고 성녀와 마녀가 판가름 나던 시대였다는 것을 다시 한번 확인이 된다. 딘첼바허 교수의 저서에 나오는 내용들을 파악해 보면 이런 여인들이 교회의 수장을 잘 만나는 것도 하나의 복이라는 생각이 개인적으로 들었다. 현 독일 사회에서 "비타민 B"에 대한 얘기를 많이 하던데 알고 보니 우리네가 잘 사용하는 소위 "빽"과 유사했다. 독일어 단어는 Beziehung의 "B"에서 유래했다. 이 "베치훙"(Beziehung)의 사전적인 의미로는 바로 관계, 관련, 교섭, 교제 등등이기 때문이다. 중세사를 읽다 보면 당시도 "비타민 B"가 많았던 사회였다는 것을 개인적으로 참 많이 느꼈다. 그렇다면 이런 의미는 동과 서는 물론이요 시대를 초월해 인간 안에 늘 존재하는 것으로 보인다. 그렇다면 이런 것은 인간 마음에 영원히 내재한 어떤 원시심성의 일종이 아닐까? 하고 조심스럽게 언급해 본다.

베네치아의 '뉘우치는 여자들의 수녀원'

- 400여 명의 여인들이 참회하는 삶을 살아갔던 베네치아의 '뉘우치는 여자들의 수녀원'에서 벌어진 기가 막히는 사건!

1561년 가을, 베네치아의 산마리노 사형 집행 광장에 한 남자가 끌려 나왔다. 당시는 사형 집행일이 공개되면 축제일이 정해졌다고 생각했을 정도로 사람들은 그날을 학수고대하는 분위기였다. 이날도 많은 군중들이 이런 축제 분위기에 들떠서는 산마리노 광장에 모였다. 교황 대사인 이폴리토 카피루피(Ippolito Capilupi)까지도 이 광장에서의 사형 집행을 관람하러 왔다. 이것으로 보아 오늘 사형당할 이 남자의 죄질이 상당히 무겁다는 것을 짐작할 수 있다.

형 집행 시간이 되었다. 사형집행인은 이 남자의 목을 몇 번이나 쳤지만 연거푸 실패하였다. 다시 노련한 다른 사형집행인이 등장해서는 그의 목을 단칼에 날렸다. 참수당한 이 남자는 고해신부로서 베네치아의 서쪽에 있는 한 수녀원에 살면서 수녀들의 영혼을 위로하고 돌봤던 사제였다. 베네치아 북쪽의 알프스 지방 출신인 그의 이름은 조반니 피에트로 리온(Giovanni Pietro Lion)이다. 그가 상주했던 수녀원은 '뉘우치는 여자들의 수녀원Le Convertite'이다. 수녀원 이름에서도 짐작할 수 있듯이 이런 수녀원은 일반 수녀원들과는 달리 좀 특이한 단체다. 지금은 이런 수녀원이 없어졌지만, 중세엔 엄연히 존재했던 곳이다. 여기서 좀 더 부언하자면 중세엔 오늘날은 존재하지 않는 형태의 다른 수도원도 있었다. 바로 남녀 수도자가 함께 공존했던 '이중 수도원'(Doppel Kloster)이다. 이들에 대한 연구서가 독일에서는 많이 나와 있다. 독일에 체류 때 이 이런 수도원에 관한 연구서를 도서관에서 찾았다. 그런데 분량이 너무나 방대했기에 다 복사 못하고 필요한 부분 부분만 복사해 왔었는데, 지금 생각하니 참 많은 후회가 따른다. 한국에서는 구할 수도 없거니와 또 다시 그 책을 구하러 독일로 가기는 너무 힘들기 때문이다. 그때 좀 귀찮더라도 인내를 가지고 책 전체 복사를 했어야만 하였는데… (독일에서는 복사를 복사집에 부탁하면 많은 돈을 지불해야만 한다. 초창기에 한국처럼 생각하고 책 한 권을 복사 해달라고 복사 집에 맡겨 놓았다. 책 찾으러 갔더니 어마어마한(?) 금액을 지불했던 기억이 아직도 생생하게 기억난다)

각설하고 이런 '뉘우치는 여자들의 수녀원'은 도대체 어떤 곳일까? 세속에서 창녀로 살아갔던 여인들이 들어가는 수녀원이다. 비록 품행은 단정치 못한 삶을 살았지만, 예수로부터 감화를 받은 후 참회하고 뉘우치면서 새 삶을 산 성녀 마리아 막달레나(Maria Magdalena)의 정신을 본받고자 세워진 수녀원이다. 당시 이런 수녀원이 생긴 것도 전지전능한 신의 뜻으로 볼 수 있겠다. 인간을 차별하지 않고 누구나 수도자로 부름을 받을 수 있다는 뜻으로 해석할 수 있기 때문이다. 그들의 세속적인 삶이 어찌 되었든 일단 이 수녀원에 들어온 여자들은 성서 속의 마리아 막달레나처럼 과거 생활을 버리고 예수의 정신에 완전

히 귀의해 살아야 했다. 물론 일반 수도원/수녀원의 3대 규칙인 '청빈',
'정결' 그리고 '순명'의 덕목을 챙기는 의무 역시 다른 일반 수녀원처럼
지켜야만 했다.

당시에 이 수녀원에는 400여 명의 여인들이 수녀로서 참회하는 삶
을 살았다. 하지만 문제점이 드러나기도 했다. 과거의 습을 온전히 잊
고 새로운 삶을 산다는 것은 그리 쉬운 일이 아니었다. 이를 증명이나
하듯이 과거의 삶을 청산하지 못하고 더러 탈선한 수녀들이 생겨났다.
그렇다 보니 이 수녀원에는 갖가지의 기이한 얘기들이 난무했다. 여
기에 관한 연구 역시 독일(유럽)에서 활발히 전개되고 있다. 그렇다고
지금부터 소개하고자 하는 이야기는 이런 수녀들의 탈선 일화는 아니
고, 이런 수녀들이 경건한 삶을 지향하고자 다잡은 마음을 흐트린 한
인간의 이야기다. 그 주인공은 바로 앞에서 처형당한 조반니 피에트로
리온(Giovanni Pietro Lion) 신부다. 수녀원에는 오늘날에도 대개 영적
지도 신부가 상주하는 것으로 알고 있는데 옛 정보이기에 확실하지는
않다. 당시 조반니는 영적 지도 고해신부로 선택되어 이 수녀원에 상
주하게 되었다. 그가 영적 지도 신부로서 의무와 본분을 충실히 실행
하였다면, 그의 이름은 이렇게 한 동양인의 글에도 오르내리지도 않았
을 것이다. 그는 영적 고해 신부의 사명을 이탈하였는데, 바로 자신의
진정한 본분을 망각하고 음흉한 마음을 품은 그는 이 수녀들에게 접근
하여 자신의 욕망을 채웠던 거다.

G. B. 인트라(Intra)의 연구를 통해 이 파렴치한 고해신부의 악행을
구체적으로 살펴보자. 과거를 뉘우치고 이 수녀원에 들어온 여자들이

영적 상담을 청하고 고해성사를 하기 위해 조반니 신부를 자주 찾았다. 이때에 그는 그의 본분인 영적 상담은 뒤로하고 수녀들에게 흑심을 품고 엉뚱한 생각을 하기 시작한다. 앞에서도 설명했듯이 이 수녀원은 뉘우치는 여인들이 모인 수녀원이다. 그는 생각한다; 비록 과거를 묻어버린 여인들이 수녀가 되었을지라도 육욕이 깨어 있는 수녀가 있을지도 모르니 이런 여인들을 한 번씩 슬쩍 건드려 보자는 심사였다. 그가 택한 방법은 고해하러 오는 수녀들에게 은근슬쩍 먼저 손을 내밀면서 수작을 거는 거였다. 하지만 한 수녀가 그의 이런 행위를 완강하게 거부했다. 그러면 이 신부는 호들갑스럽게 그녀를 찬양하기 시작했다; "나는 그대가 진정으로 돈독한 믿음을 가졌는지 어떤지 슬쩍 시험해 보았노라! 강하게 반발하고 저항하는 그대는 과연 신실한 믿음을 지녔구나!"라고 칭찬하며 그 상황을 구렁이 담 넘어가듯이 은근슬쩍 빠져나간 것이다. 하지만 다른 상황도 있었다. 이 신부가 마음에 무척 들기에 어떻게든 유혹하고 싶은 수녀가 있을 때이다. 그런데 그 수녀는 끝끝내 이 신부의 청을 거부하는 경우다. 그러면 그는 이 수녀를 감금하거나 때리고 쇠고랑을 채우는 등의 고문도 서슴지 않았다고 전해진다.

이런 상황에서는 두 가지 부류의 반응이 나왔다; 이런 가혹한 상황을 모면하기 위해 그의 청에 순순히 응한 수녀가 있는가 하면, 다른 한편으로는 그의 욕망에 순응하기보다는 차라리 자살을 택한 수녀도 있었다. 또 그는 좀 묘한 다른 반응을 수녀들에게 보였다; 반면 그리 예쁘지 않은 수녀가 그의 청에 응했다. 그러면 그는 오히려 그녀의 옷을 벗기고 그냥 세워 두었다. 악취미도 이런 악취미가 없겠다.

바늘 도둑이 소도둑이 된다고, 점점 대범해진 그는 이젠 고해소에서 만 이런 행동을 한 것이 아니었다. 더 교묘한 방법으로 그는 수녀들과 음탕한 짓을 하면서 즐기곤 했다. 지금도 '베네치아' 하면 곤돌라가 떠오르는 사람이 많을 것이다. 당시 그는 이 곤돌라를 이용하여 육욕을 채우기도 하였다. 여름철에는 수녀들을 데리고 곤돌라를 자주 탔다. 그중 특히 아리따운 수녀를 취해서는 그의 욕망을 채워나갔다. 수녀원에서 수녀들의 영혼을 도와준다고 앉은 자리에서 영혼 구제는커녕 이들의 영혼과 육체를 이렇게 끊임없이 갉아먹고 있었다. 그런데 의문이다. 그에게 당한 수녀들은 왜 이런 사실들을 바깥으로 발설하지 않은 것일까? 알고 보니 그 혼자 독단적으로 행한 것이 아니었고, 수녀원 안에서 그를 돕는 사람이 많았기 때문이었다. 그의 편에 서서 도왔던 수녀들은 그의 지시에 따라 철저하게 다른 수녀들의 입을 함구시켰다. 그 때문에 이 사형장에 나타났던 교황대사 카피루피(Ippolito Capilupi)는 언급했다;

"어떻게 19년 동안이나 그의 만행이 내부와 외부에 알려지지 않을 수 있었을까?"라며 강한 의문을 제기할 정도였다. 그뿐만이 아니다. 고해신부로서 수도자로서 청빈해야 할 그의 삶은 호화롭기에 그지없었다. 그가 먹었던 음식도 기록 되어있다. 끼니마다 꿩고기와 노루고기 및 비싼 술이 빠지지 않았고 방에는 몸에 좋은 정력제와 음식이 떨어질 틈이 없었다.

G. B. 인트라(Intra)의 언급에 따르면, 이 신부는 자신의 죄를 덮기 위해 철두철미하게 행동 하였는가 하면, 특히 수녀원의 몇몇 수녀들과는 늘 긴밀한 관계를 유지하였다. 또한 그가 조금의 양심은 살아있었는지 죄가 드러날까 두려워는 했다. 어떤 상황에서도 수녀들이 자신

외의 다른 고해신부에게 고해성사를보지 못하도록 하였다는 거다. 심지어 그가 부재중이거나 아플 경우에도 마찬가지였다. 수녀들이 다른 고해신부에게 고해하는 것을 허락하지 않았다.

이런 그의 이런 철통같은 방어 때문에 가톨릭에서 죽을 때 받는 중요한 성사 중의 하나인 종부성사도 받지 못한 채 죽은 수녀들도 있었을 정도였다. 거기다가 그는 처세에도 아주 능했다. 특히 라틴어와 그리스어 실력이 뛰어났고, 성서 해석에도 일가견이 있었다. 이런 재주를 무기로 삼아 그는 늘 신분이 높은 사람들과 교류하며 많은 인맥을 쌓아갔다. 그는 교황 파울3세(Paul Ⅲ: 재위1534-1549)와 우호적인 관계에 있는 돈 게레미아(Don Geremia)와 돈독한 친분을 유지하는가 하면 베네치아 공화국 왕자의 환심을 사기도 하였다. 거기다 시에서 명망 있는 사람들을 만나면 늘 종교적인 이야기를 화제로 꽃을 피웠다. 성서에 능통한 것을 뽐냈고 더불어 자신을 거룩한 종교인으로 완벽한 포장을 하였다. 앞의 교황대사 카피루피(Ippolito Capilupi)가 한탄하듯 언급했던 것처럼, 이런 그의 악행은 19년이라는 세월이 흐르고 나서야 그 마침표를 찍게 된다. 19년이나 지난 후, 드디어 고발되었던 그는 재판을 끝내고 당시의 사형제도의 주 장소인 광장으로 끌려 나온 것이다. 축제를 즐기듯 많은 사람이 모인 광장에서 그는 43세의 나이로 참수형을 당하였다.

후에 교황대사 카피루피(Ippolito Capilupi)는 이 사건이 종결되기 이들 전 1561년 11월 15일 이미 90-100명의 수녀들이 베네치아 정부의 허가를 받고서는 이 수녀원을 떠났다고 전했다. 원장 수녀였던 페트로닐라(Petronilla)는 이 사건에 엄중한 책임을 물어 감옥살이를 하게 되었다고 전해진다.

사학자 메리 라벤(Mary Laven)은 다년간의 연구끝에 〈베네치아의 성스런 처녀들〉을 저술하였고, 이 책 내용에는 문화적이고 역사적인 많은 사건과 이야기들을 담고있다. 이 책에서는 두 꼭지를 실었다, 하나는 위의 내용과 다른 하나는 〈중세의 베네치아 수녀원과 결혼 지참금〉에 관해서다.

이와 유사한 사건들은 중세 문화사에 자주 등장한다. 1618년에는 부인과 자식을 둔 한 염색공이 가정생활에 염증을 느끼고는 수도원에 수사로 들어갔다. 수사로서 잘 살았다면 후세에 이런 지면에 오르내리지도 않았을 것이다. 그 역시 결국 교회법에 저촉되어 체포당했다. 이처럼 중세에는 수도 생활을 하던 자가 자주 고발당하였다. 한 도시의 통계를 보면 263명의 성직자 중에 58명이 법정에 섰다고 하니, 당시의 종교가 얼마나 부패하였는지 쉽게 가늠할 수 있을 것이다. 오늘날은 상상 할 수도 없는 사건들이 당시에는 이렇게 빈번하게 일어났다니! 놀랍기 그지없다.

독일인들의 이민

- 미국으로 이민 갈 자금 보조를 하지 않으면 당장 집에 불을
지르겠노라고!

중세를 좀 벗어난 시기의 독일 이야기를 부설로 함께 엮어본다. 지금으로 200여 년 전인 1800년대의 독일인들의 이민 얘기다. 중세 대가인 자크 르 고프(Jacuqes Le Goff)가 중세를 500-1500/1700년까지로 넓게 잡았다. 1800년은 1700년보다도 1세기가 더 지난 시기이다. 하지만 1700년대가 지났다고 해서 중세가 깡그리 사라지는 것은 절대 아닐 것이다. 그 밑바닥에서는 중세의 문화들이 민중들의 삶 속에 연장되어 흐르고 있다는 전제하에 이 얘기를 전개한다. 이 시기의 독일은 오늘날과는 달리 너무나도 다른 환경이었는데, 무엇보다도 먹고 살기가 참으로 어려운 시기였다. 당시의 프랑스와 영국은 이미 경제적인 도약에 이르렀다. 하지만 독일의 사정은 이들과는 달랐다. 베를린의 공장에서 기계가 움직이고 있었다지만, 영국에 비한다면 아직 미미한 상태였다. 더군다나 여전히 손으로 베를 짜고, 씨뿌리는 농경 생활이 주였다. 거기다가 일부에서는 아직도 제후들에게 의존하는 생활을 했다. 물론 하녀, 종들의 결혼 시에는 더 이상 영주의 허락 없이도 가능했을 정도의 변

화는 있었다. 옛 중세시대처럼의 철저한 종속관계는 아니었다는 의미다.

이렇게 경제적인 어려움에 부닥쳤을 때 날씨도 한몫 이런 가난을 거들었다. 거의 5달간 눈, 우박, 비가 번갈아 내렸던 적도 있었는가 하면, 어떤 해에는 라인강이 꽁꽁 얼어버릴 정도로 맹추위가 기승을 부렸다. 1841-1843년 사이에는 감자 수확이 평소보다 45%로 떨어졌다 보니, 감자가 주식이었던 이들에겐 치명타였다. 사람도 먹고살기 힘든데, 키우고 있던 소 먹잇감은 상상할 수가 있었겠는가? 궁여지책으로 농부들은 헛간 지붕의 짚으로 소여물을 만드는 지경에 이르렀다. 이렇게 곡물 흉작이 계속되자 곡물값이 2배 이상으로 뛰는 것은 규정 사실이다. 거기다 또 흉흉한 전염병까지 돌았다. 역사 속에서 우리가 늘 보아왔듯이, 이런 상황에서는 대개 부자인 금수저들이야 그리 큰 상관이 없었다. 단지 농민들이나 흙수저들만이 눈물겨울 정도의 추위와 굶주림에 떨었다. 이런 기근이 생각지도 못할 정도로 장기로 치닫자 이젠 관청도 서서히 두려움을 느끼기 시작했다. 1789년 이웃의 프랑스혁명을 간접적으로나마 체험했던 터였다. 혹시나 이런 프랑스의 영향을 받아 자칫하면 독일에서도 시민 폭동이 일어날 수도 있다고 여겼기 때문이다. 다행스럽게도 이런 분위기 속에서 혁명 쪽이 아닌 다른 방향으로 에너지가 흘렀다. 바로 이민을 꿈꾸는 자들이 늘어나기 시작했다.

이런 상황을 파악한 관청은 적극적인 이민 장려와 지원을 아끼지 않았을 뿐만 아니라 심지어 부추기까지 했다. 만일에 터지게 될지 모를 폭동의 에너지를 이런 이민을 통해서 재빨리 방지를 해보자는 의도가 깔렸던 거다. 이들이 이민을 꿈꾼 나라는 당연히 미국이다. 당시에 독일에서(유럽에서) 미국으로 이민 가기 위해, 배를 타야 했는데 자그마치 평균 50일이 걸렸다고 한다.

당시 큰 배는 상상도 못 했다. 작은 배를 탄 이들은 배 안에서 50일 간 고생이란 고생은 다 하였다. 3.3(1평) 제곱미터에 평균 5명이 웅크리고 있었다니 얼마나 열악한 조건이었을지 상상이 간다. 특히 배 안의 물 부족은 말할 수 없는 고충이자 고통이었다. 이 물 부족이 여기다 다시 불결한 환경을 만들었다. 이런 환경에서 전염병인 콜레라, 장티푸스가 발발했다. 바다 위의 배에서 이들은 갖은 고생을 다 했다. 이들 중 한 10% 정도는 꿈의 나라 미국에 도착하기도 전에 배에서 죽음을 맞이했다. 그 한 예로 1853년에 미국으로 가는 72척의 배가 브레멘 항구를 출발했다. 이 배엔 자그마치 29,900명이 탔다. 하지만 꿈의 나라 미국 도착도 전에 2,300명이 배에서 죽었다. 당시 이런 배를 소유했던 선장과 이런 이민을 주선했던 자들은 떼돈을 벌었다고 한다.

프랑크푸르트 남쪽에 있는 그로스-침머른(Gross-Zimmern) 지방을 그 한 예로 보자. 이 지방에서도 이민 붐이 일어났다. 이민 희망자들은 주로 일일 노동자, 농부들, 수공업자들이었다. 이 지방에서 350명 정도가 이민을 떠나기로 결정되었다. 47개의 마차에 나누어서 탔던 이들은 다양한 나이와 계층들이었다. 생후 몇 달 된 아이에서부터 나이 많은 이는 71살이었다. 거기다 산 달이 가까워져 오는 두 젊은 여인도 포함되었다.

아담/마가레타 가이쓰(Adam/Magaretha Geiss) 부부의 얘기다. 이 부부는 11살 먹은 아들 패터(Peter), 7살짜리 딸 안나(Anna Maria), 겨우 두 살 된 젖먹이를 데리고 떠났다. 지금 미국에서 '가이쓰'(Geiss) 라는 가문이 있다면 분명 이들의 핏줄일 것이다. 당시 이들은 미국으로 떠난다는 부푼 꿈 때문에 좋은 표정으로 떠났다. 하지만 사실 가슴속엔 불확실한 미래를 안고 떠나는 모험가의 심정이었다.

이렇게 미국으로 이민을 떠나라고 관청이 부추기면서 이들을 위해 많은 돈을 썼다. 어쨌든 많은 이민자들을 떠나보내기 위해 이 지방 마을 읍장은 50,000굴덴을(당시 돈 단위) 지출했던 터다. 이런 소식이 날아들자 이민 꿈을 품은 지원자들이 더 모여들었다. 일주일 후에는 다시 수백 명이 미국 이민 길에 올랐다. 당시 주민의 4분의 1 정도가 이렇게 이민을 떠나버렸다 보니 마을은 텅텅 비었을 정도였다. 하지만 이들이 떠나버리자, 관청은 오히려 홀가분해 하면서 자축까지 했다고 한다. 그 이유는 이들의 생활 보조 책임을 맡고 있었다 보니 늘 진절머리를 앓았던 터였다.

1846년의 기록에는 하인리히 뷔뤼허(Heinrich Bruecher)라는 이의 얘기가 있다. 그에게 딸린 식구는 6명이었다. 그해 봄 감자 수확량이 확 줄어들자 살아갈 길이 더 막막해졌다. 그러자 그는 집에다 나무 장작을 쌓아두고선 으름장을 놓았다. 가족들이 미국으로 이민 갈 수 있는 자금 보조를 해 달라! 조달해 주지 않는다면 당장 집에 불을 지르겠노라고! 그의 으름장은 더 나아갔다. 만약에 그의 가족 이민 길이 틀어지는 날에는 채권자 집에도 불을 지르고 살해까지 해 버리겠다는 공포감까지 조성했다. 그가 이렇게까지 된 내막에는; 이민을 가기 위해 그는 전 재산을 이미 다 팔아 치웠지만, 그 돈으로는 빚도 다 갚을 수 없었던 터였다. 그럼 관청이 주민들에게 제발 이민 좀 떠나시오! 라고 부추기까지 했다는데 왜 이런 가족을 선뜻 도와주지 않았을까? 사실 이때에 이민을 미끼로 하는 사기행각이 더러 일어났던터다. 이렇게 되어버리자 관청은 이런 이민 부추김을 자제했다. 더 나아가 이민 떠날 이들의 상태를 면밀히 검증하고 신중해졌기 때문이다.

바로 얼마 전에 일어난 일이다. 이민 간다는 구실 하에 돈 50굴덴을 챙겨 먹고서는, 이민은커녕 어디론가 홀랑 달아나 버렸던 이가 있었다. 이 일에 책임을 맡은 읍장도 이젠 선별에 신중을 다 할 수밖에는 없었던 거다. 읍장은 이 하인리히 뷔뤼허(Heinrich Bruecher)의 가족 상황을 빠른 속도로 파악하고선 도움 주려고 힘썼고, 그의 채권자와 타협하는 중재자로 나서기도 했다. 채권자를 부른 읍장은 설득에 나섰다; 뷔히너처럼 빚 있는 자에겐 돈받을 생각을 아예 좀 접어라! 눈 딱 감고 그의 가족을 이민 보내 버리자고! 라며 구슬렀다. 골똘히 생각해 본 채권자도 동의할 수밖에 없었다. 이 가족이 여기서 살아봐야 평생 빚 갚을 능력이 없다는 것을 충분히 짐작했기 때문이다. 당시는 이런 유사한 결정을 법원에서도 했다. 바로 42명의 죄수들을 미국으로 이민 보내려고 했던 거다. 법원 측에서는 이들이 형을 살고 나와봐야 어차피 다시 도둑질이나 사기꾼으로 살아갈 확률이 크다는 것을 예견했기 때문이다. 즉 형을 살고 나와 이 마을에서 살아봐야 빵만 축낼 것이다. 결과적으로는 사회적인 짐만 될 이들이니 이들로부터 희망 같은 것을 바라볼 여지가 더 이상 없다는 거였다. 죄수들 역시도 이런 이민에 흔쾌히 동의했다.

이민에 동의한 이들에게 신발 한 켤레씩, 스타킹, 옷을 선물로 챙겨주었다. 목사들은 특별히 이들에게 성경책을 선물했다. 이 마을의 읍장은 평소 잘 알고 지낸 간덴베르거(Gandenberger)라는 선장과 손을 잡았다. 그는 유럽과 미국 사이에 담배 무역업을 하던 배 소유주였다. 읍장은 이민 떠날 자의 머리 숫자만큼의 뱃값을 선장에게 지급했다. 어른들의 배 삯은 71굴덴이었다. 12살까지의 아이들은 56굴덴이었지만 젖먹이는 공짜 배를 탔다는 기록이다. 이런저런 절차를 거치고 50

일간 배를 타고 살아남아 드디어 미국에 도착했던 이들의 생활을 보자.

많은 세월이 흐른 후 그로스-침머른(Gross-Zimmern)을 떠났던 이들의 미국 생활 소식들이 고향으로 흘러 들어왔다. 그 사이 미국이란 땅에서 땀 흘려 부를 축적했던 대다수 사람들은 독일에 사는 친척들에게 아주 자랑스럽게 편지를 보내면서부터다. 아마도 우리네가 50/60년대경에 미국 갔던 이들과의 상황과도 좀 유사하게 보인다. 그때도 성공했기에 자랑삼아 고향에다 알려주었던 미국의 소식들! 1788년에 쓴 한 편지를 보면; 우리는 미국에서 거대한 농장을 소유하고 있다! 많은 소와, 28마리의 젖소까지 키운다! 등등의 내용이 날아왔다. 음식에 관한 얘기도 마찬가지다. 빵보다는 고기를 더 먹고 있다는 것과 물보다 와인과 커피를 더 마신다는 내용들이다.

중세 때부터 가난한 이들과 죄인들이 먹어야 했던 음식의 상징이 '물과 빵'이었다. 이젠 이런 가난의 상징인 빵과 물을 먹는 게 아니라 고기와 커피, 와인으로 한 단계 높아진 삶을 산다는 자랑에 속한다. 이런 편지 내용들이 온 마을로 퍼져나가자, 사람들은 미국만 가면 부자 될 수 있다는 꿈에 젖어 들었다. 이렇게 성공해 보겠다는 꿈과 희망을 품은 이들이 다시 미국 이민을 지원했다. 1830년에는 10,000명가량의 독일인들이 미국으로 이민을 떠났다.

미국에서 성공한 이들은 고향을 그리워하면서 모임도 만들었다. 당시의 뉴욕 신문에 헤쎈주 출신의 요한 헬트(Johann Held)라는 이가 큰 강당을 빌려 헤쎈 축제를 연다는 광고를 낼 정도였다.

독일에서 살았을 때 독일로 왔던 광부와 간호사들이 고향별로 연례 행사를 연다. 이들은 이런 광고를 교민들의 소식지인 교포들의 신문에서 싣는 것을 자주 보았다. 이들의 이런 행사 광고와도 너무나도 유사하다는 생각이 든다.

동생과 함께 1844년 미국으로 건너간 23살의 하인리히 레만(Heinrich Lehmann)이라는 청년은 미국에서 목화무역업으로 크게 성공했다는 소식이 날아오는 등등 미국에서 성공한 자들의 얘기들이 많이 날아왔다. 우리도 그렇지 아니한가? 초등학교 동창회 등등에는 주로 성공한 이들이 나타나서는 과시하고자 하는 자들이 더러 있는데. 이런 마음은 결국 인간이면 누구나가 품고 있을 공통적인 원시심성이 아닐까? 특히 이들 중에는 세계적으로 성공한 이도 있었다. 바로 당시에는 '보따리장수의 아들'이라고 불렀던 뢰브 스트라우쓰(Loeb Strauss)다. 당시에 그는 엄마와 두 여동생을 데리고 미국 샌프란시스코로 떠났다. 이 가족은 미국서 청바지 사업으로 크게 성공했다. 오늘날 젊은이들이 즐겨 입는 'Levi'라는 상표가 바로 이 가족들 기업이라니 국제적으로 성공한 모습이다.

그 이후에도 독일인들의 이민은 끝이 없었다. 1820-1920년 사이에는 독일인 1,000,000명이 넘게 미국으로 이민을 갔다. 물론 1900년대부터는 더 이상 가난 때문에 떠난 이민은 아니었다. 대다수가 더욱 나은 조건 속에서 일하고 더 많은 돈을 벌고자 했던 주로 전문 직업인들이었다. 2000년대에 들어선 지금도 독일인들의 이민 길은 여전히 이어진다. 2006년에는 18,242명의 독일인들이 스위스로, 13,200명은 미국으로, 10,300명은 오스트리아로, 9,300명은 영국으로, 9,100명은 폴란드로, 8,100명은 스페인으로, 7,500명은 프랑스로, 3,600은 캐나다로, 3,400명은 네덜란드로, 3,300명은 터키로! 합 144, 815명의 독일인들이 여러 나라로 이민을 떠났다고 한다.

2009년에도 마찬가지다. 734,000명이 독일을 떠났다. 특히 스위스는 독일인들이 가장 선망하는 나라인데 주된 이유는 독일의 무거운 세금을 피하기 위함이다. 이들 독일인들의 이민이 우리의 이민사와도 좀 유사는 생각이다. 우리 역시 때로는 망명처로, 때로는 곤궁한 생활을 벗어 던지기 위해 신천지를 찾아 나섰다. 1902년 12월 102명이 인천항을 떠났다고 한다. 하와이 농장에서 일할 사람을 찾는 모집 광고에 따른 이민그룹이었다. 그 이후 약 3년 동안 65척의 배가 7,000명가량을 하와이에 실어 날랐다고 한다. 그다음은 태평양을 건너는 여성들이 그 부류였다. 먼저 간 한국인 남성 노동자와 결혼하기 위해서였다. 대략 1940년 대부부터는 일부 부유층만이 해외 이민을 할 수 있었고 또 빠질 수 없는 이민은 미군과 결혼했던 미군 부대 여성들이 떠났던 1950년경의 이민이다. 미국이 아닌 유럽으로 간 이들도 보자 비록 이민은 아니지만 돈 벌러 떠났던 우리네의 광부와 간호사들이다: 정부는 독일 정부로부터 차관을 얻는 조건으로 1963년부터 광부ㆍ간호사를 독일로 보냈다. 이분들이 독일에 많은 고생을 하였지만 돈도 벌었고, 고생 끝에 낙이라고 이들은 독일에서 2세들을 참 잘 키워냈던 편이다. 한국인들의 높은 교육열이 독일 땅에서도 마찬가지로 꽃피웠던 것이 그 이유라는 평을 읽은 적이 있다. 독일에서 살 때 신문 기사를 통해서 보면; 많은 한인 2세들이 의사, 교수, 약사, 변호사, 회계사 사업가로 독일 사회에서 활동하면서 한국인의 위상을 곳곳에서 높이고 있는 것으로 안다. 최근엔 독일 가톨릭에선 2세 신부까지 나왔다. 같은 시기에 노동 이민으로 왔던 터키인들에 비해서도 한국인들의 교육열은 상당히 높다는 평을 받곤 한다. 물론 터키인들 중에도 2세 교육에 가치를 둔 이들도 있다. 하지만 한국인들의 교육열에 비해서는 열세라는 의견들이다.

이젠 우리 이민의 성격도 바뀌었다. 대략 1990년대 중반부터가 아닐까? 더는 잘살아 보자는 구호로 떠나는 이민은 아니다. 이젠 먹고살 만해졌으니 더 살기 좋은 환경을 찾아 나서는 이민이다. 주로 은퇴한 노년 부유층들이 주축을 이루면서 주로 캐나다, 호주, 뉴질랜드로 옮겨갔다. 2000년대 경에 또 한 번의 변화가 있었다. 한국보다 생활비가 적게 드는 동남아로 이주하는 중산층들이 생겨났다. 주로 필리핀, 태국 쪽이었다. 이렇게 우리의 이민사도 살펴보니 100년-200년 전의 독일과 참 유사하다. 늘 삼각형의 꼭짓점을 오르려고 하는 인간의 긍정적인 발버둥이 이런 이민사를 통해서도 느껴진다.

교황 레오, 그의 코끼리 사랑

- 예포 굉음에 놀란 코끼리 때문에 13명이 죽다. 코끼리의
후두염과 변비 처방에 금섞인 설사약을 먹이는 것!

레오 10세가 라파엘로에게 청탁한 그림 중에는 코끼리도 보인다. 이 교황은 현대인들처럼 동물사랑, 자연사랑에 푹 빠졌던가? 그렇담 참 아름답다고 느껴진다. 먼저 교황 레오가 누구인지를 보자. 레오 10세는 1475년 조반니 데 메디치(Giovanni de' Medici)로서 메디치家의 9명 중 6번째 자식으로 태어났다. 아들로서 두 번째인 그는 이미 7살 때 미래에 수도자로 걷는다는 성사를 받았다. 이 표징은 그가 종교적인 소양이 특출해서라기보다는, 자식 하나를 수도자로서 보내 출세를 꿈꾸었던 당시 귀족들의 관습에서 기인한다. 오늘날 대다수 현대인이 자식 중에 한둘 정도는 의사나 법관으로 만들고자 하는 욕망처럼 생각하면 되겠다.

아버지 로렌초(Lorenzo de Medici)는 이 아들을 추기경으로 만들기 위해 갖은 방법을 다 동원했다. 먼저 교황 인노첸츠(Innozenz) 8세에게 잘 봐 달라는 청을 했지만 거절당했다. 전쟁 발발 때 로렌초가 교황 인노첸츠 편을 안 들어주었기 때문이다. 하지만 친척인 플로렌즈 추기

경이 이 두 사람 사이에 화해의 다리를 놓자, 교황은 이런 기회를 먼저 이용했다. 교황 인노첸츠 8세는 아들이 있었는데 이름은 프란체스코였다. 1486년 11월 교황 인노첸츠 8세가 자기 아들 프란체스코와 로렌초의 딸 막달레나와의 결혼을 제안했다. 이것이 기회다 싶었던 로렌초 역시 허락하는 척 하면서 자기 아들 조반니를 추기경으로 임명해 달라는 조건제시를 했다. 아버지가 정치 장사를 잘한 덕택에 14살 먹은 조반니는 1489년 3월 9일 드디어 추기경이 된다. 한국식으로 따져보면 교황 사돈과 매제 덕택에 추기경이 되었다는 거다. 이 추기경 임명은 한 3년간 비밀로 잘 유지 되다가 1492년 3월 2일에서야 교황이 공식적으로 선포했다. 이 일을 계기로 조반니의 출세 길은 훤히 트이기 시작하더니 전 교황인 율리우스(Julius) 2세가 1513년 2월에 죽자 37살의 조반니가 3월에 레오(Leo) 10세로 교황으로 등극했다.(당시 중세의 가톨릭 추기경.주교 임명은 오늘날과는 많이 상반된 문화를 가지고 있었다. 예를들어 이 책의 〈중세의 기이한 교황들〉에 나오는 한 부분을 여기에 옮겨보면: "가장 젊은 교황은 1033년에 12살에 교황이 된 베네딕트 9세(Benedikt: 1033-1045)다. 친척이 뿌린 돈 때문에 교황으로 되었다고! 요하네스 12세도 (Johannes: 955-964)도 마찬가지로 16-18살 사이에 교황으로 등극했다고 한다."

레오가 어떻게 교황이 되었는지를 간략하게 보았다. 그렇다면 이렇게 교황이 된 그가 코끼리와는 무슨 관계가 있는 걸까? 먼저 약 80년경부터 유럽에선 코끼리가 외교적인 선물이나 공물용이었다. 그 이유는 코끼리가 거대한 힘의 상징이었기 때문이다. 레오 10세가 교황이 되자마자, 포루트칼의 마누엘 왕이 교황에게 코끼리 선물할 생각을 했다.

이 왕은 이번 기회에 새 교황 레오의 힘을 등에 업고 적대 관계에 있던 스페인을 견제해 보자는 의도 때문이다.

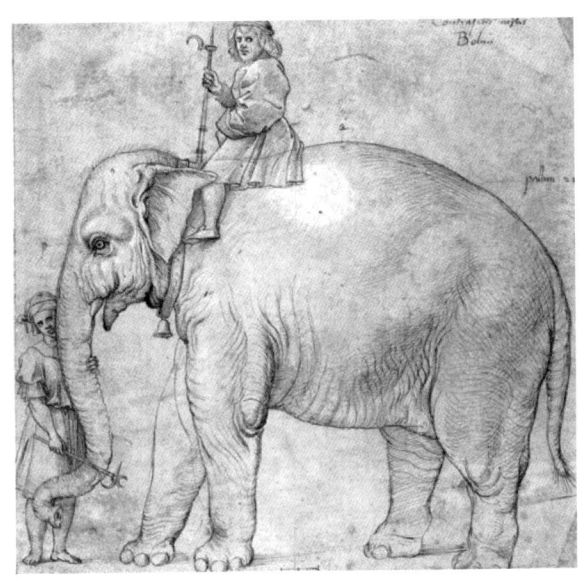

　드디어 이 코끼리가 바티칸에 당도하기 위해 이동이 시작된다. 이 코끼리 이동 때 마누엘 왕은 70명의 고위 사신들까지 동행시켰다. 이 이동은 리스본에서 이태리 해변을 거쳐 다시 육지로 오르는 데 몇 주나 걸렸던 꽤 힘든 작업이었다. 이들이 숙박업소에 정착할 때마다 수많은 사람이 몰려들었다. 이 코끼리 구경 때문이다. 어느 날은 한 여관의 지붕이 내려앉았을 정도로 사람들이 몰려온 적도 있었는가 하면, 지방의 귀족들은 이 코끼리와 사신들을 자기 영주에 숙박 제공을 서로 자처했을 정도로 야단스러웠다. 하지만 이 코끼리 이동이 너무 힘들었다 보니 교황청에 당도하기도 전에 이들은 이미 지쳐 그야말로 파김치

가 되어버렸다. 이 사실이 교황 레오 10세에게 보고 되자 그는 스위스 친위병 궁수들을 보내 준다. 덕택에 이 코끼리는 로마에 무사히 잘 도착했다.

이렇게 잘 도착한 이 코끼리는 레오 10세와 깊디깊은 인연이 시작되었다. 한니발 장군의 유명세를 따서 '한노'로 칭해진 이 코끼리는 바티칸 정원에 보금자리를 차지할 정도로 사랑받았다. 이 코끼리를 보살피는 비서까지(?) 정해졌는데 그가 바로 유명한 화가 라파엘의 친구였던 브란코니노였다. 코끼리가 로마에 도착했다는 소문이 나자마자 로마 시민들도 호기심 발동을 잠재우지 못하고 구경하기 위해 몰려들었다. 특히 이 교황이 코끼리와 노는 모습을 시민들에게 자주 보여 주었다는 것이 기록이 나오는데, 이런 때는 더욱더 야단법석이었다. 그렇지 않겠는가? 위대한 교황이 코끼리와 노는 모습을 보여주는데… 요즘이었다면 아마도 유튜버 하는 이들이 대거 몰려들었을지도 모른다.

한번은 교황의 조카인 로렌초 2세가 이 교황에게 청했다. 자기가 플로렌즈의 한 연회에 이 코끼리를 데리고 가고 싶다고 것이었다. 교황 삼촌은 이 청을 단연코 거절했다. 그 이유는 긴 여행을 하면 코끼리 건강이 염려된다는 것 때문이다. 이 교황은 심지어 이 코끼리에게 신발을 짜맞추어 주었을 정도로 그는 코끼리에 대한 사랑이 과분할 정도로 철철 넘쳤다.

동물을 이리 사랑하는데 좋은 일 아닌가? 문제는 자기 본분을 잊고 동물 사랑에 빠졌다는 사실로 여겨진다. 그의 삶을 먼저 좀 들여다본다면 조금은 이해가 될지도 모르겠다. 유감스럽게도 레오 10세는 교황이었지만 예수에 대한 강한 믿음은 없었다고 한다. 그의 지대한 관심은 바로 당시 유럽의 정치가 어떻게 돌아가는 것을 살피는 것이었다. 겔리에 의하면 그의 목적은 어찌하든지 간에 메디치가의 주무대인 플로렌츠를 외국으로부터의 침범을 막는 것이었다고! 그리고 그의 가문이 플로렌츠를 넘어서서 발전되는 것이라고!

독일 황제 막시밀리안이 죽자, 그는 프랑스의 프란츠 1세를 단연코 지지했다. 하지만 곧 변절한 그는 이젠 전쟁에서 이긴 칼 5세와 손을 잡고선 프랑스에 대항하기에 이르렀다. 그가 한 또 유명한 말이 있다. "신이 즐기라고 우리에게 교황직을 준 것이다." 실제로 그는 이 말처럼 살았다. 로마를 예술과 문화의 중심지로 만들었던 긍정적인 업적도 있었다지만, 좌우지간 그의 생활을 들여다보면 낚시는 그의 일상사였고, 사냥에 매료된 그는 일주일 내내 사냥만 하러 다니기까지 했다. 한번 교황 사냥 행차가 떠나면 동행인이 자그마치 2,000명 정도였다. 이것도 모자라 황소싸움에 도박을 잘 걸었는가 하면 교황청엔 익살 피우는 궁중 광대들을 상주시키고선 즐겼다. 광대들이 순발력 있는 위트로 즉시 웃음을 쏟아내는 분위기를 연출하지 못할 경우는 이들을 두들겨 패기까지 했다고 한다. 또 자주 열렸던 그의 호화로운 잔치를 보자. 이런 잔치를 한번 열면 100,000 두카텐까지 지출할 정도였다. 이미 한번 언급했었듯이 교수로서 일했던 루터의 당시 일 년 치 월급이 8 두카텐을 받았다고 하니, 이 돈은 정말 천문학적인 숫자임이 틀림없다.

프랑스 국왕과 인척 관계를 맺은 동생 기울리아노가 축제를 연다는 보고를 받자마자, 그는 후원금으로 당장 그에게 150,000 두카텐을 내어주었다고 H. 헤르만 교수가 밝혔다. 그는 이런 거금을 내 줄 정도 기분파 교황이었는지? 아니면 예수의 정신을 이어받아 통 큰 이웃사랑을 이런 식으로 베풀었는지? 이 부분은 해석하기가 좀 어렵지 않습니까? 성직매매도 곧잘 했다. H. 헤르만 교수에 의하면 2,200번의 성직을 팔아 생긴 돈이 자그마치 3 밀리온 이라고 한다. 교황청의 수입을 6배로 불려주는 장사였다고! 한번은 한꺼번에 31명의 추기경을 임명해 주고 받은 돈이 300,000 두카텐이었다고 독일의 H. 헤르만 교수가 밝혔다. 이렇게 하게 된 것도 그 이유가 있다고 한다. 1517년이다. 교황으로서 그의 행적에 못마땅하게 여기던 몇몇 추기경들이 그의 독살을 시도했었지만, 일이 뒤 틀려 버렸다. 그러자 그는 주동자인 알폰소 페트루치(Alfonso Petrucci)를 교수형에 처하고, 다른 주동자들은 감옥에 쳐서 넣었다. 그는 그다음 일도 멋지게(?) 일사천리로 진행했는데, 바로 교황으로서 자기영역을 확실하게 하려고 31명의 추기경을 즉시 임명했노라고!

그에겐 이것만으로도 부족했던지 40%까지 이자를 받는 돈놀이까지 한 적 있었다. 이렇게 모은 돈으로 이웃을 도왔는가? 아니다 전쟁 비용에 800,000 두카텐을 투자했다고 한다. 이 돈은 바티칸 한 해 예산의 반이나 되는 거금이었다. 7년간의 교황직에 있으면서 5 밀리온을 지출했던 그는 결국 재정 바닥을 냈다. 앞에서 언급했었던 신학 교수 루터가 일 년간 받은 돈이 겨우 8두카텐에 비하면 정말이지 엄청난 돈이다. 돈을 조달하기 위하여 성직매매를 하였다.

루터가 종교개혁을 할 만도 했다. 일단 이런 꼴에 어느 누가 뿔이 안 나겠는가? 그러던 차 로마성당 짓는다고 면죄부를 팔아댔다. 견디지 못한 루터가 1517년 10월 21일에 비텐베르크에 기존 교회에 반대하는 95조항을 붙이면서 종교개혁에 불을 질렀다. 그러함에도 불구하고 레오 10세는 루터의 이런 반박을 아주 대수롭지 않게 여겼다고 한다. 1520년 6월 1미터 길이와 0.5미터 넓이로 된 증서를 만들어 교황의 권한으로 루터에게 협박했다. 결과적으로 보면 그는 루터의 종교 개혁을 아주 가볍게 판단했던 거다. 하기야 성직매매에다가, 어린 조카를 추기경으로 임명하는가 하면, 본분에 어긋난 호화 파티 등등은 사실 레오 10세에게만 해당하는 일은 아니었다. 예를들자면 1460년 칼리히트 3세부터 식스티우스 4세들에 이르기까지 얼토당토않은 일들이 뿌리 깊게 누적되어 있다가 풍선처럼 부풀어있던 상황을 드디어 루터가 터트린 것이었다. 사실 레오의 코끼리 얘기를 하고자 했던 것이 이 교황에 얽힌 얘기로 너무 나갔네요. 다음에 이 부란덴부르크 추기경에 관한 얘기는 다시 한번 정확하게 할게요.

다시 코끼리 얘기로 돌아와; 이런 성스러운(?) 교황이 사람이 아닌 코끼리에게만 너무나 넘친 사랑을 쏟아붓자 여기저기서 비난의 봇물이 터져 나오기 시작했다. 즉 이 교황이 초등학교 책명처럼 '바른 생활'을 하고선 동물을 사랑했다면야, 아마도 자연보호 사랑 모임이 그의 동물 사랑을 치하하면서 훈장을 주었을지도 모른다. 달이 차면 기우는 법, 우연인지 필연이지 무서운 사고가 일어났다. 루드빅히 12세의 여동생과 결혼한 동생 기울리아노가 로마에 오기로 하자 그들을 맞이하기 위해 요란스러운 준비를 했다.

그중 하나가 그들이 밟고 들어오는 길에 개선문을 만든 거였다. 거대한 천막을 쳐둔 곳에 귀족들이 즐비하게 서서 이들을 영접할 준비를 했는데 이런 영접 식에 코끼리 '한노'가 빠질 수가 없었다. 드디어 교황의 손님들이 당도하자, 무장한 군인들이 예포를 쏘아댔다. 이때 이 굉음에 놀란 코끼리가 공포를 느끼면서 미친 듯 날뛰기 시작했다. 순간적으로 이 영접식장은 야단법석이 일어났고 한순간에 아수라장으로 변해 버렸다. 이때 공적인 집계로 13명이 목숨을 잃었는데 그의 형제 기울리아노도 이 집계에 들어갔다. 결국은 죽었다는 소리다.

곧이어 이상한 일도 일어났다. 곧 교황도 열에 시달리며 고통스러워했다는 거다. 그때 점성학을 하는 수도승이 이젠 코끼리가 곧 죽을 징조라고 예언했다. 정말 6월에 이 코끼리가 병이 들어 겨우 호흡만 하는 지경에 이르자 교황 레오는 즉시 그의 주치의들을 불러 진단을 내리게 했다. 코끼리가 숨이 가쁜 건 후두염 때문이고, 그것 때문에 변비에 걸렸다는 거다. 이들이 처방으로 내린 것은 코끼리에게 금이 섞인 설사약을 먹여야 나을 수 있다고 했다.

사실 당시 인들의 변비 처방으로 하제에 약간의 금을 섞었다고 한다. 근데 사람보다 코끼리는 몸집이 얼마나 비대한가? 이 코끼리에게 얼마나 많은 양의 금을 하제로 쓰였는지 짐작이 간다. 하지만 다 소용이 없었다. '한노'는 1516년 6월 8일에 교황님의 사랑(?)을 뿌리치고 그만 돌아가셨다(?). 교황은 당대의 유명한 화가 라파엘를 불러 이 코끼리 그림을 다시 그리게 했다. 그뿐만 아니라 아주 성대하고 거대한 '한노'의 장례식을 치른 후에 이 코끼리를 바티칸 담벼락에 묻어 주었다고 한다.

이 코끼리를 떠나보낸 후 그는 고통과 슬픔을 참지 못하겠다고 공적으로 표현했을 정도였다. '한노'에 대한 사랑을 과시했던 이 교황은 코끼리에게도 "한노가 후두염으로 죽었다."라는 사인서 작성을 명했다. '한노'의 기념비 세우는 것도 잊지 않았다. 바티칸 담 쪽에 세워주었지만, 지금은 남아 있지 않고 다만 표징만 증명할 수 있다. (1962년 바티칸의 도서관 건축 중에 뼈와 아주 큰 이빨을 발견 한 적이 있었다. 그 이후 다시 1990년대의 발굴 작업에서 뼈와 이빨 등을 발견했는데 이것을 코끼리 한노 뼈로 간주하고 있다.) 이러자 로마인들 그리고 나중엔 신교도들이 합쳐 교황의 이 코끼리 사랑에 기꺼이 동참해 주었다. 물론 진짜 동참이 아니라 교황을 골려 주기 위해 빈정거린 투로 쓴 글이었다. 그 우스개 유언장 글이 지금 남아 있다. 이뿐만 아니었다. 돌아가신(?) "한노"에 관한 얘기가 로마에 여전히 괴상한 얘기로 퍼져나갔다. 좌우지간 오늘날 난무하는 인터넷의 댓글을 연상하면 되리라.

이런 레오 10세도 1521년 겨울감기로 죽었다. 너무 갑자기 죽는 바람에 그는 가톨릭 교리에 따라 반드시 받아야 할 종부 성사도 못 받았다. 근데 자연사로 보지 않았다. 그의 시체가 심하게 붓고 또 검은색으로 변했기 때문이다. 교황이 독살당했다는 의심을 잠재울 수가 없었다. 프랑스의 사주를 받았으리라고 추측했던 한 혐의자를 심문대에 올렸지만 이 살해에 대한 단서를 잡지 못했다. 이때 메디치가(家)의 추기경이 나서서 이 혐의자를 풀어 주라고 지시했다. 프란츠 I 세와 원수지간이 되고 싶지 않았다. 하기야 아무리 떵떵거리던 메디치 가문이였지만, 이젠 정승 개가 죽은 게 아니고 정승이 죽었는데 싸워봐야 무슨 승산이 있겠는가? 거기다 레오 10세가 교황으로 반듯하게 살았던 것도 아니고!

교황 레오는 많은 빚을 남겼다. 심지어 관에 쓸 촛값조차도 없었다고 할 정도였다. 좀 과장이라 치더라도 그가 살았던 삶을 대변하는 뜻일 것이다. 그의 뼈는 산타 마리아 소프라 미네르바 성당에 묻혀있다. 죽기 전 반드시 받아야 할 종부 성사도 못 받았고, 바티칸에 빚만 잔뜩 지운 교황이 하늘나라가 있다면 천당서 과연 어떤 대접을 받았을까?

천국에서 교황의 빚을 간접적으로 다 탕감해 주었을까? 인간이 '어떤 자리'에 앉으면 '그 자리에 상응하는 삶'을 살다 가야 한다는 것을 다시 한번 깊게 느낄 수 있겠다.

500여 년 전의 교황청 일기

- 대관식에서 입은 왕의 옷과 모자값이 약 10,000두카텐! 8두카
텐을 받은 루터의 일년 교수 연봉에 비하면 천문학적인 숫자!
루터가 쫄쫄 굶고 10년간 모은다 해도 불가능한 금액!

지금으로부터 500여 년 전인 1492년부터 1503년까지의 교황청 일기
에서 나온 내용이다. 일기 내용에 들어가기 전에, 이 일기를 남긴 사람
에 대해 잠시 보자.

그의 이름은 요한네스 부르카르두스(Johannes Burcardus: 약 1450 -
1506)로서 교황의 의례 절차를 담당하는 마이스터였다. 그는 할스라흐
(Halslach)에서 태어났고, 그 이후는 슈트라쓰부르크(Strassburg)에서
살았다는 것을 먼저 밝힌다. 그는 교황의 측근으로 살았다는데, 어떤
인생의 길을 걸었을까? 오늘날의 관점으로 보면, 우리가 생각하는 교
황의 측근은 일반적으로 아주 신심이 깊은 신앙과 영성을 전제로 한
다. 근데 교황의 측근으로 살았다는 부르카르두스의 이력을 보면 아무
래도 좀 의아하다. 그의 다소 곧지 못한 음성적인 다양한 경력 때문이
다. 나열해 보면; 그는 고향에서 문서위조를 하다 걸렸는가 하면, 도둑
질까지 하다가 붙잡혔다고! 이런 행위들의 죗값으로 그는 고향 도시에
서 추방당하자, 더 큰 도시로 떠나는데 바로 당시의 세상 중심지였던

로마였다. 죄인으로 찍혀 고향 도시에서 쫓겨난 신분인 그는 의외로 이 로마에서 1467년 부터 출세 가도를 달리기 시작했다. 그가 출세할 수 있었던 동인은 바로 교황 파울 2세(Paul 2: 교황 등극 1464-1471: 7년) 재직 때부터다. 그는 이 교황 파울 2세 곁에서 여러 직책을 맡으면서 승승장구했다. 여기서 그치지 않고 다음 교황인 식스투스 4세(Sixtus 4: 교황 등극 1471-1484: 13년)가 역시도 그를 1483년 바티칸에서 행해지는 모든 의례 절차의 책임자로 임명했다. 일을 탁월하게 잘 해냈던 터였는지 후대에 등극하는 교황들도 계속해서 그에게 책임 있는 직책을 부여했다. 다음 교황인 알렉산더 6세(Alexander 6: 교황 등극 1492-1503: 11년)와 그 다음의 교황인 피우스 3세(Pius 3: 교황 등극 1503년) 교황들 곁에서도 그는 일했다.

마지막의 피우스 3세는 그를 교황청의 의례 담당 책임뿐만 아니라, 1503년 치비타(Civita)교구의 주교로까지 임명하였다. 하지만 부르카르두스(Burcardus)의 마지막 욕심은 주교로만 머무는 것이 아니라, 바로 추기경이 되는 거였지만 이루지 못했다. 아마도 피우스 3세가 좀 더 오래 살았더라면 그는 추기경이 될 수 있지 않았을까? 유감스럽게도 이 피우스 교황은 9월 22일에 등극해 10월 18일까지 교황으로 살고, 딱 27일 만에 세상을 떠났기 때문이다.

이 때문에 추기경이 되는 마지막 꿈을 채우지 못한 그는 1506년 5월 16일 죽었다. 그것도 자연사가 아닌 참 비참한 죽음을 맞이했다. 아무튼 문서 위조 죄목 그리고 도둑질 한 죄로 고향에서 추방된 이가 로마에서 주교까지 올라가기까지는 그의 주위엔 많은 적들이 있었으리라는 짐작이 간다. 그의 성향이 탐욕이 강하고 인색한 삶을 살았다고 전해지기 때문이다.

자! 이젠 간략하게 본 요한네스 부르카르두스(Johannes Burcardus)의 일생을 접고, 그가 생전에 남겼던 일기로 들어가 보자. 이 일기는 교황 알렉산더 6세의 측근으로 있을 때 쓴 것으로, 그 기간은 1492-1503년까지다. 일기라지만 그 내용은 사적인 것보다는 공적인 것으로, 당시 바티칸의 책략, 음모, 기이한 사건들을 기록한 것이 대부분이다.

먼저 그의 상사였고 또한 그의 일기에 등장하는 알렉산더 교황이 누구인지를 잠시 보자. 알렉산더는 칼릭스투스 3세(Calixtus: 교황 등극 1455년)의 조카였다. 삼촌 덕택에 그는 먼저 추기경이 될 수 있었고, 후에는 돈의 힘으로 교황 자리에도 올랐다. 그는 교황이었지만 첩을 두었고, 이들 사이에 9명의 자식을 낳았다. 이 교황과 그의 자식들이 뿌려 놓았던 흥미진진한 얘기들은 교회사에 잘 간직되어 있다. 특히 그와 그의 딸 루크레치아와 얽힌 사건은 너무나 유명하다 보니 유럽에선 영화까지 나올 정도다. 부르카르두스가 이런 교황 옆에서 일하면서 보고 들은 것들을 일기로 기록했으니 얼마나 생생하고 흥미진진하겠는가? 많은 내용을 다 옮기기에는 지면 문제가 있으니 한 단면만 소개한다.

일기 내용 시작: 1494년 5월 7일 수요일의 일기를 요약하면; 교황 알렉산더 6세의 아들 고프레도(Gofredo)와 시칠리아의 왕 알폰소 2세의 딸 잔키아(Sancia)와의 결혼계약서가 성사되었다. 당시는 결혼하기 전에 집안 간에 반드시 계약서를 썼다. 잔키아는 알폰소 2세 왕의 혼외에서 낳은 딸이다.

1494년 5월 8일 목요일의 이야기; 그리스도 승천 축일, 천사 미카엘

을 기념하는 날이다. 이날 미래의 사돈이 될 알폰소 왕의 대관식이 있
었다. [일부 생략] 진주와 보석이 주렁주렁 달린 옷을 입은 이 왕의 대
관식은 아주 성대하고 호화스럽게 치렀다. 이 대관식에서 입은 옷값과
모자값이 자그마치 약 10,000두카텐이다. 우리는 화폐 두카텐의 가치
를 잘 모르기에 당시 한 교수 월급으로 비교해 보자. [그 유명한 종교개
혁자인 마르틴 루터가 당시 교수 월급으로 일 년에 8 두카텐을 받았다
고 하니, 이 왕이 입은 옷값은 정말 천문학적인 숫자일 것이다. 루터가
안 먹고 안 쓰고 단지 10년간 모았다 해도 결코 이런 돈을 손에 쥘 수
없다는 계산이 나온다. 도대체 어느 정도의 호화판이었을까요? 그가
당시 입었던 옷은 지금은 어디로 갔을까요? [부르카르두스는 그의 일
기에서 이 왕의 대관식 진행을 더 상세히 기록 했지만, 생략하고 다음
얘기로 넘어간다] .

1494년 5월 11일 일요일; 아침부터 내리기 시작하던 비는 온종일 내렸다. 오전 11시경에 한 성당에 알폰소 왕이 교황청 사절단과 함께 등장했다. 이들 사이에 왕의 딸과 알렉산더 교황의 아들이 앉아 있다. 하객들은 엄격한 서열의 높낮이에 따라 배치받은 좌석에 길게 앉아있다. 결혼식이 진행되었고 신랑과 신부가 반지 교환을 하였다. 이 신랑 신부는 약 3파운드가 되는 무거운 밀랍 초를 선물로 받았는데, 이 초에는 10두카텐의 돈이 꽂혀있다. [다른 얘기들은 생략했다. 기억할 것은 이 초에 꽂힌 돈이 마르틴 루터의 일 년 치 월급 8두카텐과 맞먹는다는 거다! 또 진기한 일은 이런 결혼식에 참가한 축하객들에게는 주교가 어마어마한 축복을 내렸다. 그냥 단순한 축복이 아니었고 이 축복을 통해서 7년의 죗값을 사해 준다는 것이다. [아니 이런 권한은 어디서 오는 걸까??? 거기에 참석한 자들은 그래도 다 금수저들 일터인데, 그렇담 흙수저들은 이런 기회조차도 얻기 힘들었을 터인데. 결론적으로는 부와 권력을 손에 쥔 이 자들만이 이런 호화판 결혼식에 한 번 참석하고선 7년간 지은 죄 사함까지 받았다. 이들은 그들이 만들었던 교리대로 7년 죄 사함을 받았으니 과연 다들 천국으로 잘 갔었는지 궁금하다. 죽은자들은 말이 없으니 알 수가 없다!.

다음의 내용은 이미 귀족들의 결혼성사 과정에서 한번 언급했으나, 되 새기는 의미에서 넣어본다; 식사가 밤 11경에 시작되어서는 2시가 넘어서 끝났다. 이 식사가 끝난 후 신랑 신부는 준비된 비밀스러운 침실로 인도되었다. 그동안 왕과 바티칸 사절단은 이 방문 밖에서 기다렸다. 하지만 신랑·신부와 함께 이 방에 들어간 여인들이 있었는데 이들의 역할은 신랑 신부의 옷을 전부 벗겨주는 것이었다. 신랑·신부

의 옷을 다 벗기고 난 여인들은 신랑·신부를 침대에 눕혀 주었다. 신
랑의 위치는 정해져 있는데 바로 신부의 오른쪽이다. [그러니 신부의
자리는 왼쪽이란 뜻이다] 아마포로 신랑 신부의 알몸(nackt)에다 덮어
주었다. 그때 지금껏 방 바깥에서 머물던 교황 사절단과 왕이 들어섰
다. 이들이 등장하면 여인들은 다시 이불을 신랑·신부의 배꼽 부분까
지만 벗겨주었다. 그러면 이들이 보는 앞에서 신랑이 신부에게 부끄러
움 하나 없이 서로서로 마음껏 입맞춤했다. 그리고 나서 교황 사절단
과 왕은 이들의 침대 곁에 앉아서 한 30분간 수다를 떨고 나서는 신랑
신부의 방을 떠났다. 물론 들어와서 옷을 벗겨 주었던 이 여인들도 마
찬가지로 함께!

1494년 5월 12일; 오늘은 이 결혼 축하연이 열렸는데 참으로 성대했
다. 내 짐작[브루카르두스를 지칭]으로는 아마도 60,000 두카텐[6,000
이 아닌] 정도는 되겠다고 짐작한다. 왜냐면 매우 호화롭고 사치스러
운 금 그릇과 은 그릇으로 꾸며진 연회 장소였기 때문이다. [중세에는

결혼식을 마친 신랑·신부가 오늘날처럼 둘만의 시간을 가지는 게 아니고, 주위 인들에게 침대 예식까지 다 공개 한다는 것을 보았습니다. 이런 점은 현대인들과는 사뭇 다르지요. 중세의 결혼문화에 대해서는 다시 한번 상세하게 다루기로 한다]

그로부터 6년이 지난 1500년 7월 15일 수요일은 교황 딸 루크레치아 (Lucrezia)의 얘기가 등장한다. 요약해 보면; 그녀의 남편인 귀족 알폰소가 밤 10시경에 성 베드로 성당 계단에서 여러 사람에 의해 갑자기 습격당하면서, 그의 관절과 오른쪽 팔 그리고 허벅지가 찔렸다. 이 상처 때문에 그는 많은 피를 흘렸다. 그를 공격했던 이들은 성베드로 성당의 계단 위로 잽싸게 달아나 버렸다. 그곳에는 이미 말을 탄 40명이 철저하게 무장 한 채 이들을 기다리고 있다가, 이들이 도착하자마자 말에 태우고선 재빨리 도망가 버렸다.

1500년 8월 18일 화요일의 이야기 요약; 그때 습격 당했던 알폰소는 바티칸 정원의 지하로 옮겨져서 아주 삼엄한 경계 속에서 다친 상처를 치료받고 있었다. 하지만 그는 그날 오후 4시경에 죽었다. 6시간 후인 밤 10시경에 사람들이 와서 그의 시체를 들고가 장례를 치렀다. 장례 진행을 맡은 이들까지 기록했는데, 바로 코젠카 대주교, 프란체스코 보르기아, 교황의 재무 담당관들이었다. 죽은 이는 떠났고 이제는 범인을 찾아야만 했다. 제일 먼저 의심받았던 이들은 죽은 이들의 측근들이었다. 특히 그의 주치의들과 그를 늘 보필했던 곱사등을 가진 이가 첫 심문의 대상이 되었다. 이들은 엥겔스베르그로 끌려가 심문을 받았지만, 후에는 석방이 되었다. 그들로부터 어떤 혐의점을 발견할 수가 없었기 때문이다.

[다음 날인 1500년 8월 23일 일요일의 일기가 계속되지만, 분량 때문에 여기서 그친다]

1500년 8월 31일 월요일 내용을 요약합니다; 이날은 교황 딸 루크레치아(Lucrezia)가 많은 수행인들을 대동하고 로마에서 네피(Nepi)로 떠나는 날이다. 그녀를 동행한 말탄 이들의 숫자는 [60명이 아닌] 자그마치 600명이다. 얼마 전인 7월 15일 그녀의 남편 알폰소가 갑자기 습격당했다가 결국은 8월18일에 죽었다. 이제 그녀는 그만 과부가 되어 버린 셈이다. 이 일로 루크레치아가 너무나 큰 슬픔과 비통에 젖어 있자 그녀를 위로차 그리고 휴양 차원에서 만들어진 거대한 행차였다. [계속해서 1500년 12월 20일부터 1503년까지의 일기가 나오지만 오늘은 여기서 그친다].

지금부터는 일기 내용이 아닌 덧붙인 글이다; 여기에 등장하는 교황 알렉산더 6세는 딸 루크레치아(Lucrezia)를 정치적인 목적으로 자주 이용했다. 교황은 그녀를 11살에 한번 결혼시켰고, 다시 13살에 한 번 더 결혼시켰다! 보르기아 家는 이 2번째 사위를 딸로부터 떼어 놓기 위하여 모함까지 했다. 결국은 사위가 성불구자라는 소문을 공공연하게 퍼뜨려 딸과 이혼하게끔 했다고 샤드 박사가 밝혔는데, 그 이유가 있다.

알렉산더 교황은 처음부터 이 2번째 사위 집안으로부터 커다란 야망을 품고 정략결혼을 시켰었는데, 바라던 대로의 목적이 이루어지지 않았기 때문이다. 말하자면 결과적으로 이 가문으로부터 얻을 수 있는 별 소득이 없었다는 뜻이다. 보르기아 家의 최고봉에 있던 교황 알렉산더가 이 일을 다 조종했다는 설이 있다. 그 이후 알렉산더 교황은 딸을 위의 살해된 알폰소와 3번째 결혼을 시켰다. 그녀는 이 결혼에서 다소 행복을 찾았다지만 너무 짧았다.

위에서 언급했던 1500년 7월 15일 수요일에 일어났던 사건 때 남편이 죽었기 때문이다. 이번의 이 사건은 그녀의 오빠가 꾸몄다고 한다. 그 이후 다시 알렉산더 교황은 딸을 4번째 정략결혼을 시켰는데 이번에는 그토록 간절하게 원했던 부와 권력이 철철 넘치는 집안 남자였다고 한다.

500년 전의 일기를 통해서 우리는 당시의 사건들을 조금 들여다보았다. 오늘날의 눈으로 비판도 좀 해본다면; 먼저 교황인 아버지의 권력을 등에 업은 과부가 된 딸의 단순한 위로 행렬이다. 루크레치아의 오빠가 나서서 알폰소를 의도적으로 죽였다고 하지 않았던가? 이런 위로의 행렬에 말 탄 사람이 60명도 아닌 장장 600명이나 동행을 시켰다니! 정말 좀 지나치지 않나 한다. 꼭 병 주고 약 주는 격이라는 생각이 들 정도다.

마지막으로 이 일기를 쓴 자인 요한네스 부르카르두스(Johannes Burcardus)관한 얘기도 언급해 보자. 범법자로서 고향에서 추방당했던 그는 로마에 가서 오히려 교황의 측근이 되었다. 후에는 다시 주교까지 되는 것도 좀 기이하지 않나??? 하지만 그가 바티칸에 살면서 보고 들었던 것을 1492-1503년까지의 일기로 남겨 두었다는 사실을 높이 평가할 만하다. 지금 우리는 그의 일기 덕택에 당시의 시대상을 잘 엿볼 수 있고, 어쩌면 자취 없이 사라졌을지도 모르는 역사의 한 조각을 그의 덕택에 선사 받고 있으니 말이다. 이것도 신의 뜻일까? 예수의 사랑을 실천하는 곳이 바티칸이지 않은가? 하지만 당시 500여 년 전에도 여전히 치고받고 싸우고 사람을 예사로이 죽이는 모습이 그 안에서도 보인다.

종교란??? 오늘날에도 여전히 같은 물음으로 던질 수 있으리라 생각한다. 독자 여러분들은 어떤 생각을 가지게 될지 궁금하다.

귀족들의 대리 결혼

– 왜 '대리 결혼'을 했을까? 대리 신랑은? 심지어 '장갑 결혼'
까지도?

귀족들 사이에서 유행한 결혼 풍속 - '대리 결혼', '장갑 결혼'

농민들 사이에서 '찾아가는 밤'이라는 결혼 풍속이 유행했다면 귀족
들 사이에서 유행한 것은 '대리 결혼' 풍속이었다. 사학자 피셔는 대리
신랑 제도가 앞에서 설명한 '증빙의 밤'에서 출발했다고 주장한다. 이
결혼은 신부가 신랑과 직접 결혼하기 전에 신랑의 대리인과 먼저 결혼
하는 것이다. 믿기 힘들지만, 중세에 엄연히 존재한 결혼 형태이다. 결
혼은 어느 시대에나 마찬가지로 남자와 여자가 만나 새로운 가정을 이
루는, 인간에게는 매우 중요한 통과의례이다. 그런데도 중세에는 잔치
에 당사자가 나타나지 않는 경우가 종종 있었다니! 신부가 나타나지
않은 경우도 더러 있었지만, 그 경우는 극소수였고 대개는 신랑이 나타
나지 않았다.

이때 신부의 오빠가 '대리 신랑'으로 결혼식장에 들어갔다는 기록도
있다. 진짜 신랑이 나타나지 않았는데 어떻게 결혼식을 치렀을까? 진

짜 신랑은 자신이 서야 할 자리에 '대리 신랑'을 내세웠다. 신랑의 위상을 더 높이기 위해 외모가 특출한 이가 주로 대리 신랑으로 뽑혔다. 그렇지만 외모가 전부는 아니었다. 대리 결혼 후 첫날밤까지 보내야 했기에 가급적 신랑과 오랜 친분을 쌓았거나 특별히 믿을 만한 사람인지 검증해서 계약서를 쓰고 대리 신랑으로 내세우는 게 대부분이었다. 이 제도는 1880년까지 존속했는데 주로 빈과 마드리드에 있는 합스부르크가가 애용물로서 주로 귀족이나 왕족의 전유물이었다. 합스부르크가는 이런 결혼식을 소박하게 치르지 않았다. 비록 대리 결혼식이지만 신부와 대리 신랑은 물론 하객도 한껏 화려하게 치장하고 식장에 들어섰다.

그다음 단계로 중요한 것은 하객들이 보는 앞에서 신랑. 신부가 첫날밤을 치르기 위해 침대에 올라가는 예식이다. '대리 결혼'의 신랑은

진짜 신랑도 아닌데 '대리 신랑'과 첫날밤을 어떻게 치렀을까? 대리 신랑은 우선 신부와 함께 호화롭게 장식한 침대에 들어갔다. 거기서 실제로 자는 것은 아니었지만 상징적인 행위는 해야만 했다. 그 행위는 다음과 같았다. 대리 신랑은 먼저 바지를 걷고 장

딴지를 드러낸 뒤 자기 장딴지를 신부의 장딴지에 갔다 대었다. 이 행위를 끝내면 당시는 첫날밤까지 치른 완벽한 결혼으로 인정되었다.(그림참조)

어떤 대리 신랑은 신부의 침대에 들어가 첫날밤을 보내기도 했는데, 그가 차고 있던 칼을 신부와의 사이에 놓아두는 것으로 증빙을 대신하기도 했다. 아무리 상징적인 행위일지라도 자칫하면 '위험'할 수도 있지 않았을까? 그렇지만 계약으로 온 대리 신랑이 자기 목숨을 내놓고 이런 위험한 일을 저지른 경우는 거의 없었다고 발하우스는 전한다. 만약에 이런 불미스러운 '사건'이 만약에 일어난다면 대리 신랑은 목숨을 부지하기 어려웠을 것이다. 그리고 첫날밤을 잘 치른 대리 신랑은 신부를 '진짜 신랑' 집으로 데려가는 역할 또한 맡았다.

요한 2세(Johann 2 von Juelich und Berg)는 그의 첫 부인이 죽자, 새 장가를 들기로 했다. 그는 1691년 신붓감을 구해올 사신을 피렌체로 보냈다. 사신은 토스카나의 안나 마리아를 요한 2세의 신붓감으로 점찍었다. 양가는 피렌체에서 먼저 '진짜 신랑' 없이 결혼식을 치렀다. 그녀 옆에 선 '대리 신랑'은 사신이 아니었고 그녀의 오빠였다. '대리 신랑'인 오빠와 1691년 4월 29일 결혼식을 치른 그녀는 1691년 6월 5일 요한 2세와 독일 울름에서 다시 정식 결혼식을 올렸다. 프랑스의 마리아 폰 메디치(Maria von Medici)도 그녀보다 스무 살이나 많은 프랑스의 앙리(Heinrich)4세와 결혼할 때 그녀의 삼촌인 토스카나 대공 페르디난도 1세와 대리 결혼식을 올렸다. 이들의 정식 결혼식은 두 달 후인 1600년 12월에 치뤘다. 유럽 역사에서 이런 결혼의 사례는 종종 나타나고 있다. 그런데 대리 신랑을 보내 결혼한 처지였지만 이웃의 간섭을 받은 예외적인 경우도 있다. 브르타뉴(Bretagne) 공작 프랑수아 2세의 딸인 안느(1477-1514)는 당시 라틴어, 그리스어, 프랑스어, 히브리어에 능통한 지혜로운 여성이었다. 양쪽 부모의 주선하에 그녀는 왕위 계승권이 있는 영국의 에드워드 4세의 아들 에드워드 5세와 결혼 협정을 맺었는데 결혼도 하기 전인 1483년 그가 갑자기 그만 죽어 버렸다. 마침 그녀의 아버지 프랑수아 2세는 전쟁에서 지고 난 뒤였다. 그의 딸이 프랑스 왕실의 허락을 받아야 결혼할 수 있다는 조약을 맺을 정도로 위세가 형편없었다. 그런 프랑수아 2세가 1488년에 죽었다. 안느가 아버지를 이어 1489년 2월 브르타뉴 영지의 영주가 되었다.

안느의 '대리 결혼'의 '대리 신랑'으로 선택된 사람은 폴하임이었다. 1489년 7월에 프랑스 왕 샤를 8세와 신성로마제국의 막시밀리안 1세는 그녀의 왕권을 합법적인 것으로 인정했다. 그리고 서른한 살의 홀아비였던 막시밀리안은 열세 살의 안느와 1490년 12월 19일 결혼식을 올렸다. 하지만 막시밀리안은 이 결혼식에 직접 참석하지 않고, 볼프강 폰 폴하임이라는 사람을 대리 신랑으로 보냈다. 결혼식 동안 볼프강은 신부인 안느 옆에 대리 신랑으로 늠름하게 섰다. 예식 후는 이제는 이 대리 신랑이 첫날밤을 보내는 예식이 남았다. 당시의 합법적인 '대리 결혼'의 첫날밤 예식은 이러하다; 먼저 볼프강이 바짓가랑이를 걷어 올린 후 맨살이 드러난 그의 장딴지를 신부인 안느의 다리에 갖다 대는 것이다.(그림참조) 이 절차가 끝나야만 공적으로 첫날밤을 완벽하게 치렀다는 의미가 된다. 이로써 당시의 법에 따라 막시밀리안과 안느는 정식 부부가 되었다. 하지만 생각지도 못하게 이 결혼은 곧 무효가 되고 말았다. 교황이 이 결혼을 무효로 선언한 데다가 프랑스 왕 샤를 8세가 결혼을 승인하지 않았던 것이 그 이유다. 모두 정치적인 힘의 논리에서 기인한 것이었다.

1491년 프랑스의 군인들이 안느의 영지로 쳐들어와서 안느를 감금했다. 막시밀리안은 이 소식을 접했지만 안느를 돕지 않았다. 분명 그는 관습대로 먼저 대리 신랑을 통해서 일지라도 그녀와 결혼한 사이였음에도 불구하고 안느의 불행을 외면했다. 이러던 차 안느는 프랑스 왕 샤를 8세를 만났다. 순전히 막시밀리안과 올린 결혼을 승인받기 위해서 만난 것이었는데 그만 묘하게도 일이 흘렀다. 이들이 서로 만난 지 단 3일 후에 샤를과 안느 사이의 혼약이 성사된 것이다. 안느를 통해 브르타뉴의 지배권을 얻게 된 샤를 8세는 대리 신랑 폴하임을 통해서 막시밀리안에게 기별을 넣었다; "안느와 결혼하게 되었으니 이 결혼식에 막시밀리안을 초대하겠다."라고! 이 소식을 접한 막시밀리안은 분노에 치를 떨었다. 샤를 8세에게 부인을 빼앗긴 것도 억울한데, 더 기가 막힌 것이 있었다. 프랑스 왕 샤를과 막시밀리안 사이에는 이미 '결혼 장사'를 통해서 만든 관계가 존재했다. 바로 샤를이 막시밀리안의 사위로 맺어져 있었기 때문이다.

얘기를 풀어보자면; 1483년 5월, 샤를 8세는 막시밀리안의 세 살 된 딸 오스트리아의 마르게리타(마르그리트 도트리슈)와 이미 혼약을 맺은 사이였다. 즉, 이 결혼은 사위인 샤를 8세가 장모와 결혼한다는 뜻이기도 했다. 분개한 막시밀리안은 이들의 결혼을 무효로 하기 위해 애썼다. 하지만 힘의 논리로 얽히고설켰던 중세 유럽의 정치구조에 대항하기에는 역부족이었다. 마르게리타는 친정으로 돌아갔고 안느는 프랑스의 여왕이 되었다. 우여곡절 끝에 이렇게 결혼한 안느는 1498년 남편 샤를 8세가 사고로 죽자 스물한 살의 나이로 과부가 된 후에 루이 12세가 된 오를레앙공과 재혼하였다.

이런 '대리 결혼'의 풍속은 한동안 유럽 왕가와 귀족들에게 이어졌다. 유명한 프랑스의 마리 앙투아네트의 경우도 '대리 결혼'식을 치렀다. 그녀의 결혼은 1770년 4월 19일 빈의 한 교회에서 거행되었지만, 결혼식에 루이 16세가 직접 등장하지는 않았다. 신랑 루이가 서야 할 자리에 그녀의 오빠 페르디난트가 '대리 신랑'으로 섰다. 후에 프랑스에 도착한 앙투아네트는 루이 16세와 5월 16일 다시 정식 결혼식을 올렸다. 오늘날은 생각할 수도 없는 이런 결혼 풍속이 당시에는 당연한 듯 성행했다. 덴마크와 노르웨이의 여왕이었던 카롤리네 마틸데 (Caroline Mathilde von Hannover: 1751-1775)도 마찬가지였다. 그녀가 태어나기 3개월 전 아버지가 죽고 오빠가 왕권을 이었다. 그녀가 열세 살이었을 때 오빠는 일방적으로 사촌 크리스티안 7세와 그녀를 약혼시켰다. 문제는 그녀의 오빠가 사촌이자 동시에 처남인 크리스티안에게 정신병이 있다는 것을 몰랐다는 사실이다. 그들은 1766년 10월에 런던에서 대리 결혼식을 올린 후 11월에 다시 정식 결혼식을 올렸다.

신부는 열다섯 살, 신랑은 열여섯 살이었다. 결혼 후 크리스티안은 정신발작을 자주 일으켜서 늘 주치의가 크리스티안을 따라다녔다. 후에 그녀는 결국 이 주치의와 염문을 뿌리게 되었다. 왕의 정신병이 깊어지면 질수록 그녀는 다른 남자와 사랑에 빠질 수밖에 없었다. 결국 그녀는 이혼당하고 쫓겨났다. 자식들을 잊지 못해 고뇌하던 그녀는 네 살의 여아를 입양하여 자식에 대한 그리움을 쏟아냈다. 언젠가 다시 덴마크로 돌아가 아이들을 볼 수 있으리라고 기대했지만 그녀의 희망은 끝내 이루어지지 않았다. 그들 역시도 '대리 결혼'을 하였던 터라 그녀의 인생도 덤으로 엮어 보았다.

　'대리 결혼'한 아델하이트 폰 부르그룬트(Adelheid von Burgrund: 931-999)의 경우를 보자. 그녀의 아버지 루돌프(Rudolf) 2세는 아델하이트가 어렸을 때 이미 "정치적인 장사"를 통해 이탈리아 후고스 폰 아를레(Hugos von Arle)의 아들 로타르와 그녀를 결혼시키기로 했다. 16살의 아델하이트 역시도 947년 '대리 신랑'과 먼저 결혼했지만 결혼한 지 3년째 되던 해에 남편이 독살당했다. '대리 결혼' 했던 그녀의 생을 마저 들여다보자. 당시는 돈 많은 젊은 과부가 신붓감으로 인기 절정인 시대였다. 돈이 많은 데다 엄청난 영토를 소유한 아델하이트가 그런 유형이었다. 그녀와 결혼 해 잘 되면 이탈리아 영토를 얻을 수 있는 희망이 있기 때문이다. 베렌가르 폰 이브레아(Berengar von Ivrea)2세는 그의 아들 아달베르트(Adalbert)를 아델하이트와 결혼시키려고 갖은 시도를 다했다. 그렇지만 아델하이트는 결혼 생각이 전혀 없었다 보니 그의 구애를 거부하였다. 그러자 베렝가리오 2세는 그녀를 감금까지 했다. 그녀도 당하고 있지만은 않았다. 그녀는 딸을 데리고 도망쳤다. 그녀가 달려가 도움을 청한 이는 카노사에 있는 신성로마제국의 첫 황제 오토 1세였다. 그녀의 이야기를 다 들은 오토는 이런 자그마한 나라 하나쯤은 그의 막강한 힘으로 대적하는 것이 그리 어렵지 않다고 큰소리치더니 결국은 쉽게 물리쳤다. 여기서 그치지 않고 오토는 이런 인연으로 그녀와 결혼하기에 이른다.
　이런 '대리 결혼'이 왜 성행했을까? 내막을 살펴보면 특별한 이유는 없다. 엄밀히 말하면 다분히 정치적인 목적에서 출발한 것이라고 볼 수 있다. 나라가 약할 때는 약한 두 나라가 자식들을 이음줄로 삼아 막강한 이웃 나라를 견제하기 위해 사용한 것이다. 그렇다 보니 두 집안이 정치적인 목적이 맞으면 서둘러 결혼식을 올리는 게 중요했다. 언제 서로의 마음이 변할지 모르기 때문이다. 그렇게 결혼식을 빨리 올리자니 교통이 발달하지 않은 당시로서는 힘들었다. 진짜 결혼식을 올리기 위해서 준비해야 할 것들을 주어진 시간 내에 마칠 수가 없었다. 먼 거리 거기다 울퉁불퉁한 길을 마차로 달려야 했다. 수십 명에서 수백 명의 수행원들을 동행해야 했는데 그것이 속전속결로 이루어지기가 정말 어려운 시대였다. 이런 중세의 환경이 '대리 결혼'을 만든 것이다. 물론 이 '대리 결혼'의 장점도 있다. 언제든지 마음먹으면 쉽게 헤어질 수도 있다는 점이다. 집안끼리 '대리 결혼'이나 약혼하려면 당시는 협상서가 가장 중요했다. 만약에 협상이 결렬되면 혼약을 언제든지 쉽게 무효화할 수 있었다.

이들이 치르는 '간접' 첫날밤은 형식에 따라 치렀을 뿐 정식 첫날밤은 아니었다. 교회에서 인정하는 결혼을 하려면 대리 신랑 결혼식이 아닌 '진짜' 결혼 예식을 거쳐 첫날밤을 보내야 했다. 말 그대로 '대리 결혼'이다 보니 '진짜 첫날밤'이 빠졌던 것이다. 따라서 학자들은 이 '대리 결혼'을 진짜 결혼과 약혼 사이에 치르는 한 예식의 종류로 보기도 한다.

다른 유형의 중세 결혼 얘기도 있다

'장갑 결혼'이라는 것이다. '대리 결혼'에는 그래도 '대리 신랑'이라도 내세웠지만, '장갑 결혼'은 이름 그대로 신랑신부 중 어느 한 쪽이 참석하지 않고 그 빈자리에 장갑을 놓고 하는 결혼을 지칭한다. 이 결혼은 특히 1489-1770년에 유럽에서 성행했다. 역시 귀족들, 특히 합스부르크가의 전유물로 빈과 마드리드에서 자주 열렸다. 물론 이런 결혼도 신랑신부가 결혼식을 올리고 난 뒤 신랑신부가 함께 잠을 자야만 정식 결혼으로 인정되었다. 그러기에 이렇게 결혼한 부부도 쉽게 결혼을 무효화는 할 수 있었다. 물론 이 결혼도 당시의 정치적인 맥락으로 생긴 풍속이었다. 위의 '대리 결혼'과 마찬가지로 두 나라가 사돈을 맺고자 원하나 결혼식을 올리기에는 여러 가지 부딪히는 상황이 많았다. 급한 마음에 결혼부터 올리려는 마음이 앞서다 보니 이런 '대리 결혼', '장갑 결혼'이 유행한 것이다.

유럽에서는 오랜 세월이 지난 뒤 특수한 결혼 형태가 몇 가지 더 나타났다. 2차세계대전 때는 신랑이 전쟁터에 있다 보니 신랑 없이 결혼식을 치르는 여자들이 늘었다. 또 다른 형태의 결혼으로는 전쟁에서 이미 죽은 군인들과 살아 있는 여자들이 올리는 예식이 유행했다. 여기에는 좋은 의미도 숨어 있었다. 전쟁 후 여자들의 경제적인 어려움을 해결해 주고자 생긴 풍속이었기 때문이다. 이런 여자들이 전사자 남편을 둔 과부로 등록할 경우는 어느 정도의 유산을 받을 수 있었다. 당시 이런 결혼에 참여했던 여자들이 약 2만 5,000명에 이른다는 통계가 있다. 그 반대의 경우도 있었다. 이미 죽은 사람과 이혼을 시키는 풍속이다. 과부가 된 여자들에게 유산을 물려주지 않기 위해 생긴 풍속이었다.

오늘날에는 세계적으로 새롭게 등장한 결혼 형태가 있다. 바로 '동성 결혼'이다. 같은 성의 남자끼리, 아니면 여자끼리 결혼식 후 나누는 첫 키스 장면이 매스컴에는 자주 등장한다. 이런저런 문화사를 관찰하면 세상에는 꼭 한 가지 형태의 결혼만이 있는 것이 아닌 듯하다.

만약 중세의 '대리 결혼'이 오늘날 다시 성행하게 된다면? 현대인들에게는 어떤 모습으로 비칠지 궁금하다.

수도자들의 동성애

- 제빵사 하이니(Heini)와 수도자 하인리히(Heinrich)가 제빵소에서 세 번째 만남을!

중세인의 성 추문을 둘러싼 현대인의 유감

아름다운 삶의 극치는 아무래도 '-답게' 살아가는 것이 아닐까? 대입해 보자면 학생은 '학생답게', 교사는 '교사답게', 어른은 '어른답게' 정도가 되겠다. 이런 정도(正道)가 무너질 때는 그리 아름답지 못한 향을 뿜어내는 듯하다. 굳은 서약 끝에 수도복을 입은 수도자가 성 추문에 휩싸여 법정에 섰다는 것은 바로 이 정도가 무너진 경우인데, 중세사가인 헤르게뮐러 교수의 연구에서 이와 관련된 내용을 찾아볼 수 있다.

글을 시작하기에 앞서 당시의 사제 독신제에 대해 살펴보자. 306년경의 엘피라 시노드(종교회의)와 330년 교황 실베스터 1세의 시노드, 506년 아그데 시노드와 517년 에파옴 시노드 등에서 사제 독신제에 대한 언급을 찾아볼 수 있다. 당시에는 사제들에게 매우 엄격한 잣대를 들이밀어 독신제를 단속했는데, 이를 어길 경우 엄한 벌을 내리거나 심한 경우 사형에 처하기도 했다. 742년 독일에서는 본분을 어긴 신부나 수녀를 감옥에 가두고 빵과 물만 먹으며 2년 동안 속죄의 시간을 가지게 했다는 기록이 있다. 중세에는 동성애를 간통과 동일한 죄목으로 다루었고, 심지어 695년 톨레도 시노드에서는 이들을 매질하고 머리카락을 다 뽑는 벌을 내렸다는 기록이 있다. 이처럼 동성애가 엄히 다스려지는 마당에, 수도자들의 성 추문은 오죽했을까! 중세 수도원에서도 다양한 성범죄가 일어났지만, 수도원은 수도자들의 성 추문을 감추기에 급급했다. 성 추문으로 구설수에 올랐던 중세 수도자들의 자취가 몇몇 법정 기록으로 남아 있는데, 이번 글에서는 1416년 바젤 시의 재판 고문서를 번역한 독일의 헤르게뮐러 교수의 연구를 참고해 보자.

사제복으로 가려진 욕망

도미나카 수도원에 소속된 수도자 하인리히(Heinrich von Rheinfeldern)는 명망 있는 신학자이자 수도자였지만, 육체적 욕망을 이겨내지 못하고 수도원에 소속된 일꾼들을 건드렸다. 더욱 놀라운 사실은 그가 여자가 아닌 남자들을 사랑했다는 것이다! 이러한 그의 행위가 알려지면서 수도원의 일꾼들이 법정에서 진술하게 되었고, 그 진술들은 현재 바젤시의 기록보관소에 남아 있다. 이 법정 기록에서는 하인리히 사제가 손을 댄 여러 일꾼들의 이름을 찾을 수 있는데, 짐수레를 끄는 하인리히(Heinrich Knupe), 제빵사인 하이니(Heini Bopplin)와 베른하르트(Bernhart Fincke), 베른린(Wernlin Snuerler), 야콥(Jakob von Rheinfeldern)이 바로 그들이다. 마지막의 야콥 '라인펠더른'은 하인리히 '라인펠더른' 사제와 성이 같지만, 친척은 아니라는 상세한 기록도 함께 존재한다. 이 기록에는 제빵사들이 피해자로 유독 많이 등장하는데, 뜨거운 가마 앞에서 일했던 이들의 옷이 유독 얇았기 때문이라고! 여자도 아닌, 그저 얇은 옷을 입었을 뿐인 남자 제빵사들에게 성적인 감정을 느꼈다니 신기할 따름이다. 아무튼, 제빵사들에게 접근한 하인리히 사제는 이들의 성기를 만지는 등의 대범한 짓(?)을 서슴지 않았다는데, 그에게 이런 일을 당한 일꾼들이 법정에서 상세한 진술을 했다는 사실 역시 놀랍기 그지 없다.

하인리히(Heinrich von Rheinfeldern) 사제는 일꾼들을 성적으로 희롱한 뒤 여지없이 돈을 쥐여 주었다. 그러면서 그는 좋은 옷을 사 입으라고 말했지만, 사실 그의 의도는 자신의 비정상적인 행위가 바깥으로 새어 나가지 않도록 입막음 하려는 것이었다. 하지만 꼬리가 길면 밟힌다고 하였던가. 그렇게 입단속을 하였건만 그의 행위는 오래지 않아 들통났고, 이를 알게 된 수도원은 이 일을 해결하기보다는 제빵사들의 입을 막는 것을 택했다. 하지만 바젤시가 이 사건을 세세하게 파헤쳐 법정 서류를 남겼고, 이런 재판 기록들이 후대에 다시 빛을 보게 된 것이다. 문서에 기록된 피해자 6명의 법정 진술을 모두 열거하기에는 지면이 부족하니, 그중 일부만을 옮겨본다. A.1.a, A.1.b 등은 문서에 부여된 분류 기호이니 여기서도 그대로 사용하기로 한다.

A.1.a: 제빵사 하이니(Heini Bopplin)와 도미니카의 수도자인 하인리히(Heinrich von Rheinfeldern)는 한 정자에서 처음 만났다. 오랜 기간 동안 도미니카 수도원에서 빵 굽는 일을 했던 하이니는 이 일이 터진 후 현재는 여자 수녀원에서 제빵사로 일하고 있다. 하이니가 법정에서 진술하기를, 수도자 하인리히(Heinrich von Rheinfeldern)는 2년간이나 자신을 도미니카 수도원 정원으로 불

러내었고, 이곳에서 수도자 하인리히가 자신을 추행하였다. 하인리히의 태도가 무척이나 위협적이었기 때문에 자신은 그저 참을 수밖에 없었는데, 만약 수도자의 요구를 들어주지 않았다면 하인리히가 자신을 이단으로 몰 것 같았기 때문이다. [당시 이단으로 몰리면 대개 처참하게 화형을 당했다!] 자신이 할 수 있었던 행동은 그저 '많은 학식을 지닌 수도자가 이런 짓을 하는 게 어울리느냐?'며 수도자의 양심에 호소하는 말을 하는 것뿐이었는데, 수도자는 들은 척도 하지 않고 어느 누구에게도 이 사실을 발설해서는 안 된다며 오히려 자신을 위협하였다.

A.1.b: 오랜 시간이 지난 뒤, 수도자 하인리히(Heinrich von Rheinfeldern)가 정원 쪽으로 나 있는 제빵실의 창문 앞에서 제빵사 하이니(Heini Bopplin)를 불렀다. 정원으로 나가자, 수도자 하인리히는 제빵사 하이니에게 언제 마지막으로 여자를 만났는지, 그 여자를 사랑하는지를 물었다. 또한 수도자 하인리히는 자기가 얼마나 하이니 당신을 좋아하고 있는지 이야기하며 제빵사 하이니의 몸을 만지려고 하였다. 이에 제빵사 하이니가 분노에 찬 목소리로 "당신이 그렇게 성관계를 원한다면 내가 여자 하나를 데려다주겠다!"며 있는 힘껏 외치자, 수도자 하인리히는 다른 사람이 듣는다며 목소리를 낮추라고 위협하였다. 수도자 하인리히는 제빵사 하이니와 자신이 함께 있는 모습을 다른 사람이 보게 될까 봐 두려워하였다.

A.1.c: 제빵사 하이니(Heini Bopplin)가 수도자 하인리히(Heinrich von Rheinfeldern)와 헤어져 숙소로 돌아왔을 때, 수도원에서 함께 일하는 동료들이 작은 방에 모여 앉아 수도원에서 일어난 이런저런 일에 관해 이야기를 나누고 있었다. 동료들은 이미 수도원 일을 그만둔 사람들에 대해서도 이야기했는데, 모두 다 수

도자 하인리히의 지나친 요구 때문이라고 입을 모았다. 이에 제빵사 하이니는 이들에게 수도자 하인리히의 추잡스러운 일들을 털어놓았다. 적어도 이렇게 하면 수도자 하인리히가 엄한 벌을 받고 근신할 줄로 여겼기 때문이다.

A.1.d: 제빵사 하이니(Heini Bopplin)와 수도자 하인리히 (Heinrich von Rheinfeldern)가 빵 굽는 곳에서 세 번째로 만났다. 제빵사 하이니가 동료들과 헤어져 작업장에 들어왔을 때 수도자 하인리히가 그에게 달려와서는 매우 두려워하며 자기와의 비밀스러운 만남을 발설했느냐고 물었다. 제빵사 하이니는 "그렇다! 다 말했다! 그런 추잡스러운 비밀을 지키는 것보다 발설하는 것이 훨씬 낫다!"고 대답했다.

A.1.g: 제빵사 하이니(Heini Bopplin)와 수도자 하인리히 (Heinrich von Rheinfeldern)는 수도원의 곡식 창고에서 4번째로 만났다. 이날 제빵사 하이니는 밀을 체에 치는 작업을 했기 때문에 빵을 구울 때 입는 짧은 저고리와 무명 앞치마를 걸치지 않았다. 수도자 하인리히가 제빵사 하이니의 몸을 만지려 하자, 제빵사 하이니는 "나를 좀 조용히 내버려두라. 이런 식으로 자꾸 나오면 좋지 못한 결과가 나올 것"이라고 말했다. 하지만 수도자 하인리히는 제빵사 하이니의 말을 무시하며 그를 추행했고, 아무에게도 이 일을 발설하지 말라며 위협했다. 당시 수도원에는 수도자 하인리히를 좋지 않게 보던 사람들이 있었는데, 그들에게 이러한 비밀스러운 만남이 알려져서는 안 된다며 제빵사 하이니를 협박하였다.

여기까지가 하인리히 사제가 제빵사 하이니 본인을 추행한 사건들에 대한 법정 기록이다. 안타깝게도 하인리히 사제는 제빵사 하이니 뿐만 아니라 다른 사람들에게도 성적인 추파를 던졌고, 이러한 사실 역시 제빵사 하이니(Heini Bopplin)와 베른하르트(Bernhart Fincke)등의 입을 통해 법정 기록 문서로 남게 되었다.

A.1.h: 야콥(Jakob von Rheinfeldern)은 과거 도미니카 수도원에서 제빵사로 일했지만, 지금은 다른 곳에서 일한다. 수도자 하인리히(Heinrich von Rheinfeldern)는 제빵사 야콥에게 작은 오두막에 놀러 와 하룻밤을 자고 가라고 설득했다. 성적인 것은 상상도 하지 않았던 제빵사 야콥은 수도자 하인리히가 방에서 자신 성기를 만지려 하자 단호하게 말하며 거부를 표현했다.

A.2.b: 그날은 축일이었고, 마을에 불이 난 날로서, 베른하르트(Bernhart Fincke)에게 떨어진 명령은 짐마차를 끌고 인근 도시에 가 수도원에 필요한 곡식을 가지고 오라는 것이었다. 하지만 짐마차가 들어가는 문이 막혀 되돌아올 수밖에 없었고, 다음 명령을 기다리던 베른하르트에게 수도자 하인리히(Heinrich von Rheinfeldern)가 다가와 축일에 맞는 정장을 입을 것을 명령하였다. 베른하르트는 수도원에 손님이 오실 것으로 생각하였고 분부에 따라 옷을 갈아입었지만, 수도자 하인리히는 옷을 갈아입은 베른하르트를 성적으로 농락하려 하였다. 이에 베른하르트는 수도자 하인리히를 세차게 밀치고 방에서 뛰쳐나왔다. 그 때 사제인 페더를 만났는데, 이 사제가 그에게 다른 도시로 곡식을 가지러 가라는 명령을 내렸다. 그 틈에 베른하르트 앞에 다시 나타난 수도자 하인리히는 베른하르트에게 이 일을 아무에게도 말하지 말아 달라고 간청하였다.

또 다른 얘기로서 법정 서류 부호 A.6.c이다; 여기는 성(Rheinfeldern)

이 같으나. 위 A.1.h에서 언급된 야콥 라인펠더른(Jakob von Rheinfeldern)
이다. 서류 부호는 A.6.c가 나온다는 것은 앞의 A.6.a, A.6.b가 이미
언급되었다는 것이고, 또한 이들이 처음 만난 것은 아니라는 의미도 된
다; 어느 날 야콥이 어디론가로 떠나고자 마음먹었지만, 문제는 그의
수중엔 돈이 없었다. 이 때 수도승 하인리히(Heinrich von Rheinfeldern)
가 나타나 그의 옷을 담보로 잡고선 야콥에게 1굴덴(Gulden: 당시 돈
단위)을 빌려주었다. 덕택에 야콥은 베네딕히로 갔다가 다시 수도원으
로 돌아와서는 담보로 잡혔던 그의 옷을 다시 찾으려 했다. 하지만 일
이 틀어졌다. 이미 이 담보에 대해서 동료인 제빵사 하이니(Heini
Bopplin)가 수도원 내에서 발설해 버렸다는 것이다.

　이 사실을 알아버린 수도승 하인리히는 야콥에게 쉽게 옷을 되돌려
주었다. 결과적으로 그가 빌려주었던 1굴덴은 갚아야 할 담보가 아닌
선물로 전환되었다. 동시에 수도승 하인리히가 누구에게도 이 사실을
말하지 말라고 야콥의 입단속을 단단히 시켰다. 그 이후로 야콥은 하
인리히에게 더 이상 가지 않았다는 기록이다.
　[여기에 구체적인 내용들이 없어서 연결 안 되는 점들이 더러 있다.
옷을 담보로까지? 당시의 중세에 깊게 들어가 보면 이런 옷조차도 귀
한 시대였다는 사실이 나오니 이런 문화적인 바탕을 깔고서 이 법정
문서를 이해하면 좋겠다. 우리는 이런 작은 내용에 집중 하기보다는
600여 년 전에 한 수도원에서 일어난 한 수도자의 동성애 사건을 큰 그
림으로 들여다 봄이 더 좋을 듯하겠다는 개인적인 견해이다]

그리스도교 유감(遺憾)

지금까지 살펴본 기록에서 가장 많이 언급된 사람은 제빵사 하이니 (Heini Bopplin) 이다. 언급된 횟수에 비해 그의 이력은 자세히 밝혀지지 않았지만, 집요하게 그를 추행한 하인리히(Heinrich von Rheinfeldern) 사제의 이력은 다양한 문서에서 찾을 수 있다. 하인리히 사제는 바젤 출신으로 도미니카 수도원에 들어온 뒤에는 수련자들에게 신학을 가르치기도 했다. 그야말로 '유식하고 전도 유망한' 사제였던 셈이다. 안타까운 점은 이 유식했던 사제의 법정 진술을 볼 수 없다는 것인데, 당시 제빵사들은 세속 재판에서 진술했고, 하인리히 사제는 수도원 재판에서 진술했기 때문으로 추정된다. 당시 하인리히 사제는 어떤 진술을 했을까? 애초에 이러한 추문이 새어나가는 것을 방지하고자 제빵사의 입을 막았던 수도원이기에, 이러한 내용이 재판의 소재가 되기는 했을지조차도 의문스러울 따름이다.

이러한 스캔들이 터진 뒤, 하인리히 사제는 한동안 수도원에서 자취를 감춘다. 하지만 10여 년이 흐른 뒤 다시 나타난 하인리히 사제는 당시 수도원 개혁의 추종자로 참여했는가 하면, 1432년 2월 25일에는 바젤의 종교회의에서 설교했다. 소위 말하는 '자기 식구 챙기기'가 중세에도 이미 만연해 있었던 것 같다. 어디론가 홀연히 사라졌다가 시간이 흐른 뒤 수도원에 다시 나타났다는 것은, 여론이 잠잠해질 때까지 사람들의 눈을 피해 어딘가에서 근신하고 있었다는 뜻일 테니 말이다. 유감스러운 마음을 감출 수 없다. 그는 53살이 되던 해인 1433년에 사망했다.

이런 추한 이야기들은 중세에나 일어날 법한 일이라고 한정할 수 있을까? 다시 말해 요즈음 기독교계에서는 이런 추한 이야기들이 사라졌을까? 아니다. 수백 년이 흐른 오늘날에도 수도자나 목회자들의 성적 스캔들이 여전히 매스컴을 장식하고 있다. 헤르게뮐러 교수는 유럽 신문에 대서 특필되었던 한스 헤르만 그로외어(1919-2003) 대주교를 다시 한번 언급한다. 그로외어 신부는 대주교가 되기 전, 장차 신부가 되겠다는 뜻을 가진 소년들을 위한 남자 소학교(Knabenseminar)에서 종교 선생으로 근무했다. 그는 성지순례를 다니며 경건한 마음을 지키려고 노력했는데, 당시의 교황은 이러한 그를 '미래의 성인'으로 점찍었을 정도였다. 하지만 세월이 흐른 후, 저명한 비판가인 우도 피셔(Udo Fischer)가 이 경건한 신부를 고발하는 사건이 일어났다. 우도 피셔는 그로외어 신부가 종교 선생으로 있을 때 남자 소학교에 다녔으며, 그 당시 자신이 그로외어 신부로부터 성추행당했다고 밝혔다. 그는 어린 시절 자신이 겪었던 경험으로 인해 정신적으로 힘든 삶을 살다가 성인이 된 후에야 그 사실을 폭로한 것이다. 그의 발언에 의하면, 그로외어 신부는 학생의 청결을 검사한다는 구실로 샤워실에 들어와 학생들을 성적으로 희롱했고, 때로는 학생들의 방에 들어가 학생을 침대에 눕힌 뒤 억지로 키스하려 했다는 것이다. 이 기사가 나가자, 같은 시기에 남자 소학교에 다녔던 학생들이 연락을 취해 왔다. 이들 역시 그로외어 신부에게 성추행당했지만, 선뜻 나서지 못하고 가슴 속으로 고통을 삼키며 살아왔던 것이다. 용감하게 과거를 털어놓은 옛 동료 덕분에 다른 동료들이 당했던 성추행 사건이 함께 수면 위로 올라올 수 있었다. 이 일이 터졌을 당시 그로외어 신부는 60세가 조금 넘은 나이였는데, 이후 그는 대주교직을 포함한 모든 직책을 박탈당했다. 그로외어 신부는 쓸쓸히 말년을 보내며 한 수도원에 정착해 살다가 2003년에 세상을 떠났다.

마치면서-당신의 뜻대로 살기 원하나이다

지금까지 우리는 600여 년 전의 한 수도승이 성적인 욕망을 절제하지 못하고 동성에게 욕구를 풀다가 법정에 서게 된 경우를 살펴보았다. 이런 이야기들은 위에서 이야기한 그로외어 대주교의 예로서 끝을 맺은 것은 아닌 듯하다. 바로 얼마 전에도 가톨릭 사제들의 성 추문을 독일 공영방송에서 예리하게 끄집어내며 여과 없이 방송한 것을 보면 말이다. 씁쓸할 뿐이다. 지금으로부터 586년 전인 1433년 53살이 되던 해에 죽은 수도자 하인리히(Heinrich von Rheinfeldern)! 수도원에서 기도 하던 그의 영혼은 무엇을 찬양하였을까? 성적인 욕망을 절제하지 못하고 여러 사람을 추행하면서도, 한편으로는 진실한 마음으로 하나님께 기도를 드렸을 그의 삶의 정체가 궁금해진다. '전지전능하신 하나님께서 잠도 자지 않고 우리를 지켜보신다.'라는 문장 하나만 마음속에 각인하고 살더라도 그리스도교 내에서 일어나는 불미스러운 일이 상당히 줄어들지 않을까 생각해 본다. 여전히 신/구교는 신의 현존을 가르치고 있음에도 불구하고, 왜 그리스도교는 고상한 향기만을 내뿜지 못할까? 종교라는 특수성에 가려진 허울이 아닐까 싶다. 하지만 이러한 현실 속에서도 여전히 그리스도의 가르침을 진정으로 따르는 이들이 있으니, 이들이 뿜어내는 아름다운 향기에 끝없는 박수와 격려를 보낸다.

어린이 마녀사냥

- 광장 처형보다도 목욕탕에서 혈맥을 끊어 죽이고서는 자비심으로 간주! 1583년 빈의 마녀재판에서 14세의 안나가 사형 당함; "안나의 몸속에 1만 2천 5백 26명의 마귀" 때문에

마녀사냥의 광기, 어린이에게까지 번지다

어린이 마녀사냥에 대해서는 독일의 라우(K. Rau) 교수와 베버(H. Weber) 교수가 많은 연구를 남겼다. 그중 라우 교수는 1618-1730년에 아우크스부르크에서 일어난 어린이 마녀사냥을 논문으로 발표하였다. 당시 7-10세의 남녀 어린이 45명이 마술을 부린다는 이유로 마녀로 몰려 재판에 넘겨졌다. 훈계 차원의 가벼운 벌을 받은 아이도 있지만 대부분의 아이가 사형선고를 받았다. 베버 교수는 1660년경 독일 로이트링겐(Reutlingen)에서 일어난 마녀사냥과 1675-1689년에 잘츠부르크에서 일어난 어린이 마녀사냥 연구서를 출간하였다. 특히 이 책은 17세기 유럽의 어린이 마녀재판에 대해 가장 소상히 잘 밝혀낸 연구서로 평가받고 있다.

그 외에도 다른 많은 사료가 남아 있고 연구 또한 계속되고 있다. 독일 뷔르츠부르크(Wuerzburg) 기록 보관실에는 1627-1629년에 10세

미만의 어린이 27명을 마녀로 몰아 불에 태워 죽였다는 기록이 남아있다. 슈투트가르트(Stuttgart)의 기록 보관실에도 비슷한 내용의 문서가 남아 있다.

17세기에 열린 한 마녀재판에서 192명이 마녀로 몰려 재판에 넘겨졌는데, 대다수가 7-10세의 아이였고 가장 어린아이가 5세였다. 대부분 고아이거나 편부모 가정 또는 어머니나 아버지가 마녀라는 이유로 교회에서 따돌림을 당하는 가정의 아이들이었다. 정상적인 가정의 아이는 드물었고 대체로 고아 아니면 찢어지게 가난한 집 아이이거나 불우한 가정에서 자란 아이가 많았다. 하지만 실제로는 가족이 있든 없든 가리지 않았으며 또한 지역이 독일에만 국한된 것도 아니었다. 그 근거로 프랑스와 스위스에서는 14-15세기 초까지는 어른(특히 여자) 위주의 마녀사냥이 진행되었다. 하지만 15-16세기로 넘어갈 즈음에는 이웃 간의 원수지간이 된 사람들이 조금만 싸워도 이웃을 마녀라 고발할 정도였다. 이렇게 마녀사냥이 난무했고 급기야 8-12세가량의 어린이들에게까지 그 광기가 번졌다.

1654년 스위스의 한 지방에서 일어났던 사건이다. 이 마을에 사는 8-12세 사이의 어린이 15명이 마녀로 몰려 재판에 넘겨졌다. 지방법원은 재판 결과 이 아이들에게 사형 판결을 내렸다. 주민들은 이 아이들의 사형을 막기 위해 갖은 방편을 다 동원했다. 그중 하나는 루체른의 카파라(Capara) 대주교에게 도움을 요청할 정도였다. 다행히 이 문제는 1654년 교황 인노첸츠 10세(Innozenz X: 재위 1644-1655)와 7명의 추기경이 동참한 7월 회의의 안건으로 상정되기는 했다. 하지만 유감스럽게도 이 회의에서조차 아이들에게 유죄 판결이 내려졌다. 그 대신 판결을 한 어른들은 이 아이들을 죽이는 과정에서 두 가지의 커다란 자비심을 보여 주었다. 그 커다란 자비심이란? 이 아이들을 어른들처럼 공개 장소인 광장에서 처형하지 않는다. 그러니 비공개 장소에서 일단 숨을 끊은 후 화형에 처하겠다는 놀랍기 그지없는 자비였다. 그 비공개 장소는 어디였을까? 바로 목욕탕이었다. 그 결과 상부의 지시대로 사형 집행인들은 아이들을 미리 따뜻한 물속에 넣어 피를 잘 돌게 했다. 그 다음에 아이들의 혈맥을 끊어 죽이는 방법을 택했다. 이런 방법이라면 아이들이 분명 고통을 덜 받고 빨리 죽을 수 있다고 생각한 것이다. 이 아이들이 이렇게 죽어갔기에 (실제로 있지도 않던) 마녀가 이들의 고향에서 사라졌는지 의문스럽다. 몸서리쳐 질 정도로 잔인한 일이었음은 부인할 수 없다.

다른 지방의 예를 보자. 1655년 4월 알렉산더 7세(AlexanderVII: 재위 1655-1667)가 인노첸츠10세의 후계자로 교황으로 선출되었다. 이때도 교황의 주도하에 어린이 마녀재판에 대한 회의가 열렸다. 그렇지만 알렉산더 7세는 인노첸츠 10세와는 다른 판결을 했다. 마녀로 몰린 아이들을 죽이는 대신에 다른 실질적인 방편을 찾았다. 이 아이들을 경건한 신앙을 가진 위탁가정으로 보내어 종교적인 소양을 쌓게 하라고 지시한 것이다. 그는 아이들의 경제적인 자립을 위해 위탁 가정에서 생활비를 벌 수 있도록까지 조치했다. 마녀로 몰려 죽임을 당할 뻔한 이 아이들은 알렉산더 7세 덕택에 생명을 건짐은 물론이요 새로운 삶의 터전까지 잡을 수 있었다.

인노첸츠와 알렉산더는 같은 교황이다. 하지만 그들의 판결은 달랐다. 그들이 내린 잣대에 따라서 어린이들의 삶과 죽음을 갈라놓은 격이다. 당시 어린이 마녀재판에 관여했던 프란치스코(Franzisko: 1593-1684) 주교가 죽기 1년 전 이런 기록을 바티칸에 남겨 두었다. 그 덕택에 이 마녀재판은 후세에 구체적으로 드러났다. 이런 마녀사냥의 광기는 순진무구한 아이들에게까지 그 손길을 뻗쳤다. 환상과 현실을 구분하지 못하는 아이들의 진술에 내몰려 많은 아이와 어른들까지 목숨을 잃었다. 가상 세계와 현실 세계를 착각한 아이들의 자백! 그렇다면 아이들은 왜 이렇게 마녀에 대한 상상의 날개를 펼친 것일까? 라우 교수는 그 당시 유럽 전역에 퍼졌던 집단적인 마녀사냥의 광기 때문으로 보았다. 이런 광기가 자연스럽게 아이들의 세계로 흘러 들어갔으리라는 추측이다. 또한 당시 어른들이 예사로이 사람을 죽이는 광경을 아이들도 스스럼없이 보게 하였던 사회적 환경 역시 문제라고 주장했다.

1561년부터 1652년 동안 독일 로텐부르크(Rotenburg)에서 일어난 어린이 마녀사냥을 연구한 로프란츠(Rofranz) 박사는 다음과 같은 의문을 제기했다; "거리를 떠돌다 단순한 도둑질로 붙잡혀 온 아이들이 왜 자신이 마귀와 접촉했고 그들과 함께 마녀 춤까지 추었다고 했을까? 또 어떤 아이는 왜 스스로 자신이 마녀라고 주장했을까?" 그는 이 질문의 해답이 당시의 사회상과 관련이 있다고 판단하며 다음과 같은 근거를 제시하였다; "혼자 거리를 떠돌며 구걸로 연명하느니 차라리 감옥으로 가서 숙식이라도 해결하고 싶다는 심리가 작용했다."라고! 즉 단지 배불리 먹고 싶다는 소망 때문에 아이들이 일부러 거짓 진술을 천연덕스럽게 했으리라는 것이다. 이런 아이들의 진술을 그대로 믿은 어른들! 그야말로 '거룩한 종교재판'에 아이들을 넘긴 후 그들의 기준대로 그들의 잣대로 아이들을 죽인 것이다. 죽고 싶지 않다는 마음에 거짓 진술을 한 것인데, 그 때문에 스스로 생명을 내어준 결과가 되었으니 애통하기 그지없다.

요즘 시대에도 이런 아이들의 모습은 흔하게 찾을 수 있다. 한 예로 TV 방송에서 어떤 학자가 컴퓨터 게임에 중독된 요즘 청소년들에 대해서 다음과 같이 언급한 적이 있다; "청소년들이 사람을 아무렇지도 않게 죽이는 잔인한 게임에 지나치게 중독되다 보면, 사람이 죽는다는 것에 대해 아무런 감정을 느낄 수 없는 반사회적 성향이 강해질 수 있다. 또 이런 자극이 점점 강해지면 가상 세계가 아닌 실제 세계에서도 사람의 목숨쯤은 아무것도 아닌 것으로 느낄 수 있다. 그렇게 되면 언젠가는 사람을 죽여도 별것 아니라는 무시무시한 생각을 실천할 수 있을지도 모른다."라고! 당시는 눈만 뜨면 주변 사람들이 마녀 이야기를 하던 시대였고 거의 매일 광장에서 마녀로 몰린 사람들을 태워 죽이고 찔러 죽이고 하던 시대였다. 이런 사형 집행이 광장에서 있는 날은 마치 축제일인 양 어른이나 아이 할 것 없이 광장에 몰려 그 모습을 구경했다. 앞서 언급한 학자의 말이 맞는지도 모른다. 어쩌면 당시 어린이들은 사람을 죽이는 것이 파리와 같은 미물을 죽이는 것처럼 별것 아닌 일로 생각했을 수도 있다. 그러기에 그런 잔인함을 현실과 분간하지 못했을 수도 있겠다. 하지만 그렇다고 아이들을 죽이기까지 한 처사는 여전히 이해하기 어렵다.

아홉 살 소녀 크리스티네의 죽음
다음은 스웨덴의 북쪽 어느 마을에서 일어난 어린이 마녀재판이다.

스톡홀름 왕족의 위탁을 받아, 무려 300여 명의 어린이를 심문한 사건이다. 이 심문 끝에 어린이들이 호명한 70여 명의 여자가 마녀로 몰려 불에 타 죽었다. 15명의 아이도 함께 불에 타 죽었는데, 마녀 집회에 함께 참석했다는 것이 그 이유였다. 9-12세의 어린이 36명도 같은 혐의로 심판을 받았다. 이 아이들은 1년간 일요일마다 교회 문 앞에서 자신의 죄를 뉘우치며 속죄하는 벌을 받았다. 9세 이하의 어린이 20명은 세 번째 주 일요일에 매를 맞는 벌을 받았는가 하면, 47명의 어린이는 정말 다행히도 죄 혐의에서 풀려났다. 이 아이들이 재판 중에 얼마나 심한 공포를 느꼈을까? 마녀재판에 넘겨졌고, 존재하지도 않은 마녀와 연루되었다는 판결을 받은 후 죄없이 죽은 아이들은 물론, 목숨은 건졌지만, 교회 앞에서 당했을 모욕적인 처벌이 그들의 성장 과정 중에 얼마나 큰 상처로 남았을까?

크리스티네 타이펠(Christine Teipel: 1621-1630)은 독일 오버키르헨(Oberkirchen)이라는 도시에서 태어나 아홉 살의 어린 나이에 마녀로 몰려 죽은 소녀이다. 그녀는 심문당하면서 마녀와 연관된 15명의 이름을 자백했다. 이 아이는 이들과 함께 밤마다 마녀 집회에 참석했다고 말하였다. 그 결과 8명의 어른 남자와 6명의 어른 여자 그리고 한 아이가 참수당했다. 그 이후에도 마녀로 몰린 이들의 자백은 쏟아져 나왔다. 여기에 연루된 58명이 모두 화형당했다. 이들 중 22명은 남자였고 아이도 2명 포함되어 있었다. 당시 사람들은 이렇게 아이들의 자백을 한 점 의심하지 않고 그대로 받아들였으며 사실 여부를 따지지도 않고 그 내용만을 가지고 사람들을, 그것도 어린이들을 무자비하게 죽였다.

사실 참 다양한 중세의 어린이 마녀사냥에 대한 자료들이 남아 있다. 여기서 한 두 가지만 더 소개해 보자면; 1583년 오스트리아 빈의 그 유명한 플라이나허(Plainacher)마녀재판에서 14세인 안나라는 아이가 마녀로 몰려 사형 당했다. 그 이유가 뭘까? "안나의 몸속에는 1만 2천 5백 26명의 마귀가 들어 있다."는 것 때문이다. 심지어 게오르그 쉐러(Georg Scherer)라는 예수회 신부가 이 아이의 몸에 있다는 1만 2천 5백 26명의 마귀를 쫓아내는 구마의식까지 했다는 기록이다. 얼마나 허구적인 상상속의 형벌인가?

안나의 얘기가 1583년 인데, 이미 200여 년이 지난 1785년 17살의 독일 크리스티네의 얘기도 있다. 그녀의 마녀재판이 어떻게 진행되었는지를 보자. 1785년 독일 힐버러스하우젠(Hilbershausen)에서 일어난 사건이다. 어느 날인가부터 힐데브란트(Hildebrant)라는 농부의 집에서 기르던 염소가 병이 들었다. 요즘 같으면 어떻게 생각하나? 아! 전염병이 도는가? 라든지, 왜 이 염소가 아프지? 하면서 염소의 병을 고칠 방법을 찾는다. 하지만 당시는 이 원인조차도 다 마녀 짓거리 때문이라고 생각했다. 시기적으로 보면 프랑스 혁명이 1789년에 발발했으니 1785년이면 바로 프랑스 혁명 4년 전에 일어난 사건이다. 이 사건은 마녀라는 개념이 민중의 의식 속에는 여전히 박혀있었다는 것을 증명한다. 비가 너무 많이 와도 마녀 짓거리! 너무 빼어난 미모를 가진 여자도 마녀! 번개와 벼락이 쳐도 마녀 짓거리! 아이가 갑자기 아파도, 흉년이 들어도 마찬가지로 모두 마녀의 짓거리로 몰아갔다.

이런 문제 때문에 드디어 마을 사람들이 모였다. 이 마을에 분명 마녀가 있으니 모두 힘을 합쳐 그 마녀를 찾아내자고 뜻을 모았다. 이 마녀사냥에 걸려든 소녀랄까? 처녀랄까? 가 바로 17살인 크리스티네 슈레데른(Christiene Schredern)이었다. 여기서부터 비참하고 처절한 비극이 그녀에게 덮치기 시작한다. 마을 주들은 합세하여 그녀를 끌고 왔다. 그녀를 바닥에 내동댕이치고 때리면서 자백을 강요했다. 그녀는 갑자기 이렇게 당했다. 아닌 밤중에 홍두깨처럼 갑자기 하루아침에 마녀라니! 이렇게 당한 그녀는 정말 기가 찼다. 그녀는 마녀가 아니라고 그들에게 강하게 저항했다. 하지만 사람들은 더욱더 합세하여 그녀의 머리칼까지 잘라 버린다. 빗자루로 그녀를 두들겨 팼다. 그것도 모자랐는지 말 때리는 줄로 때리다가는 심지어 빵칼로 종아리를 찌르기까지 했다. 피를 철철 흘리면서 고통을 견디다 못한 그녀가 그만 기절해 버렸다. 그런 그녀에게 이젠 달군 집게로 콧등 허벅지에 대고 지지기까지 했다. 고통을 더 이상 견디지 못한 그녀는 드디어 거짓 자백에 이른다.

여기서 H.- J. 볼프는 그녀가 누구 집 딸이라는 것을 밝히지 않았다. 이렇게 집안을 밝히지 않았다는 자체가 그녀가 고아이거나 아니면 떠돌며 살아가던 소녀였을 것 같다. 당시는 '길거리의 사람들'이 많았기 때문이다. 즉 길거리에서 살아가는 이들이 수두룩했다는 의미다. 그렇다 보니 독일에서는 후기 중세 이후의 '길거리의 인생들'이란 연구 저서는 물론 심지어 논문까지도 나와 있다. 이렇게 들여다보면 지금 서유럽이 상당히 정리된 모습인데 그야말로 이런 과정을 거치면서 의식이 순화되고 정화된 조상의 덕택이라 여겨지는 개인적인 견해다.

근데 다행스럽게도 그녀에 대한 이런 소문이 관의 귀에 들어갔다. 그러자 관이 이 심문을 하겠다고 나섰다. 놀라 자빠진 마을의 주동자들은 그녀에게 새 옷까지 사 주면서 법정 가면 반드시 거짓 증언을 하라고 꼬드겼다. 이런 부분도 사실 참 놀랍다. 중세였다면 어림도 없는 일이기 때문이다. 시대적으로 보니 바로 프랑스혁명 4년 전이니, 후기 중세 보다는 조금은 개화된 의식을 엿볼 수 있다. 이 크리스티네에게도 놀랄 일이 벌어졌다. 앞에서 언급했듯이 당시는 사실 마녀재판에 회부되면 죽도록 고통과 고문을 당하다가 대개는 죽어 나갔는데, 세상에나! 지금까지의 마녀재판과는 다른 판결이 그녀에게 내려졌다는 것이다. 오히려 마녀로 몰렸던 그녀는 살고, 가해자들이 벌을 받았다는 사실이다. 사실 중세에 비하면 좀 특이한 사건이고 판결이다. H.- J. 볼프도 크리스티네의 이 재판을 "좀처럼 없는 보기 드문 정의"라고 표명했다. 그녀를 마녀로 몰고 전적으로 야비한 심문을 주도했던 사비네 브라만(Sabine Bramann)은 2년 형 선고 판결을 받았고, 병든 염소주인인 힐데브란트 부부는 1년 판결을 받고, 그의 아들은 15대 매 맞는 것으로 판결 났다.

법정은 가해팀들에게 법정 비와 치료비까지 물게 했고 반대로 크리스티네는 100탈러(Taler: 당시의 돈 단위)의 보상금을 받게 되었다고 볼프는 밝혔다. 그가 인용한 자료 출처까지 각주에서 밝혔는데, 1791년 출간된 피셔의 책 292쪽이라고 첨부했다. 아무튼 독일인들의 꼼꼼하고 정확한 자료 출처 등등을 보면 학문이 발달할 수밖에 없겠다는 개인적인 생각도 잠시 덧붙여본다. 앞에서도 약간 언급했듯이 중세 마녀사냥 재판을 보면 이런 판결은 거의 불가능했다. 잡혀 왔다면 혐의자들을 악랄하게 다루었고, 결과적으로는 공식처럼 처참하게 죽어 나갔기 때문이다.

이젠 관이 옛날보다는 정의가 살아 있다는 의미로도 해석되겠다. 연대를 잘 보자 1785년이다. 이미 시민의식이 서서히 불붙었던 시기다. 바로 1789년에 프랑스 혁명이 일어나기 4년 전이니 말이다. 물론 이 사건은 독일에서 일어난 일이다. 또 한편으로는 1700년부터 서서히 계몽주의가 도래하면서 마녀사냥이 잘못되었다는 것을 깨닫기 시작했기 때문이라고 볼 수도 있다 또 하나 주목할 것은 당시 사건을 담당했던 판사 역시 정의감에 불탄 사람이라고 짐작해 본다. 아무리 계몽주의 도래라도 판사의 의식이 새롭게 도래된 시대정신과 병행하지 않았다면 그녀 역시 살아 남기 힘 들었을 거라는 개인적인 생각을 던져본다. 사실 '마녀'라는 단어는 인류사를 거슬러 올라가 보면 다양한 문화권 안에서 발견할 수 있다. 하지만 유럽만큼 마녀의 이야기가 쏟아져 나온 곳은 드물다. 중세 유럽에서는 많은 사람이 마녀사냥당했고 마녀로 몰려 죽임을 당하였다. 즉 중세의 마녀사냥은 유일신만이 존재하는 그리스도교의 이름 아래 '그리스도교를 지키기 위하여'라는 명목으로 진행된 것이다.

학자마다 희생자의 숫자에 대해서는 의견이 엇갈린다. 하지만 현재 유럽의 마녀재판을 연구하고 있는 독일의 역사학자 볼프강 베링거는 마녀사냥으로 죽임을 당한 사람이 독일어권에서만 약 6만 여 명 정도라고 추산한다. 이 숫자의 사람들을 축구장 같은 곳에 세워 놓고 한꺼번에 죽였다고 상상해 보라. 상상만으로도 치가 떨리고 무섭지 않은가? 지금 유럽에서는 이런 과거 문화사의 한 범주인 마녀사냥에 관한 연구가 활발하게 전개되고 있다. 대표적으로 독일 같은 경우는 1970년대부터 많은 마녀사냥 연구가 진행되고 있으며 이 분야에서 수십 명의 박사 학위자를 배출하였을 정도다.

| 참고서적 |

A. 니더슈테터(발행인): 〈포르아르베르크(Vorarberg)시의 역사 메거진〉, 65
주년 2호, 인스부르크/본/보첸 2013

A. 바우어: 〈힐데가르트 폰 빙엔, 건강과 영양〉, 쾰른 2008

A. 발하우스: 〈중세의 성과 사랑〉, 베르기쉬 글라드바흐 2009

A. 에어리히: 〈의사들, 목욕사들, 그리고 무면허/엉터리 의사 오스트리아의
의학사〉, 빈 2007

A. 쿠릭: 〈힐데가르트 폰 빙엔, 성녀와 여치료사〉, 쾰른 1998

A. 퓌쎌/ A. 헤팅거: 〈수도원 여인들, 베긴넨[사복 수녀들], 이교도 여인들, 중
세 여성들의 종교적인 삶의 형태〉, 이스슈타인 2000

A./ J-R. 시크: 〈중세의 경건한 여성들 여성신비주의자들과 성녀들의 지혜와
환시〉, 빈 2008

A. C. 스텔러: 〈영구적인 교황력〉, 프랑크푸르트 2006

A.- M. 두블러: 〈16-18세기 가난한 이들의 삶과 거지들의 본질에 대해서〉, 바
젤 1970

B. 라한: 〈결혼, 마리 앙투와네트부터 헨리 밀러까지의 예의범절사 쾌락 그
리고 불행한 첫날 밤〉, 함부르크 1987

B. 슈스터: 〈15/16세기의 여성 매매와 여성의 집들〉, 슈투트가르트 1991 in:
K. 하인리히 카우프홀트/K. 폴/ W. 초른(발행인): 〈사회사 및 경제사를
위한 계간지〉, 슈투트가르트 1991

B. 헤르만(발행인): 〈중세의 인간과 환경〉, 비스바덴 1999

B. 헤르만: 〈중세인들의 변소〉, 비스바덴 1999 in: 〈중세의 인간과 환경〉, 비
스바덴 1999

B.- U. 헤르게뮐러: 〈성가대소년과 제빵사종, 중세 바젤의 동성애 수도자〉,
함부르크 2004

C. P. 마우렌부레허: 〈유럽의 장사꾼들 1, 2〉, 도르트문트 1980

C. 샤하르트: 〈바티칸에는 어떤 일이?〉, 뮌스터 2007

C. 펠트만: 〈힐데가르크 폰 빙엔, 수녀와 천재〉, 프라이부르크/바젤/빈 2008

C. 푸르고니: 〈중세인들이 새롭게 발견한 것들〉, 뮌헨 2005

C. 케르너: 〈하늘나라의 모든 아름다움. 힐데가르트 빙엔의 인생이야기〉, 바인하임/바젤 1988

D. 룸-크로이터: 〈중세 주방 가열의 기원, 조리 기구, 조리 기술 및 조리 결과〉, 기쎈 1987

D. 브로이어스: 〈기사, 사제, 그리고 농부들〉, 2쇄, 베르기쉬-글라드바흐 2007

D. 사부라미스: 〈종교와 성〉, 뮌헨 1972

D. 피셔: 〈중세의 드레스덴지방과 작센지방의 창부들〉, 뮌헨 1998

E. 엔넨: 〈중세기의 여인들〉, 3쇄, 뮌헨 1987

F. 마이어: 〈중세의 인간과 동물〉, 슈투트가르트 2008

F. 이르지글러: 〈거지 유랑자, 종 그리고 사형수들의 삶〉, 뇌르들링겐 1998

F. C. J. 피셔: 〈독일사에 나타난 농부들의 딸의 실증·실험의 밤〉, 라이프치히 1780

G. 스틸레: 〈약초, 영계, 처방술. 약제의 문화사〉, 다름슈타트 2004

G. 덴젤러: 〈금지된 쾌락. 2000년간의 그리스도교의 성 윤리〉, 2쇄, 뮌헨 1988

H.-J. 볼프: 〈마녀공포. 역사적인 마녀와 현재의 마녀〉, 빈드라흐 1994

H. A. 오버만: 〈루터, 신과 악마 사이의 인간〉, 베를린 1982

H. J. 슈미츠: 〈참회 책자들〉, 마인츠 1883

H. P. 뒤러: 〈친밀한 태도, 인류문화 과정의 신화에 관하여〉, 제2집, 프랑크푸르트 1990

H. 부르노 쉰들러: 〈중세인들의 미신〉, 프랑크푸르트 1980

H. 부크만: 〈중세〉, 뮌헨 1988

H. 브라카르트/C. 판 쿨레펜스: 〈개들과 인간, 생활공동체의 역사〉, 뮌헨 1989

H. 쉬페르게스: 〈힐데가르트 빙엔, 의술, 근본과 본질에 관한 책자, 병의 치유〉, 잘츠부르크 1957,

H. 슈푸란켈: 〈기근 일때의 음식, 쥐와 들쥐〉, 기쎈 1987 in: I. 비취/ T. 엘어르트/ X. 폰 에르츠도르프: 〈중세와 근세의 음식과 음료〉, 기쎈 1987

H. 운거: 〈베긴넨[사복수녀들] 그 역사의 시작과 여성들의 억압〉, 프라이부르크 2005

H. 퀸넬, 〈후기 중세인들의 일상적인 삶〉, 프랑크푸르트 1987

H. 크라머: 〈마녀 망치〉, 6쇄, 뮌헨 2007

H. 푸르만: 〈중세로의 초대〉, 3쇄, 뮌헨 1988

H. 베르너: 〈힐데가르트 빙엔, 지혜와 신적인 사랑〉, 쾰른 2010

H. 쉬페르게스: 〈힐데가르트 빙엔 그리고 현대세계에 미친영향〉, 본 1984

H. 헤르만: 〈거룩한 아버지들, 교황들과 그들의 자녀들〉, 베를린 2004

I. 비취: 〈중세인들의 생필품 유통과정에 나타난 건강 손상과 속임수〉, 기쎈 1987 in: I. 비취/ T. 엘어르트/ X. 폰 에르츠도르프: 〈중세와 근세의 음식 과 음료〉, 기쎈 1987

J. N. D. 켈리 레클람스: 〈교황들의 백과전서〉, 슈투트가르트 2005

J. 겔리스 〈출생의 비밀, 예식, 민간신앙, 전래/전통〉, 프라이부르크 1992

J. 될링어: 〈중세기의 교황들〉, 프랑크푸르트, 1962(초판 1863)

J. 로씨아우드: 〈중세인의 매춘〉, 뮌헨 1989

J. 뮐베르크: 〈중세 독일 왕족들의 생활 방법과 그 운명〉, 에쓰링겐 1977

J. 붐케: 〈귀족들의 문화. 문학과 사회에 나타난 중세인들의 삶〉, 12쇄, 뮌헨 2008(참고문헌 271)

J. 쉐르: 〈여인들, 귀족녀. 여종·독일 여인들의 문화와 풍속사〉, 1쇄, 드레스 덴 1928(초판 1860)

J. 임바흐: 〈[가톨릭]교회 요리/주방 역사의 비밀〉, 뒤셀도르프 2008

J. 임바흐: 〈경건한 믿음과 민속사의 성인 숭배〉, 뷔르츠부르크 1999

J. 임바흐: 〈교황들과 고위 성직자들의 미각(좋아했던 음식들)은 어떠했을 까?〉, 뷔르츠부르크 1997

K.- P. 얀크리프트: 〈사형수, 창녀, 장사치들. 중세인들의 일상의 삶〉, 슈투트 가르트 2008

K.- S. 스피쓰: 〈중세 귀족들의 삶〉, 다름슈타트 2008

K.- S. 크라머: 〈1500년경의 잘츠부르크의 일상인들의 삶, 서약, 시장, 세금 에 대해서〉, 뷔르츠부르크 1985

K. 피에체: 〈중세의 사냥하는 여인들 그리고 궁정의 사냥〉, 쾰른 2005

K. 하인리히 카우프홀트/ H. 폴/ W.초른(발행인): 〈사회사 및 경제사를 위한 계간지〉, 슈투트가르트 1991

K. 라우: 〈아우크스부르크의 어린이 마녀사냥 1625-1730〉, 빈/쾰른/바이마르 2006

M. 라이츠: 〈강도와 도둑기사의 이야기〉, 오스트필더른 2007

M. 라펜: 〈베네치아의 처녀들, 수녀원 안에서의 진짜 삶과 서약을 깨트린 허 원〉, 에쎈 2004

M. 마이어: 〈돈, 권력 그리고 성물 중세 성물의 경제적인 효과〉, 인스부르크 2000

M. 밀러: 〈요하네스 부르카르두스의 일기에서 나온 교황청의 기이한 이야 기〉, 취리히 1985

M. 바우어: 〈독일 문화사에 나타난 사랑과 삶〉, 베를린 1924

M. 샤드: 〈그리스 · 로마 시대부터 17세기까지 살았던 유명한 여성들〉, 비스바덴 2007

M. 차이크너: 〈라벤스부르크(Ravensburg)시의 "슈바벤 어린이들" 그리고 "어린이 시장"에 관한 가장 오래된 보고서(1616-1629)〉, 65주년 2호, 인스 부르크/본/보첸 2013 in: A. 니더슈테터(발행인): 〈포르아르베르크(Vorarberg) 시의 역사 메거진〉, 65주년 2호 인스부르크/본/보첸 2013

M. 폰 로에스겐: 〈브란덴부르크의 알브레히트 추기경[1490-1545]〉, 겔더른 1980

M. 케리겐: 〈고문 기구들〉,쾨니히빈터 2003

P. 딘첼바허: 〈성녀와 악녀, 특수한 여자들의 운명〉, 뒤셀도르프 2001

P. 슈스터: 〈1350-1600년 독일 시에서 관장했던 여성의 집 매춘녀 연구〉, 파 다본/뮌헨/빈/취리히 1992

P. 하벨: 〈유럽의 수도사정신, 역사-문화-삶의 형태〉, 프라이부르크 1993

R. 레베: 〈지참금의 왕국들-정략정치의 역사〉, 슈투트가르트 1998

R. 마조 카레스: 〈중세인들의 성 생활〉, 뒤셀도르프 2006

R. 베른스만: 〈합리적인 세금제도의 방법 관리〉, 튀빙겐 2005

R. 킥헤퍼: 〈중세인들의 마술 · 요술〉, 뮌헨 1992

R. 포씨어: 〈중세인들의 삶〉, 4쇄, 뮌헨/취리히 2009

S. 고트샬트: 〈독일인들의 성씨 연구〉, 뮌헨 1932

S. 골로빈: 〈파라첼수스, 의사-치료사〉, 뮌헨 1993

S. 디터리히: 〈현명한 여인 조산원, 마녀, 의사 여성 치유사의 문화사〉 2쇄, 라인펠더른-에쉬터딩겐 2007

U. 베르크바일러 〈중세도시의 길거리에서 소리치며 장사했던 사람들〉, 뮌헨 1978

U. 쉐드러: 〈중세인들의 주사위 놀이〉, 다름슈타트 1988

V. 그란: 〈권력과 광기; 그리스. 로마시대부터 오늘날까지의 정신병 군주들 의 이야기〉, 에쎈 2006

U. 랑케-하이네만: 〈하늘나라(천국)를 위한 고자, 가톨릭교회와 성〉, 함부르 크 1988

W. 두란트: 〈인류의 문화사, 초기 중세〉, 프랑크푸르트 1981

W. 베링거(발행인): 〈독일에서 일어난 마녀와 마녀사냥〉,뮌헨 2001

W. 쉴트: 〈중세의 고문대, 참수대, 교수대〉, 뮌헨 2010

W. 폴커르트: 〈중세 소사전-A에서 Z까지〉, 2쇄, 뮌헨 1991

W. 하르팅: 〈[거리의]악사들 길거리를 떠도는 중세의 가수들〉, 뒤셀도르프/ 취리히 2003

M. 차이크너: 〈라벤스부르크(Ravensburg)시의 "슈바벤 어린이들" 그리고 "어린이 시장"에 관한 가장 오래된 보고서(1616-1629)〉, 65주년 2호, 인

스부르크/본/보첸 2013 in: A. 니더슈테터(발행인): 〈포르아르베르크 (Vorarberg)시의 역사 메거진〉, 65주년 2호 인스부르크/본/보첸 2013

〈한국 책〉
시몬 드 보부아르(번역; 조흥식): 〈제2의 성 (상)〉, 서울 2017 (을유문화사)
양태자: 〈중세의 뒷골목 풍경 유랑 악사에서 사형집행인까지, 유럽 비주류 인생의 풍속기행〉, 5쇄, 서울 2015(도서출판 이랑)

*〈게오 에포헤(Geo Epoche) 역사 매거진〉: 37호, 함부르크 2009
*〈다말스(Damals)〉: 역사와 문화를 위한 매거진, 40년 간행물 1998/08 라인 펠더른-에히터딩엔
*〈다말스(Damals)〉: 역사와 문화를 위한 매거진, 40년 간행물 2008/11 라인 펠더른-에히터딩엔
*Google-Wikipedia
*그림 출처: Google
*독일 공영 방송 ZDT-Terra X

중세의 금수저·흙수저

초판 1쇄 발행	2025년 11월 25일
지은이	양태자
펴낸이	이명권
펴낸곳	열린서원
등록번호	제300-2015-130호(1999년)
주소	강원특별자치도 화천군 간동면 용호길 73-155
전화	010-2128-1215
전자우편	imkkorea@hanmail.net
ISBN	979-11-89186-84-5(03380)

값 22,000원